Pós-colonialismo

Dados Internacionais de Catalogação na Publicação (CIP)
(Câmara Brasileira do Livro, SP, Brasil)

Hiddleston, Jane
  Pós-colonialismo / Jane Hiddleston ; tradução de Renan Marques Birro. – Petrópolis, RJ : Vozes, 2021. – (Série Pensamento Moderno)

  Título original: Understanding postcolonialism
  Bibliografia.
  ISBN 978-65-5713-077-3

  1. Pós-colonialismo I. Título. II. Série.

20-36748   CDD-325.3

Índices para catálogo sistemático:
1. Pós-colonialismo : Ciência política   325.3

Cibele Maria Dias – Bibliotecária – CRB-8/9427

Jane Hiddleston

Pós-colonialismo

Tradução de Renan Marques Birro

EDITORA VOZES
Petrópolis

© 2009, Jane Hiddleston.

Tradução autorizada a partir da primeira edição em língua inglesa publicada pela Acumen e atualmente pela Routledge, membro do Grupo Taylor & Francis.

Título original em inglês: *Understanding Postcolonialism*

Direitos de publicação em língua portuguesa – Brasil:
2021, Editora Vozes Ltda.
Rua Frei Luís, 100
25689-900 Petrópolis, RJ
www.vozes.com.br
Brasil

Todos os direitos reservados. Nenhuma parte desta obra poderá ser reproduzida ou transmitida por qualquer forma e/ou quaisquer meios (eletrônico ou mecânico, incluindo fotocópia e gravação) ou arquivada em qualquer sistema ou banco de dados sem permissão escrita da editora.

CONSELHO EDITORIAL

Diretor
Gilberto Gonçalves Garcia

Editores
Aline dos Santos Carneiro
Edrian Josué Pasini
Marilac Loraine Oleniki
Welder Lancieri Marchini

Conselheiros
Francisco Morás
Ludovico Garmus
Teobaldo Heidemann
Volney J. Berkenbrock

Secretário executivo
João Batista Kreuch

Editoração: Leonardo A.R.T. dos Santos
Diagramação: Raquel Nascimento
Revisão gráfica: Nilton Braz da Rocha
Capa: Editora Vozes

ISBN 978-65-5713-077-3 (Brasil)
ISBN 978-1-84465-161-0 (Reino Unido)

Editado conforme o novo acordo ortográfico.

Este livro foi composto e impresso pela Editora Vozes Ltda.

Sumário

Agradecimentos **7**

1 Introdução **9**

2 Fanon e Sartre – O maniqueísmo colonial e o chamado às armas **44**

3 Descolonização, comunidade e nacionalismo – Gandhi, Nandy e o Coletivo de Estudos Subalternos **86**

4 Foucault e Said – Discurso colonial e orientalismo **118**

5 Derrida e Bhabha – Eu, o outro e a ética pós-colonial **151**

6 Khatibi e Glissant – Ética pós-colonial e o retorno ao lugar **192**

7 Ética com política? – Spivak, Mudimbe, Mbembe **227**

8 Conclusão – Neocolonialismo e o futuro da disciplina **267**

Questões para discussão e revisão **279**

Guia para leituras complementares **285**

Referências **291**

Índice **303**

Agradecimentos

Eu gostaria de agradecer ao reitor e aos colegas do Exeter College, Oxford, e à Faculdade de Línguas Medievais e Modernas da Universidade de Oxford por me garantirem um período sabático, durante o qual eu completei este projeto. O capítulo 1 contém excertos do meu artigo "Dialectic or Dissemination? Anti-colonial Critique in Sartre and Derrida" [Dialética ou disseminação? Crítica anticolonial em Sartre e Derrida] (in: *Sartre Studies International*, 12 (1), 2006), enquanto o capítulo 4 reemprega algum material derivado do meu ensaio "Jacques Derrida" (in: FORDISK & MURPHY, 2009). Sou grata aos editores de ambas as publicações por me autorizarem a reimprimir este material. Eu gostaria de agradecer ao editor da série de livros, Jack Reynolds, em primeiro lugar, ao sugerir este projeto, além de Tristan Palmer da Acumen, por seu trabalho ao trazer este livro à fruição. Eu também sou grata aos leitores anônimos que ofereceram inestimáveis conselhos e comentários, que me ajudaram a aperfeiçoar a versão final. Kate Williams também foi uma escrupulosa editora e ajudou a produzir um texto mais polido. A discussão de aspectos do livro surgiu em seminários e encontros com muitos estudantes de pós-graduação em Oxford, e eu me beneficiei grandemente ao testar minhas ideias com eles. Finalmente, eu sou imensamente grata pela ajuda e suporte de amigos e colegas; e, acima de tudo, a Colin, por tudo.

Jane Hiddleston
Oxford

1

Introdução

Pós-colonialismo é um amplo movimento em constante transformação que surgiu, em boa parte, tanto do interesse quanto da controvérsia. Inaugurado seriamente durante e após a luta pela independência das colônias britânicas e francesas remanescentes entre as décadas de 1950 e 1960, ele se desenvolveu rapidamente e tornou-se hoje uma ampla área de inovação intelectual e debate. Enquanto o termo inicialmente se tornou popular nos *campi* universitários norte-americanos e, em particular, em departamentos de literatura, atualmente ele é amplamente utilizado tanto dentro quanto fora das instituições acadêmicas ocidentais e atrai um crescente contingente de comentadores e de estudantes. O termo "pós-colonialismo" pode geralmente ser compreendido como as múltiplas respostas políticas, econômicas, culturais e filosóficas ao colonialismo, de sua inauguração até os dias atuais e, em termos de escopo, é um tanto amplo e difuso. Enquanto o "anticolonialismo" batiza movimentos específicos de resistência ao colonialismo, o pós-colonialismo faz referência a efeitos e implicações amplos e multifacetados do governo colonial. O pós-colonialismo frequentemente oferece um desafio ao colonialismo, mas não constitui um único programa de resistência; de fato, diante disso, ele é considerado por alguns como um tanto vago e panóptico em seu cada vez mais ambicioso campo de pesquisa. Este livro focará nas dimensões filosóficas do pós-colonialismo e demonstrará a diversidade de modelos conceituais e estratégias usadas por filósofos pós-coloniais em vez do uso dado por pensadores políticos ou escritores de literatura. A filosofia pós-colonial é demonstrada alimentando estes últimos âmbitos, mas discussões detalhadas sobre a política, a economia e a literatura do pós-colonialismo estão para além do escopo deste estudo.

O termo "pós-colonialismo" é altamente ambicioso. De modo a compreender seus significados e implicações, é preciso inicialmente definir o colonialismo e a que ele se refere. O colonialismo pode ser concebido como a conquista e o subsequente controle de outro país, e envolve tanto a submissão dos povos nativos daquele país quanto a administração de seu governo, economia e produção. O ato de colonização é um processo concreto de invasão e um confisco prático do controle, conquanto seja importante para os estudos pós-coloniais que este material, a saber, a manifestação empírica da colonização, seja simultaneamente apoiado por uma ideologia colonial que reforça a supremacia cultural. O colonialismo é, deste ponto de vista, tanto um projeto político quanto econômico, além de um amplo discurso de hegemonia e superioridade que é desenrolado para conduzir e apoiar aquele ato político concreto. O projeto colonial envolve o processo literal de entrada em um território estrangeiro e de assumir o controle de tal sociedade e indústria; e, ademais, em um nível mais conceitual, a promulgação *post facto* de uma ideologia cultural que justifica a presença do colonizador com base em seu conhecimento e "civilização" superiores.

O "colonialismo" dispõe de um significado próximo de "imperialismo", conquanto simultaneamente disponha de alguma distinção. Se o colonialismo envolve um ato concreto de conquista, o imperialismo nomeia uma forma mais ampla de autoridade ou dominação. O colonialismo é, desse modo, uma manifesta-

10   Pensamento Moderno

ção ativa da ideologia imperialista; mas o imperialismo também pode ser entendido como uma ampla estrutura de hegemonia econômica ou política que não precisa necessariamente incluir o governo direto e a conquista de outro território. Assim, o imperialismo pode prosseguir após o fim do governo colonial; de fato, muitos críticos têm descrito a dominação atual dos Estados Unidos de mercados globais como uma nova forma de governo imperialista. Essa concepção de imperialismo demonstra que o termo tem uma grande abrangência, mas que certamente auxilia na conceptualização tanto de formas passadas quanto presentes de dominação econômica e cultural. O imperialismo também está atualmente associado com o capitalismo e com a tentativa dos estados ocidentais de impor seu sistema capitalista ao resto do mundo. A conquista e o assentamento coloniais foram uma das formas pelas quais os estados realizaram a difusão de sua ideologia capitalista; mas, mesmo após a descolonização, tal ideologia continua a exercer sua pressão sobre as ex-colônias do "Terceiro Mundo" (e o uso deste termo *per se* reforça o *status* de subordinação dos países aos quais ele se refere).

Se estas são as distinções entre o colonialismo e o imperialismo, então o que entendemos especificamente pelo termo "pós-colonialismo"? Podemos assumir que o pós-colonialismo designa a fase posterior de qualquer forma de governo colonial. Isso significa que ele pode presumivelmente se referir não apenas aos efeitos do governo britânico na Índia, por exemplo, ou à presença francesa na Argélia, mas também ao Império Romano ou aos traços de colonização espanhola e portuguesa na América Latina. De fato, alguns críticos acreditam que o modelo para as concepções atuais do pós-colonialismo precisamente emergiu de experiências pregressas de independência e do neoimperialismo na América Latina; e, com alguma certeza, certos pensamentos sobre os conceitos de liberação e transculturação podem ser traçados até essa

Pós-colonialismo   11

região. Desse modo, o termo pode ser visto ao nomear uma série de contextos históricos e localizações geográficas que, de maneira desconcertante, encontram-se no escopo. Com efeito, no entanto, talvez como um resultado da nova compreensão do imperialismo enquanto associado ao capitalismo supramencionado, o pós-colonialismo é mais frequentemente concebido para descrever no que resultou o declínio do colonialismo britânico e francês na segunda metade do século XX. Naturalmente, muitos críticos continuam a refletir sobre a herança "pós-colonial" da América Latina ou, de fato, usam o termo para discutir o impacto do poder estrangeiro sobre o Canadá ou a Austrália. Tem sido até mesmo sugerido que os Estados Unidos são pós-coloniais, no sentido em que foram, no passado, uma colônia britânica – conquanto esteja claro que as condições desse projeto colonial sejam diferentes daquelas que têm sido questionadas, especificamente das colônias britânicas e francesas em torno da década de 1950. No entanto, a maioria dos críticos que se identificam com o pós-colonialismo focam em formas particulares da ideologia colonial, que também está atrelada ao capitalismo e que porta conjuntamente não apenas a conquista de povos e o uso de seus recursos, mas também a industrialização e, a atacado, a reestruturação completa de suas economias. A crítica pós-colonial do colonialismo britânico e francês nos séculos XIX e XX também versa muito sobre a brutalidade de seus métodos de exploração, sobre a desigualdade e o empobrecimento perpetrados por essa forma particular de opressão.

Assim, o pensamento pós-colonial é potencialmente de amplo alcance em termos geográficos e históricos, mas tem sido estreitado levemente por alguns de seus principais críticos, que tendem a concentrá-lo às formas capitalistas britânicas e francesas de colonialismo. No entanto, a questão sobre a datação precisa do termo pós-colonial permanece sem solução. Sobre esse assunto, pensadores têm distinguido *"post-colonial"* e *"postcolonial"* ["pós-colonial"]*, argumento que a remoção do hífen designa uma mudança de significado . É de amplo conhecimento que o termo *post-colonial* ["pós-colonial"] nomeia um período histórico distinto que se segue ao fim do governo colonial direto. A Argélia pós-colonial [*post-colonial*], por exemplo, descreve a trajetória da nação após 1962, uma vez que a descolonização foi acordada após oito anos de um conflito sangrento. Desse modo, o *post-colonialism* [pós-colonialismo] com hífen está em um escopo limitado e nomeia um momento específico e identificável. O *postcolonialism* [pós-colonialismo] sem hífen é mais amplo e mais problemático. Para começar, ele tende a referir-se não só a tudo que ocorreu após o fim do colonialismo, mas aos eventos que sucederam seu início. Assim, o pós-colonialismo também batiza o período de governo colonial, juntamente com o gradual enfraquecimento e morte. Por essa razão, em seu livro *Islands and Exiles* [Ilhas e exílios] (1998), Chris Bongie sugere escrever o termo na forma pós/colonialismo, uma vez que ele reforça a presença do colonial dentro da crítica pós-colonial. Longe de celebrar uma conclusão definitiva para o colonialismo, então, o pós-colonialismo analisa seus efeitos tanto em seu auge e durante o período seguinte ao fim da presença colonial literal e concreta. O movimento é associado com o exame e crítica do poder colonial tanto antes quanto após a descolonização.

Essa expansão do período histórico ao qual o termo pós-colonialismo faz referência significa que ele passa a estar associado com um leque de situações e eventos. Ademais, o pós-colonialismo nomeia a análise das mecânicas do poder colonial, a exploração econômica que ele porta com ele e a forma tanto da crítica quanto do questionamento cultural e ético. Ele é tanto uma filosofia política

---

* Esta edição usará sempre as grafias "pós-colonial" e "pós-colonialismo" (com hífen) para os termos ingleses *"postcolonial"* e *"postcolonialism"*, respectivamente; contudo haverá a indicação entre colchetes das poucas ocasiões em que o original inglês utilizava a forma com hífen [N.E.].

quanto amplamente ética e, de fato, será a contenda deste livro, posto que o campo se dividiu posteriormente, de modo um tanto artificial, entre essas duas vertentes distintas. Acima de tudo, podemos concordar que o pós-colonialismo nomeia um conjunto de questões políticas, filosóficas e conceituais engendradas pelo projeto colonial e pelo que decorre dele. Porém, a abordagem adotada pela crítica quanto a essas questões varia significativamente, uma vez que uma escola de pensamento tende a inclinar-se em direção à denúncia da política e economia coloniais, além de fazer um chamado em prol da revolução ou de uma reforma prática, enquanto a outra reforça a cegueira ética colonial e a regeneração cultural requerida no despertar daquela opressão. O pós-colonialismo não propõe uma resposta para tais questões – embora muitas críticas tenham lançado objeções e tentem ofertá-la –, mas oferece, em vez disso, um enquadramento para a sua expansão, exploração e clarificação. Assim, conquanto os comentadores apontem os riscos associados ao conceber o termo como um rótulo homogêneo, unificando distintas experiências de opressão, ele pode ser entendido para descrever um multifacetado e aberto processo de interrogação e crítica. Não se trata de uma estrutura única ou uma resposta direta; porém, como propiciamente postulado por Ato Quayson, ele é um processo, uma forma de pensamento por meio de estratégias críticas. Quayson vai além ao propor não uma análise "pós-colonialista", mas um "processo de pós-colonialização" ou um engajamento intelectual com as ligações em evolução entre o período colonial e as atuais ou coevas desigualdades.

Adicionalmente, o pós-colonialismo é, nesse sentido, diferente da pós-colonialidade. Se o pós-colonialismo envolve alguma forma de crítica e resistência, apesar da consciência de seus proponentes quanto aos efeitos neoimperiais do capitalismo, a pós-colonialidade é um termo um tanto livre para um momento ou período atual. A pós-colonialidade é, ao mesmo tempo, uma condição em vez de um engajamento intelectual ou ponto de vista, e este termo também contém as conotações negativas de uma geração que ainda, talvez de maneira inconsciente, liga a política da hegemonia do "Ocidente" sobre seus (antigos) territórios ultramarinos. Ademais, a pós-colonialidade foi descrita por Graham Huggan como uma condição particular em um mercado onde certos textos, artefatos e práticas culturais são celebrados precisamente como o resultado de sua aparente "marginalidade" em relação ao cânone ocidental. A ironia desse processo de exotismo é que apenas certos autores ou trabalhos são bem-sucedidos, e aqueles que alcançam este *status* o fazem amplamente porque preenchem as expectativas ocidentais da natureza de outra cultura, e da forma de um bom trabalho de arte. Alguns críticos têm argumentado que o pós-colonialismo é também culpado da fetichização de certos aspectos da cultura do "Terceiro Mundo"; mas nós podemos contra-argumentar que o pós-colonialismo é o movimento que interroga este processo cínico, enquanto a pós-colonialidade é o recorte temporal amplo e um conjunto de condições nos quais esse exotismo veio a prosperar. A pós-colonialidade é misturada, desse ponto de vista, com o neocolonialismo: isto é, com ideologias persistentes do patronato cultural de modo que originalmente dão suporte e alimentam os poderes coloniais atuais.

Para retornar mais especificamente ao pós-colonialismo, este livro irá enfatizar que este é um movimento de questionamento que não busca propor um único modelo de compreensão do projeto colonial e seus efeitos posteriores, como os críticos há tempo objetam, mas para analisar as nuanças e implicações de suas manifestações múltiplas e variadas. Igualmente, o pós-colonialismo não é uma estratégia coerente de resistência, mas nomeia aquele movimento há tempos contraditório por si mesmo e internamente conflitivo em pensamento que examina, desfaz e compara múltiplas estratégias e modos potenciais de crítica.

Pós-colonialismo **15**

Este livro analisará algumas dessas estratégias variantes como elas foram concebidas por alguns dos maiores filósofos e pensadores do século XX, e explorará as distintas abordagens que têm sido reificadas por certos críticos em uma divisão estrita e, mais recentemente, um tanto problemática. Enquanto para alguns leitores o pós-colonialismo é abertamente um movimento político, preocupado acima de tudo com os efeitos empíricos e materiais do colonialismo e de suas consequências, para outros este é um campo de estudo que anuncia uma reflexão ética preocupada, de uma maneira abrangente, com relações entre o eu e os outros. O pensamento pós-colonial é adotado, por um lado, para interrogar as estruturas políticas subjacentes ao colonialismo, a mecânica de sua promulgação e seu subsequente desmantelamento. A crítica pós-colonial avança para inquirir a estrutura e eficácia de formas particulares do nacionalismo que emergiram em um período em que a ideologia colonial vacilou e declinou. Por outro lado, no entanto, uma vertente aparentemente alternativa a este movimento no pensamento moderno nos força a repensar nossa compreensão das relações profundas entre povos, culturas e comunidades, e o encontro ético interrompido pelo colonialismo, porém crucial para a sua denúncia. Uma parte majoritária da crítica pós-colonial concentra-se sobre a condenação militante de uma perniciosa ideologia política, mas outro aspecto usa tal condenação para desafiar e ampliar nossa compreensão de como contemplar o outro.

As duas correntes do pós-colonialismo baseiam-se, respectivamente, na ética marxista e na levinasiana. Essas influências são evidentemente combinadas com outras e usadas de diferentes maneiras, mas alguma compreensão da política marxista e da ética levinasiana oferecem um vislumbre para duas correntes dominantes da filosofia pós-colonial. Marx comenta explicitamente sobre a ideologia colonial em um conjunto de ensaios, conquanto seja, acima de tudo, sua crítica da exploração capitalista e seu chamado para a revolta que inspiraram posteriormente os pensadores pós-coloniais. Emmanuel Lévinas não se engaja abertamente com a questão do poder colonial; mas sua reinvenção da relação ética no despertar do nacional-socialismo está inegavelmente no centro das discussões posteriores da alteridade pós-colonial. O restante desta introdução delineará as partes relevantes de Marx e Lévinas, além de estabelecer as bases filosóficas sobre as quais o muito subsequente pensamento pós-colonial foi construído. No entanto, ao notar que muitos críticos pós-coloniais secundários parecem escolher entre política e ética em suas reflexões sobre os trabalhos dos maiores filósofos, boa parte deste livro considerará a fragilidade das fronteiras entre esses polos aparentemente distintos. O próprio Lévinas ofereceu uma inequívoca resposta a Marx, argumentando que tanto a posterior confrontação materialista da burguesia quanto as castas proletárias abandonam a possibilidade de liberdade absoluta, e que ele, apesar disso, universalizou os ideais revolucionários franceses fazendo vencer a liberdade da consciência. Ademais, de maneira muito mais ampla e com o passar do tempo, os pensadores pós-coloniais de cada campo tomaram empréstimos uns dos outros, e liderados por críticos como Gayatri Spivak, constante e deliberadamente moviam-se entre eles em um esforço para ressaltar seus usos recíprocos. Comentadores materialistas como Aijaz Ahmad, Neil Lazarus e Benita Parry podem batalhar contra a abordagem "textualista" de um crítico como Robert Young, mas a maioria dos principais filósofos versa tanto sobre a opressão política colonial quanto sobre suas estruturas subjacentes, representativas e desprovidas de ética. Certamente, as evidentes metas do pós-colonialismo político e ético serão encontradas para se mostrarem claramente distintas umas das outras, ainda que uma genuína compreensão da arena pós-colonial necessite de um engajamento em ambos os níveis.

Marxismo e ideologia

Marx fez referência direta ao colonialismo um tanto esporadicamente no transcorrer de seu trabalho, e muitos de seus comentários sobre este assunto parecem ambivalentes. Não há dúvidas, no entanto, de que ele condene a subjugação e a exploração econômica da classe baixa, algo que o sistema colonial requer. As observações mais desenvolvidas por Marx sobre o colonialismo são focadas na Índia e na desigualdade aplicada pelo governo colonial britânico nesse contexto. Ele percebe em numerosos ensaios jornalísticos e em partes de *O capital* a miséria e a pobreza sofridas pelos nativos, a crueldade de sua exploração e os efeitos destrutivos da reestruturação da economia por parte dos britânicos. Marx percebe que os britânicos efetivamente quebraram as fundações da sociedade indiana ao assumir o controle dos meios de produção e impondo princípios capitalistas britânicos. Como resultado da presença britânica, a agricultura indiana deteriorou-se diante do conflito para conformar-se aos princípios de livre-competição, *laissez-faire* e *laissez-aller*. Ademais, as formas britânicas de indústrias destruíram as tecnologias locais – o tear manual e a roda de fiar, por exemplo – de modo a impor uma indústria manufatureira de larga escala. Como resultado, o sistema colonial recriou inteiramente os meios de produção do algodão na "terra natal do algodão". Pequenas propriedades, negócios locais e comunidades familiares foram dissolvidos porque baseados em formas domésticas de indústria – tecelagem manual e arar a terra, por exemplo. Como resultado, os nativos não mais administraram seus próprios recursos. O controle econômico não apenas foi passado para os britânicos, mas comunidades locais foram dissolvidas e fragmentadas pela instalação de formas estrangeiras de indústria. Ademais, os empregados com cargos altos da Companhia Britânica das Índias Orientais instituíram um monopólio sobre o comércio de chá, fixando preços e demovendo lucros dos trabalhadores locais. Ao analisar tais instâncias de reestruturação e de exploração, tanto Marx quanto Engels denunciaram o impulso econômico concebido como base maior para o poder colonial: "o colonialismo proclamou a mais-valia, tornando-a o fim único e o objetivo da humanidade" (MARX & ENGELS, 1960, p. 261).

Apesar dessas condenações de desigualdade e exploração colocadas em prática pelos britânicos na Índia, a posição de Marx sobre o colonialismo, no entanto, às vezes parece contraditória. Primeiro, ao argumentar que os colonizadores britânicos alcançaram lucro econômico do projeto colonial, ele avançou ao condenar a exploração associada com esse lucro, por um lado, e reforçando o sucesso de uma empreitada econômica que os anticolonialistas daquele tempo tentavam negar, por outro. Como Young aponta na obra *Post-colonialism* [Pós-colonialismo] (2001), Marx contradisse a si mesmo quanto à questão do lucro, tal como ele menciona sobre como a Companhia das Índias Orientais estava estendendo as finanças britânicas ao ponto da ruína potencial; porém, em maior grau, ele sublinha o impacto do colonialismo na movimentação capitalista para os ganhos financeiros. Além disso, se Marx denuncia as falhas morais do colonialismo britânico e lamenta o sofrimento da população nativa, ele também percebe que os britânicos tiveram êxito ao impor alguma união sobre um povo que estava desastrosamente fraturado até então. Ele recorda que a Índia tinha previamente confiado nas divisões hereditárias do trabalho solidificadas pelo sistema de castas, e que isso impedia o progresso, o desenvolvimento do poder e da indústria indianos. De fato, em alguma extensão, o sistema industrial moderno imposto pelos britânicos, juntamente com a construção do sistema de ferrovias, ajudou a transcender as mesquinhas hierarquias existentes. Assim, Marx é virulento contra a exploração colonial, mas não condena todos os aspectos desse projeto.

Acima de tudo, Marx está menos interessado na independência do que na revolta das classes trabalhadoras contra a burguesia. Para que a classe trabalhadora indiana empreendesse tal revolta, e então colhesse os benefícios da industrialização britânica, Marx argumenta que a burguesia britânica deveria, em primeiro lugar, ser suplantada por um forte proletariado industrial capaz de minar o controle burguês dos meios de produção. A primeira revolução deveria ocorrer primeiramente no lar, e então os colonizados poderiam ser capazes de seguir o exemplo se a classe operária britânica tivesse criado um modelo para que eles pudessem seguir. Portanto, o proletariado indiano precisava aprender com o proletariado britânico antes de empreender as condições necessárias à sua emancipação. Ao mesmo tempo, os projetos coloniais e imperialistas estavam impedindo que a revolução socialista britânica tomasse lugar; de modo que o perigo era que a força combinada do colonialismo e do capitalismo mutuamente reforçasse cada sistema, desabilitando as revoltas, tanto as domésticas quanto as do exterior. Assim, o colonialismo é uma ideologia lançada em questão no trabalho de Marx, mas a crítica anticolonial não é de modo algum sua principal prioridade. Ele continua a acreditar que a sociedade indiana pode ter algo a aprender com a Britânica e, de fato, que uma revolta anticolonial não deve tomar lugar a qualquer custo e sem um quadro político apropriadamente construído para apoiá-lo.

No *Manifesto Comunista* (1967), Marx e Engels novamente denunciam a exploração capitalista de países colonizados e permanecem vagos sobre a natureza e o momento apropriados para algo tão específico quanto uma revolução nacionalista. Eles difamam o escopo da ambição capitalista, sua ampliação para além das nações ocidentais e seu anseio por dirigir as economias do mundo. Essa é uma ideologia holística que exige não apenas o reino da mais-valia na Europa; mas, ao mesmo tempo, a derivação de uma mais-valia adicional usando os recursos de outros países e colônias. O capitalismo, para Marx e Engels, também é pernicioso por ser apoiado por uma retórica da civilização, ao alegar trazer tanto benefícios morais quanto econômicos para os territórios de além-mar. Eles raivosamente denunciam os caminhos pelos quais o capitalismo

> compele todas as nações, sob a pena de extinção, a adotar o modo burguês de produção; compelindo-as a inserirem o que é chamado de civilização em seu meio, ou seja, a tornar-se burguesa também. Em resumo, cria um mundo à sua própria imagem (1967, p. 84).

No entanto, se o capitalismo também porta com ele este anseio quanto à colonização e a imposição do que ele concebe ser sua *mission civilisatrice*, sua derrocada nas colônias não necessariamente deve ser nacionalista. Marx e Engels propõem, na esteira do enfraquecimento das distinções entrenacionais como um resultado do desenvolvimento da burguesia, que a revolução será empreendida por meio da unificação das classes trabalhadoras para além das diferenças nacionais. Eles argumentam que os homens trabalhadores devem se agarrar às suas próprias nações; eles devem se posicionar como a principal classe da nação de modo a empreender a supremacia política. Mas uma vez que a supremacia seja constatada, Marx e Engels olham para além de um mundo utópico onde divisões e conflitos entre as nações desaparecem.

No entanto, as visões de Marx sobre o nacionalismo e a revolta anticolonial mudam posteriormente em sua carreira, e é difícil imobilizar e reificar suas atitudes quanto aos fenômenos evocados. Novamente, como Young apontou, Marx avança ao esquematizar as relações entre nações colonizadas e oprimidas conforme o mesmo modelo usado para a burguesia e o controle do proletariado, e isso sugere que a nação colonizada agora deve se juntar e unificar suas forças de modo a empreender suas emancipações. Contudo, levando em conta a vacilação de Marx sobre o nacionalismo, permanece claro que seus amplos pensamentos sobre as estruturas da explo-

Pós-colonialismo **21**

ração econômica e sobre a natureza da revolta dos trabalhadores podem nos contar algo acerca do anseio do capitalismo por trás do colonialismo. Ambivalente quanto aos potenciais benefícios do colonialismo, Marx também não oferece uma crítica anticolonial direta, focando mais nos efeitos do controle burguês dos meios de produção do que na violência colonial. Sua identificação com a ampla varredura do capitalismo e o subjacente anseio colonial fornece, no entanto, um contexto significante para qualquer compreensão das mecânicas do controle econômico colonial.

Como acréscimo à discussão prática da exploração econômica, o trabalho de Marx simultaneamente oferece uma fundação para a concepção de ideologia, que é crucial para o alastramento e a institucionalização do poder colonial. Em *A ideologia alemã* (1964), Marx e Engels distinguem a atividade material dos homens e a empiria de suas relações políticas e sociais da ampla superestrutura ideológica. A discussão da ideologia de Marx tem início com a observação de que o funcionamento do sistema capitalista começa com indivíduos reais, que são produtivamente ativos de um modo definido, entrando em uma série de relações políticas e sociais definidas. Essas relações são tomadas, assim, de modo a direcionar a produção de ideias, de concepções e de uma consciência mais ampla, que permanecem intimamente entrelaçadas com condições e ações materiais e empíricas. No entanto, a teoria de Marx sobre a divisão do trabalho e o controle dos meios de produção pela burguesia implica que o trabalhador chega a encontrar-se alienado das ideias que conduzem e moldam sua existência. Obrigado a trabalhar para uma comunidade ampla ou para o Estado, o trabalhador direciona suas energias para uma vida comunal mais abrangente, que diverge de seu próprio interesse. O trabalhador proletariado está a serviço da classe dominante, que produz as ideias dominantes; e estas, por sua vez, estão separadas da percepção dos trabalhadores sobre suas próprias necessidades e objetivos. Para Marx, a classe que mantém o controle dos meios de produção também controla a produção mental da comunidade: "a classe dominante apresenta seus interesses como um interesse comum a todos os membros da sociedade" (MARX & ENGELS, 1964, p. 60). Esse interesse comum pode ser visto como uma ideologia dominante, que foi separada da visão individual de suas condições materiais; trata-se de uma ilusão ou quimera que, porém, impulsiona o sistema capitalista. Com base em Marx, Engels chega ao ponto de conceber a ideologia como uma falsa consciência; ela e a ilusória gama de ideias e dogmas que apoiam e justificam a estrutura da exploração econômica e desigualdade. Como Terry Eagleton escreve em *Ideology* [Ideologia] (1991), no entanto, as retomadas posteriores de Marx sobre tal noção de ideologia afastam-se do conceito de falsa ideologia, indo na direção de uma concepção de duplicidade das relações realmente vividas.

A teoria da ideologia de Marx pode ser usada para revelar as ilusões e suposições promulgadas a favor da imposição e dominação coloniais. No entanto, ela não é desprovida de inconsistências. A discussão de Eagleton sobre a evolução da ideologia no trabalho de Marx aponta que há alguma contradição em seu uso das noções de verdade e falsidade, uma vez que a "falsidade" das ideias paradoxalmente é usada para descrever a "verdade" da ordem social. A ideologia também parece um elemento integral para a vida social e, ao mesmo tempo, dissociada dela. Ademais, tem sido observado que as supostas associações entre a classe dominante e a ideologia preponderante sugerem um estreito sistema de controle, apesar de a ideologia poder ser vista de modo a funcionar de uma maneira mais abrangente e um tanto flutuante. Similarmente, críticos perceberam que a teoria da ideologia de Marx implica que a ideologia é de alguma forma homogênea, conquanto pensadores como Stuart Hall tenham ressaltado que Marx permite, de fato, que a ideologia mude de forma. As relações de mercado podem ser concebidas, a rigor, de maneiras muito mais multifacetadas do que após um primeiro olhar. Ao mesmo tempo, outros dissidentes notaram que, na teoria de Marx, aqueles que são varridos pela ideologia dominante são concebidos injustamente como cegos diante de sua falsidade e distorção. No entanto, mais uma vez, nós podemos responder que os membros do proletariado de Marx não são necessariamente passivos e ignorantes; mas que, em vez disso, sua compreensão da ideologia implica que os componentes do processo capitalista ou escapam à sua compreensão, ou fazem pouco sentido para eles enquanto indivíduos. Ademais, o que essa noção de consciência dominante e conjunto de ideias dominantes sugerem é que o sistema capitalista impõe a si mesmo, de maneira prática e insidiosa, a condição de propagar ideias que justificam aquela estrutura prática inicial. Concomitantemente, a luta dos trabalhadores contra o capitalismo requer uma forma de transformação ideológica: uma mudança nos valores norteadores, assim como uma apreensão do controle econômico.

Se a teoria da ideologia de Marx tem sido criticada por sua rigidez, Antônio Gramsci é o pensador que ajuda a acrescentar uma nuança para a sua compreensão da mecânica da dominação de classe. Gramsci problematiza a tentação que a leitura de Marx produz ao conceber a estrutura superideológica como intimamente amarrada à subestrutura econômica, e sublinha, em vez disso, a complexidade das formações sociais. A abordagem de Gramsci não é exclusivamente econômica, e seus textos analisam conjuntamente as condições econômicas e a intrincada estrutura de relações políticas e ideológicas que serve para formar o tecido social. Além disso, Gramsci usa o conceito de hegemonia para pensar por meio das estruturas de dominação, em vez de aderir à noção de correlação fixa entre uma classe dominante e uma ideologia dominante. Uma formação hegemônica não é necessariamente um acessório permanente, mas nomes de estratégias diferentes empregadas por qualquer classe dominante para ganhar sua posição de dominância. A hegemonia distingue-se da coerção, uma vez que ela depende de uma forma mutável de liderança ou autoridade moral e cultural que chega a determinar a estrutura de uma dada sociedade em vez do emprego da força. A hegemonia batiza os caminhos pelos quais o poder governante ganha o consenso daqueles que governa. Assim, tal como a concepção de Marx, o conceito de hegemonia de Gramsci descreve a propagação de um tipo de *status quo* cultural e político que sustenta a liderança da classe dominante e a mentalidade burguesa que avança na esteira dela. Para Gramsci, no entanto, diferentemente de Marx, a relação entre as estruturas de base econômica e a classe hegemônica tem uma grande abrangência e difusão, e está ligada à cultura e à propagação de valores, assim como à exploração. A hegemonia também batiza as relações sociais vividas em vez de nomear apenas falsas ideias ou ilusões. Por fim, para Gramsci, a hegemonia é necessariamente um local de luta, onde indivíduos plurais sob a influência da hegemonia afirmam, no entanto, suas formas multifacetadas e contraditórias de consciência social. Essa forma de luta é mais importante para Gramsci do que uma apreensão econômica simples e direta do controle dos meios de produção.

Ao acrescentar a abertura dada para a teoria da ideologia de Marx ao reforçar o papel da cultura e moralidade na estratégia de revolta dos indivíduos subjugados, os escritos políticos de Gramsci, especificamente sobre o campesinato, oferecem um modelo de contestação que pode também ser utilmente anticolonial. Intercaladas com seus comentários sobre a subjugação do campesinato italiano estão observações sobre a injustiça da exploração colonial e a necessidade da classe explorada de se unir, graças às ideias compartilhadas. Assim como Marx, Gramsci condena o anseio capitalista por trás do colonialismo, mas então se dirige à ênfase da importância da educação dos trabalhadores, uma vez que uma melhor compreensão sobre a sua situação poderia ajudá-los a organizar uma posição coerente de revolta. A resistência poderia ser empreendida pela criação de uma poderosa e plenamente compreendida autoconsciência. Essa concepção do papel da cultura tanto na programação da hegemonia a serviço de sua separação é adicionalmente pertinente no contexto colonial, visto que o projeto colonial depende naturalmente não apenas da instituição da forma de uma forma de exploração capitalista, mas também da propagação de uma crença na supremacia racial branca. Ademais, Hall aponta que a discussão de uma qualidade culturalmente específica das formações hegemônicas nos propicia a pensar por meio dos determinantes particulares da dominação colonial, e permite também uma compreensão flexível dos caminhos pelos quais a classe e a raça alimentam-se mutuamente. Gozando de mais fama, o conceito de Gramsci de subalterno – que batiza uma categoria social subjugada não restrita a noção de classe – tem sido usada por teóricos marxistas indianos como Ranajit Guha e, de maneira mais livre, por Spivak, para examinar a insurgência do campesinato indiano, tal como a sua opressão. O significado desse pensamento recai, acima de tudo, em sua concepção de uma agência política decisiva que exige uma voz própria. O subalterno é um ser resistente em vez de um objeto meramente passivo de opressão e exploração.

O último teórico da ideologia que será introduzido aqui é Louis Althusser, que refina e expande tanto Marx quanto Gramsci. Althusser desenvolve a compreensão de Marx sobre a relação entre base e superestrutura ao especificar os mecanismos reais da dominação ideológica. Ele lê a obra de Marx em detalhes, mas aponta a lacuna teórica na análise de Marx sobre a questão de como a superestrutura ideológica funciona por si mesma nas relações e condições econômicas reais. De modo a superar essa lacuna em Marx, Althusser não usa a teoria da hegemonia e da supremacia cultural de Gramsci, uma vez que ele concebe o último desejo para amalgamar a infraestrutura econômica, exploração, luta de classes, a lei e o Estado sob o unificador guarda-chuva da "hegemonia" como algo surpreendentemente idealístico. Em vez disso, Althusser olha para o Estado como uma "máquina" que dispõe de um conjunto de aparatos que garantem a contínua dominação da classe burguesa dominante. O Estado é feito de aparatos repressivos, tais como o exército e a polícia, pelos quais é exercida a força, e eles são combinados com aparatos políticos, incluindo o chefe de Estado, o governo e o corpo da administração. De maneira mais famosa, Althusser afirma que a ideologia da classe governante é promulgada mediante uma pluralidade de aparatos ideológicos, como o sistema educacional. Esses aparatos ideológicos do Estado são mais insidiosos, e incluem instituições maiores como escolas e colégios, a Igreja, o sistema legal e as comunicações, além de pequenos locais de difusão, como a família e as expectativas culturas que a acompanham. O papel desses aparatos é garantir a reprodução do poder laboral, de modo que os trabalhadores continuem submetidos à ideologia dominante e aos agentes de exploração e repressão, que continuam a manipular aquela ideologia. A ideologia produzida por esses aparatos nega a existência da exploração econômica e da luta, e recomendam as virtudes do serviço público. De maneira importante, ela também é, de uma distorção que age para remodelar as percepções individuais de suas relações com os meios de produção. Ela não está ligada à falsidade, como em Marx e Engels, e não implica que certas *condições* sejam ilusórias; mas descreve, em vez disso, a *relação* imaginária dos indivíduos com suas formas reais de existência. De modo mais importante, a análise de Althusser é inovadora, na medida em que aponta a manifestação ideológica dessa ideologia, uma vez que ela não é mais concebida meramente como uma série de ideias ou consciências governantes, mas como um conjunto de mecânicas. A ideologia, assim como a exploração, ganha força e crédito por meio de instituições ou aparatos particulares, e todos eles servem para e concretizam os desejos burgueses do Estado.

A noção de ideologia de Althusser também altera nossa compreensão da construção do sujeito. É a ideologia que faz de nós sujeitos; ela "interpela" os indivíduos, isto é, ela os encaminha e os constrói como sujeitos do Estado. Assim, nós somos sempre sujeitos do sistema ideológico, e conhecemos a nós mesmos não apenas como formados por aquele sistema. Althusser aproxima-se de Jacques Lacan aqui, e sugere que o sujeito reconhece a si próprio por meio de uma visão imaginária ou enganadora que é promulgada pela ideologia. Mais relevantemente, no entanto, o pensamento de Althusser é útil aqui, visto que ele desnuda a vasta miragem ideológica na qual o indivíduo nasce, além das formas de cada indivíduo enquanto um sujeito social. A ideologia realmente serve na construção da subjetividade em vez de agir apenas sobre uma consciência prontamente formada. Mais uma vez, essa concepção de constituição de um sujeito pela ideologia pode ser vista de modo a informar noções do colonizado como realmente formadas pelo colonialismo: conforme as noções de supremacia branca, que servem para governar todo o sistema social, que são promulgadas pelo Estado e por suas instituições subordinadas. O crítico pós-colonial E. San Juan Júnior chama atenção que a concepção de Althusser de sujeito determinado e interpelado corre o risco de demover a agência autônoma; mas ele reforça a importância da teoria da ideologia de Althusser para uma compreensão do capitalismo colonialista. O uso de Althusser da noção de uma subjetividade alienada lacaniana irá posteriormente ser empregado por Homi Bhabha em sua discussão específica da divisão dos colonizados, diante daquilo que será chamado desta vez como discurso colonial.

Se o próprio Marx comenta esporadicamente e até mesmo erraticamente sobre o colonialismo, este livro irá mostrar como sua relevância para os debates pós-coloniais atuais também excede o escopo e, de fato, a ambivalência dessas referências diretas. Sua crítica não apenas do colonialismo, mas da exploração econômica, apresenta outras denúncias mais recentes do colonialismo e do capitalismo. Os principais pensadores revolucionários, como Frantz Fanon e Jean-Paul Sartre, derivam sua compreensão de revolta do chamado de Marx ao proletariado, para que este permaneça unido e tome controle dos meios de produção. A crítica anticolonial não está preocupada em tais contextos apenas com a relação entre o colonizador e o colonizado, mas com a opressão das massas pela burguesia, e isso deve ser suprimido pela destruição tanto da subjugação política quanto da econômica. Ademais, as teorias da descolonização e do nacionalismo na Índia usam uma compreensão marxista da dominação do campesinato pela burguesia, enquanto também oferecem uma crítica da unidade nacionalista na preparação daquela luta. De modo mais amplo, o conceito de ideologia desenvolvido por Marx, Gramsci e Althusser alimenta-se das denúncias pós-coloniais do poder colonial, sustentado por um sistema de imagens falsas e miragens. A exploração do discurso de Michel Foucault, conquanto rejeite o termo "ideologia", baseia-se no marxismo ao enfatizar o entrelaçamento do poder com o conhecimento, e Edward Said, por sua vez, baseia-se em Foucault para demonstrar como o poder colonial é sustentado pela produção e difusão de certas imagens do Oriente. Críticos e comentadores de todos esses teóricos, como Aijaz Ahmad e Arif Dirlik, avançam ao usar suas leituras autoconscientes e diretas para inscrever o marxismo no centro da teoria pós-colonial. San Juan sumaria sua discussão sobre o pós-colonialismo com a proposição que "o capitalismo, enquanto sistema mundial, foi desenvolvido de modo desigual, com as operações de 'mercado livre' sendo determinadas por tendências não planejadas de acumulação de mais-valia, porém 'legais' (após análises)" (1998, p. 5). E Lazarus chega ao ponto de argumentar que a compreensão marxista do capitalismo é "a categoria fundacional para qualquer teoria digna de crédito da sociedade moderna" (1999, p. 16). Desse modo, muitos pensadores pós-coloniais mais orientados politicamente podem ser vistos confiando nos conceitos que podem ser perscrutados como derivados da filosofia de Marx.

Ética levinasiana

Lévinas nunca confrontou diretamente a questão do colonialismo e suas consequências, mas seu trabalho é, ponto a ponto, uma expressão de sua repulsa pelo nacional-socialismo, pelo totalitarismo e pelo imperialismo sobre o outro marginalizado e oprimido. O colonialismo constitui uma forma um pouco diferente de totalitarismo daquele aplicado pelos nazistas, e sua violência e exploração são concebidas para fins diversos; mas é significante que, de modo crescente, pensadores como Aimé Césaire tenham traçado paralelos entre eles. E, de fato, a falha do colonialismo de conceber a alteridade eticamente está relacionada conceitualmente com a violência que Lévinas condena por meio de sua carreira filosófica. *Otherwise than Being or Beyond Essence* [orig.: *Autrement qu'être ou au-delà de l'essence*; em português: Muito mais do que ser ou para além da essência, doravante citado como *Muito mais do que ser*], publicado pela primeira vez em 1974, é dedicado às seis milhões de vítimas dos campos de morte, com referências ao hitlerismo, explícito ou implícito, recorrentes no corpo do texto. O primeiro ensaio "Reflections on the Philosophy of Hitlerism" [Reflexões sobre a Filosofia do Hitlerismo] explora a associação entre o monoteísmo e a liberdade absoluta, juntamente com a relação entre o paganismo e o destino, e Lévinas condena a sociedade que não pode aceitar a liberdade do homem e recai em determinismos biológicos perigosos e redutivos. Esta é a sociedade onde o homem não mais se encontra confrontado com um mundo de ideias nas quais ele pode escolher sua própria verdade com base na decisão soberana alcançada a partir de sua razão livre. Ele já está ligado a certo número dessas ideias, assim como está ligado desde o nascimento a todos aqueles que são de seu sangue (LÉVINAS, 1990b, p. 70).

Lévinas também argumenta aqui que o perigo desta filosofia é que ela deve ser universal, uma vez que se ela fosse livremente escolhida, contrariaria o determinismo sustentado por ela, isto é, a crença de que os indivíduos são necessariamente enraizados e circunscritos às suas comunidades. É a partir dessa insistência sobre a aplicabilidade universal de uma forma de determinismo ético que o nacional-socialismo deriva de uma só vez a lógica colonial e exterminadora.

No entanto, de modo mais geral, o trabalho de Lévinas pode ser encarado como pertinente para a filosofia pós-colonial porque ele escreve contra qualquer concepção de subjetividade totalizada, imperiosa e dominante sobre o outro. Os principais trabalhos de Lévinas tentam condenar não tanto o vocabulário de raça quanto às noções relacionadas de "totalidade", "soberania" e imperialismo do eu. O livro *Totalidade e infinito* começa com uma referência à "possibilidade permanente da guerra" e avança ao afirmar que "a face do ser que mostra a si mesmo na guerra é fixada no conceito de totalidade, que domina a filosofia ocidental" (LÉVINAS, 1969, p. 21). A guerra é o resultado inevitável da tentativa de conceber o eu como uma totalidade autocontida e autossuficiente, uma vez que tal concepção inevitavelmente leva à opressão e exclusão. A noção de "totalidade" alude tanto ao totalitarismo do nacional-socialismo ou a qualquer tipo de imperialismo quanto ao conhecimento ocidental *per se*, conforme aquilo que o indivíduo concebe para si mesmo como uma totalidade e subordina tudo que é exterior a ele mesmo.

A surpreendente abertura de *Totalidade e infinito* e sua rígida oposição entre guerra e moralidade desenvolvem-se em uma crítica estendida da metafísica e ontologia ocidentais, em particular de sua supressão e ocultação do outro. A crítica da ontologia de Lévinas será subentendida também, de modo pleno, por seu desejo de afastar a ameaça do totalitarismo, ou a subjugação ou ainda a expulsão da alteridade, que pode também ser descrita como colonial. O principal objetivo de Lévinas em seus capítulos iniciais da obra consiste em criticar as formas pelas quais o pensamento ocidental concebeu o eu ou o ser, como totalizado e redundante em si mesmo: ele ou exclui ou assimila a alteridade. Uma série de termos, incluindo totalidade, ser e o mesmo, o sujeito, são todos debilitados por Lévinas como um resultado de sua tendência de subordinar o que está além daquilo que sua totalidade confina. Ao denunciar Heidegger mediante Sócrates e Berkeley, por exemplo, Lévinas lamenta que a liberdade do ser é priorizada antes da relação com o outro na ontologia; de fato, a liberdade significa "o modo de permanecer o mesmo em meio a outrem" (LÉVINAS, 1969, p. 45). O "eu" acompanha uma relação com o outro por meio de um termo terceiro, mas este é incorporado ao eu/mesmo em vez de ser mantido como distinto e externo. Como resultado, e ainda pior, a conceptualização do ser suprime ou possui o outro, e privilegia o "eu posso", a autocracia do "eu". Em uma série de movimentos rápidos, Lévinas conecta assim a filosofia da ontologia com a filosofia do poder que, por sua vez, alimenta a tirania do Estado. Em Heidegger, Lévinas novamente retoma tal ideia como uma crença enraizada no solo, ao paganismo e à devolução do "mestre". Essa filosofia também determina a liberdade do eu/mesmo antes da justiça para com o outro, e falha no questionamento da injustiça. De maneira surpreendentemente rápida, Lévinas move-se de uma crítica da ontologia para uma denúncia da tirania e da associação entre políticas de Estado e guerra. O erro da metafísica ocidental é sua confiança na ontologia; a guerra e a injustiça, por sua vez, são apresentadas como consequências diretas dessa concentração de liberdade do ser até o detrimento de uma relação ética com o outro.

O que a ontologia obscurece, conforme Lévinas, não é o outro que pode ser incorporado pelo eu/mesmo, mas o outro absoluto. Esse outro não tem comunalidade com o eu, mas é um estranho e é completamente externo à totalidade ou ao eu/mesmo. Contra a totalidade, esse outro inaugura a ideia de infinito, um excesso que é completamente resistente à assimilação e que precisa ser respeitado por sua impenetrabilidade. O infinito não pode ser um objeto ou uma coisa; é uma exterioridade inesgotável que não pode nunca ser conhecida, envolvida ou circunscrita. Novamente, Lévinas cria um conglomerado de termos (infinito, o outro, exterioridade, transcendência, alteridade) que compensam e enfraquecem a maestria e o imperialismo da totalidade. Ademais, o caminho pelo qual a infinidade do outro se apresenta ao eu/mesmo por meio da face, um termo ambíguo nos escritos de Lévinas que designa tanto a expressividade da face humana e algo que não *pode* ser visto: a face "a cada momento destrói e transborda a imagem plástica que ela me deixa, a ideia existente à minha própria medida e à medida de seu *ideatum* – a ideia adequada" (LÉVINAS, 1969, p. 51). A face nomeia os padrões de outro indivíduo, e serve como uma figura para o outro que o eu/mesmo não pode assimilar, conhecer e compreender. Uma consciência ou aceitação desse transbordamento ou excesso no momento do encontro é, para Lévinas, a definição da ética: ela não nos diz como ser ou agir, mas descreve a natureza fundamentalmente ética do encontro humano. A conversação ética com o outro significa não assimilar sua expressão, mas *recebê-la* no conhecimento que a excede e ultrapassa a ideia que o eu/mesmo cria dela. De modo importante, nessa relação ética com o outro, a liberdade do eu não é a maior prioridade, mas é superada e ultrapassada pela exigência da relação. A subjetividade é secundária ao encontro com o infinito, que ocorre imediatamente no encontro face a face. No entanto, apesar de o trabalho de Lévinas parecer algumas vezes repousar em um pareamento um tanto esquemático, é importante notar que a infinidade não é, na realidade, o oposto da totalidade e não está inteiramente separado dela. Totalidade e infinidade não são concebidas enquanto oposições binárias, mas como um pareamento a ser pensado lado a lado. Como Howard Caygill escreve, "o que é 'diferente' da totalidade é entendido mais frequentemente em termos do que é imanente a ela, o que a qualifica, verifica, desloca ou adia suas operações" (2002, p. 95). A totalidade absoluta não existe, mas encontra a si mesma suplementada, invadida e permeada por aquilo que busca excluir e dominar. Entender essa penetração e interpenetração é uma exigência ética produzida pelo encontro com a face do outro.

Tendo reforçado a intratabilidade, que significa a dificuldade de dominar ou controlar a expressão do outro na conversação, Lévinas desenvolve o restante no livro *Totalidade e infinito* e, em *Muito mais do que ser*, sua compreensão do papel da linguagem no estabelecimento de uma relação ética. O discurso, para Lévinas, é o lugar da relacionalidade; ele não é a representação direta e a comunicação do pensamento ou da intuição, mas "uma relação original com o ser exterior" (1969, p. 66). Ao falar com o outro, o "eu" não pode conhecer esse outro ou colocá-lo em uma categoria, mas deve apreendê-lo em toda a sua heterogeneidade. Isso não significa dizer que todo discurso é bem-sucedido ao estabelecer essa relação, uma vez que a retórica, para Lévinas, é uma forma de linguagem que nega a liberdade em buscar persuadir. Em sua função expressiva, no entanto, a linguagem precisamente tanto mantém quanto permite a revelação do outro. Ela não representa algo já constituído e conhecido, mas cria o compartilhamento sem assumir a igualdade. É um tipo de interface que expõe seres singulares, intratáveis e potencialmente infinitos ao outro, sem forçar a semelhança ou a comunhão completa. A linguagem institui uma relacionalidade sem relacionalidade, e não requer o estabelecimento de uma comunalidade. Nas palavras de Lévinas, "a linguagem pressupõe interlocutores, uma pluralidade. Seu comércio não é uma representação de um para o outro, nem a participação na universalidade sobre o plano comum da linguagem. O comércio [...] é ético" (LÉVINAS, 1969, p. 73). A linguagem revela a nudez da face antes de ela ser interpretada ou iluminada, e expõe sua intratabilidade. Ela é vital para a criação da comunidade, não porque ela cria a identidade, mas, em vez disso, precisamente porque expõe o eu ao outro. Este não é o plano da totalidade, mas o espaço no qual o outro se depara com o eu em todas as suas possíveis formas, "hostil, meu amigo, meu mestre, meu estudante" (LÉVINAS, 1969, p. 81).

Em *Muito mais do que ser*, Lévinas desenvolve essa análise usando outro conjunto de termos. O discurso é dividido entre duas facetas coexistentes, o *dizendo* e o *dito*. O dizendo designa aquilo que na linguagem transborda os limites do ser e os sinais de proximidade simultânea e intratabilidade da alteridade. O dizendo é o excesso da linguagem, sua abertura e resistência a um único e restrito conjunto de significados. O dito, por sua vez, é a expressão de uma essência, um tema ou conteúdo; ele nomeia o movimento da linguagem em direção à identificação e à contenção de seu referente. Lévinas argumenta que a filosofia ocidental tradicionalmente se preocupa com o dito, uma vez que ele produz argumentos, hipóteses e proposições que aspiram ao *status* de certeza e verdade. Ao privilegiar o dito, no entanto, a filosofia escolheu ignorar o excesso onipresente do dizendo. Novamente, essas posições não se opõem ou são alternativas uma à outra; mas o dizendo constantemente expande a potencialidade redutiva e os limites opressivos do dito: "o dizendo é tanto uma afirmação quanto uma retração do dito" (LÉVINAS, 1981, p. 44). O dizendo move em direção ao dito, mas, ao ser absorvido por este, prolonga-se contra seus limites e abre-se para a alteridade e além. O dito cria a essência e a verdade, mas o dizendo expõe aquela essência à alteridade e estabelece a linguagem como a interface da relação ética. A relação entre os dois termos nos escritos de Lévinas é constantemente inquietante e de tempos em tempos paradoxal. Um excede o outro, mas o dizendo também se baseia no dito e apenas manifesta-se por meio de suas afirmações aparentemente seguras. Conforme expresso em *Totalidade e infinito*, a oposição é menos uma dicotomia distintiva do que um acoplamento, por meio da qual a ética insistente sobre o infinito ou o dizendo é concebida juntamente com a segurança aparente ou a totalidade do dito. Em ambas as formulações, a abertura ao excesso é o ponto de partida de uma relação ética.

Em adição aos limites em expansão tanto do ser quanto da linguagem, a ética levinasiana propõe um conjunto de requerimentos pertinentes para a crítica pós-colonial. A justiça para com o outro, por exemplo, é discutida precocemente em *Totalidade e infinito* e assume a precedência sobre a liberdade do eu/mesmo. O ser não pode perseguir seus próprios fins em nome da espontaneidade se, em um processo, ele exerce poder sobre o outro ou o tiraniza. A obrigação de acolher e fazer justiça ao outro restringe a liberdade do eu/mesmo, conquanto isto não ocorra em um sentido em que o outro possa oprimir o eu/mesmo, mas em um sentido em que ele "levanta a questão do direito ingênuo de meus poderes, minha gloriosa espontaneidade como um ser vivo" (LÉVINAS, 1969, p. 84). Ademais, o acolhimento do outro necessita que o eu manifeste um sentimento de vergonha diante de sua própria injustiça e busca por liberdade. Lévinas assim vai além ao definir a relação para com o outro como uma exigência para a justiça em prol da liberdade, novamente criticando Heidegger por privilegiar o último elemento em detrimento do primeiro. Qualquer suposição do poder do eu/mesmo, a habilidade do indivíduo para buscar seus próprios fins, é enfraquecida pela exigência de que a atenção ao outro vem em primeiro lugar. Outrossim, em *Muito mais do que ser*, a justiça requer uma admissão de alteridade do eu/mesmo, uma realização do domínio limitado do ego. Lévinas aqui escreve menos sobre uma confrontação sobre o eu/mesmo e o outro do que da proximidade, da justiça como um resultado do contato sem absorção ou assimilação. Em seu famoso trabalho intitulado "Violência e metafísica", Jacques Derrida aponta que a terminologia de Lévinas em *Totalidade e infinito* corre o risco de um reminiscente esquematismo da ontologia que ele mesmo estava criticando; e, em resposta, *Muito mais do que ser* associa a justiça e a relação ética com a escovação de sujeitos uns contra os outros em vez de um encontro entre dois sujeitos dicotômicos. Em ambos os textos, o conceito de justiça pode claramente ser relacionado às críticas pós-coloniais da dominação cultural, da soberania e do domínio, e também pode ser usado para denunciar a busca colonial de sua própria "liberdade" e termina a expensas do outro. A relação colonial erroneamente determina o poder do mestre ante a justiça devida à vítima. Essa ressonância no trabalho de Lévinas é amplificada pelo uso do termo "imperialismo" para designar a soberania do eu/mesmo e a subsequente subjugação do outro: o colonizado ou o escravo.

Para Lévinas, a justiça é simultaneamente associada com a responsabilidade e, em *Muito mais do que ser*, com a hospitalidade. Esses termos são, em certa medida, enevoados conjuntamente, uma vez que são a justa relação com o outro pela qual o eu/mesmo descobre-se enquanto responsável. A relação ética também é a relação responsável na qual o sujeito lida com a diferença e as demandas do outro. Ademais, a responsabilidade é também a hospitalidade, e requer o acolhimento do outro na habitação de alguém. A habitação não é um objeto de posse; é o lugar de abrigo, de constituição da subjetividade, mas que não enraíze o ser seguramente ao chão. Não se trata de um conduto ao solo ou posse por direito; mas, no ser preexistente, é meramente o espaço no qual o indivíduo estabelece intimidade face aos elementos. Ao mesmo tempo, de modo a não ser constrito pela posse, "eu devo ser capaz de dar o que eu possuo" e "o outro – o outro absoluto – paralisa a possessão, o que ele contesta por sua epifania à face" (LÉVINAS, 1969, p. 171). Assim, para Lévinas, a habitação oferece segurança ao eu/mesmo, mas também deve ser concebida como outro espaço de encontro que coloca em questão a possibilidade de possessão. Ademais, para além da habitação do eu íntimo, Lévinas lança-se à questão do território do Estado – conquanto este conceito pareça priorizar a proximidade, ele repousa demais na crença no ser que exclui o que está para além dele. Derrida explora essa existência em Lévinas no trabalho *Adieu to Emmanuel Levinas* [Adeus a Emmanuel Lévinas], onde ele descreve *Totalidade e infinito* como "um imenso tratado de hospitalidade" (1999, p. 21), e usa seu trabalho para explorar um conceito de hospitalidade que funcione contra a tirania do Estado; deveria ser uma "hospitalidade infinita" sem condição, incomensurável com regulações políticas e leis, porém necessariamente concebida juntamente com ambos. De modo mais prático, Mireille Rosello usa Lévinas em seu livro *Postcolonial Hospitality: The Immigrant as Guest* [Hospitalidade pós-colonial: o imigrante como hóspede] (2001) para explorar os paradoxos das cidades de refúgio, onde refugiados são tanto bem recebidos quanto lembrados sobre a sua alteridade. Lévinas ajuda a sinalizar as limitações éticas de tal condução.

Contudo, uma das dificuldades do trabalho de Lévinas nessa área é a distinção entre ética e política que, por sua vez, problematiza e perturba o campo pós-colonial. A leitura de Derrida em *Adieu to Emmanuel Levinas* [Adeus a Emmanuel Lévinas] reforça a necessária, porém impossível conjunção entre a "lei da hospitalidade", ou seja, a exigência que o anfitrião aceite qualquer outro, e "as leis da hospitalidade", a saber, as condições que necessariamente regulam aquela aceitação dentro dos limites dos estados existentes. Derrida argumenta que ambas as formas de hospitalidade são indispensáveis, mas devem ser concebidas como uma aporia irresoluta dentro da qual uma necessariamente entra em conflito com a outra. Para o próprio Lévinas, a política, novamente necessária, intervém em uma relação ética entre o eu/mesmo e o outro, de maneira a introduzir uma terceira parte ou outros sujeitos humanos, talvez na forma de sociedade ou comunidade. É a necessidade para a negociação com um terceiro partido que perturba o encontro ético ao acrescentar a obrigação de considerar fatores externos. Não obstante, o próprio "terceiro termo", conquanto estabelecendo as exigências do político, problematiza ou lança à questão a pureza da ética levinasiana, tal como o encontro sem mediação com a face. Ao mesmo tempo, é o terceiro partido que atrapalha a assimetria potencial do encontro (eu posso me colocar no lugar do outro, mas não posso ser substituído); ele força o eu/mesmo a ser um outro diferente, ou um outro para um segundo outro. No entanto, quando perguntado sobre a relação entre ética e política, Lévinas ainda subordina o último elemento ao primeiro, discutindo em prol de um engajamento com ambos, enquanto também admite que exista ali uma contradição entre eles. O exemplo de Israel leva-o a sugerir que "pode haver um limite ético para essa eticamente necessária existência política" (1989, p. 293), mas ele recorre ao silêncio sobre o que isso poderia significar para o povo judeu daquele Estado.

Não há espaço aqui para considerar os meandros dos escritos de Lévinas sobre Israel, mas certamente é aqui que a contradição entre ética e política começa a tornar o debate perturbadoramente nebuloso. Como Caygill explora com grande sutileza, Lévinas parece confuso em *Difícil liberdade* (1990a), a saber, sobre se o povo judeu deve ser concebido como uma "fraternidade" ou se, em vez disso, eles representam preocupações éticas universais. Lévinas luta para reconciliar as exigências políticas do Estado de Israel e a ética incondicional que ele afirma ser provida pelo judaísmo. Ele sugere um retorno para as noções de sacrifício; mas, para Caygill, "isso se aproxima perigosamente do ato de sacrificar para um ídolo – o mais poderoso, fascinante e irresistível dos ídolos modernos –, o Estado-nação" (2002, p. 165). Quando ele avança para propor uma forma flexível de identidade estatal para acomodar a Diáspora, ele arrisca desta vez ao falsamente unificar a identidade judaica. De maneira ainda mais desconcertante, Caygill aponta que Lévinas não deixa claro se ele considera que o Islã desempenha uma parte na história sagrada e até mesmo descreve o mundo asiático como um estrangeiro para a Europa. Ele também evita a questão do lugar dos palestinos e retoma sua condição em uma ampla reflexão sobre a responsabilidade universal. Seu chamado à paz no fim da obra *Totalidade e infinito* parece mal equipado para lidar com as tensões particulares de Israel e Palestina.

No entanto, se o pensamento de Lévinas apresenta muitas falhas, sua ética, e quiçá sua política, é crucial para a reflexão pós-colonial sobre a alteridade. Seu trabalho por si mesmo sinaliza alguns dos problemas explorados neste livro, naquilo que sua crença na relação ética de tempos em tempos falha para enfrentar as exigências políticas de uma situação de conflito – neste caso, uma tão complicada quanto o Estado de Israel. E, de fato, seu não engajamento com o Islã estranhamente chega perto do desejo colonial de marginalização de outra cultura. No entanto, é precisamente aquela vertente esmagadoramente significante em seu trabalho devotado à ética e à alteridade que irá provar uma fundação para as concepções posteriores de uma abertura pós-colonial para a diferença. As críticas de Derrida ao trabalho de Lévinas já foram ressaltadas; mas, de fato, é muito mais importante o débito de Derrida com a ética levinasiana, que sustenta sua desconstrução plena da metafísica e do etnocentrismo ocidental. Explícita e recorrentemente engajado com Lévinas, Derrida também usa o encontro ético para informar sua concepção de cegueira da *epistēmē* ocidental ou do sistema de conhecimento (por meio das leituras de Saussure, Rousseau e Lévi-Strauss), assim como suas leituras do colonialismo e soberania em *O monolinguismo do outro* (1998). Ademais, a filosofia pós-colonial e Bhabha raramente mencionam Lévinas; mas, como veremos, sua exploração da presença vacilante da ambivalência e alteridade dentro do discurso colonial é altamente reminiscente da permeação de Lévinas da totalidade com o infinito, ou do dito com o dizendo. O primeiro plano da alteridade e do bilinguismo de Abdelkebir Khatibi também pode ser visto emergir da compreensão levinasiana do excesso e do intratável e, finalmente, a "poética da relação" ensina ao menos implicitamente o conceito de Lévinas do encontro sem igualdade ou consenso. Lévinas permanece sozinho em sua priorização da ética sobre a liberdade; e, em grande maioria, os pensadores pós-coloniais concebem sua ética mais como um reconhecimento da liberdade do outro do que uma relação precedente de afirmação da liberdade. No entanto, muitas noções subsequentes de domínio, totalitarismo e alteridade irredutível herdam tais noções da formulação inovadora de Lévinas da ética do século XX, quer aberta, quer implicitamente. Correntes pós-estruturalistas no pós-colonialismo, analisadas principalmente na segunda metade deste livro, são profundas devedoras de Lévinas, mesmo que ele atualmente não seja explicitamente reconhecido.

Como influências maiores para os pensadores pós-coloniais, o marxismo e a ética levinasiana levantam questões um tanto distintas sobre os erros do colonialismo e as estratégias ou modos de pensamento cruciais para a sua derrubada. Muitos críticos posteriores escolheram destacar as correntes na crítica pós-colonial relacionando a uma dessas escolas, e certamente os pensadores da política e ética expressam suas metas de modo bastante diverso, até mesmo contrastante. Parry comenta explicitamente sobre essa disjunção entre o marxismo e a ética pós-estruturalista e, advogando um quadro de análise orientado para o marxismo, aponta que "a rejeição das noções marxistas pelo pós-estruturalismo sustenta pensadores anticoloniais de esquerda – o sistema capitalista, divisões estruturais, nacionalismo, narrativa emancipadora, universalismo – e sugere que a discrepância entre as premissas informadas não é prontamente negociada" (2004, p. 7). Este estudo irá explorar as diferenças entre tais abordagens dentro do pós-colonialismo, enquanto também revelam a potencial sobreposição entre elas – sobreposição que críticos como Parry acreditam ser pouco analisada. Controvérsias têm surgido no confronto entre pensadores políticos e éticos, mas uma análise aproximada revela que as duas abordagens não são diretamente opostas, mas podem ser concebidas como relacionadas, se não idênticas em seus objetivos. Ademais, enquanto pareça razoavelmente claro que uma militância como de Fanon requer um enquadramento e vocabulário diferentes daquelas exigidas por um filósofo agarrado à ética, e, de fato, como com um "textualista" como Derrida, pensadores como Spivak e Mudimbe oscilam constantemente entre ética e política, como se reforçassem sua contiguidade necessária. Estes últimos teóricos também incluem críticas tanto do marxismo quanto da ética desconstrutiva em seu trabalho, e usam correntes de ambos para revelar as deficiências associadas ao inequívoco abraço de qualquer uma delas. Uma compreensão genuína dos múltiplos níveis e camadas da crítica pós-colonial irá requerer uma reflexão de cada campo e como eles se interpenetram e divergem entre si.

Pontos-chave

• O pós-colonialismo consiste em múltiplas respostas políticas, econômicas, culturais e filosóficas ao colonialismo. Trata-se de um termo amplo que é usado para fazer referência aos efeitos que se seguiram ao governo colonial e, conquanto cubra todas as regiões, é mais comumente associado atualmente com as consequências do colonialismo britânico e francês.

• O campo de estudos pós-coloniais tem sido frequentemente dividido entre aqueles que se concentram na crítica política e aqueles interessados na ética pós-colonial. Essa divisão é um tanto artificial, mas as duas correntes podem ser entendidas em termos de influências do marxismo e da ética levinasiana sobre o pós-colonialismo.

• Marx foi ambivalente quanto ao projeto colonial. Ele criticou a exploração que esse projeto comportava, mas também viu benefícios na eliminação das hierarquias do sistema de castas na Índia. Seus escritos sobre o capitalismo, a ideologia e a revolução são muitíssimo influentes nos pensadores pós-coloniais.

• O pensamento levinasiano pode ser visto como as raízes da ética pós-colonial. Lévinas denunciou os conceitos de totalidade e domínio que baseiam todas as formas de totalitarismo, e recomendou a abertura e o respeito para com o outro. Suas noções de justiça, responsabilidade e hospitalidade também são úteis na concepção da crítica ética pós-colonial.

2

Fanon e Sartre
O maniqueísmo colonial e o
chamado às armas

Frantz Fanon é indubitavelmente um dos mais significativos e influentes pensadores revolucionários anticoloniais. Nascido em Fort-de France (Martinica) em 1925 e provindo de uma família de classe média, ele cresceu pensando em si mesmo como um francês. Foi educado em uma escola francesa e, antes de concluir seus estudos, lutou pela França na Segunda Guerra Mundial. No entanto, mesmo quando servia a seu país, Fanon experimentou o racismo dos aliados franceses e criticou o sistema de castas dentro do exército, onde os brancos eram posicionados no topo, enquanto os senegaleses, os primeiros a serem enviados para a batalha, permaneciam na base. Após o fim da guerra, Fanon iniciou seus estudos de psiquiatria em Lyon e publicou a obra *Pele negra, máscaras brancas* em 1952. Desiludido com a cultura metropolitana, ele denunciou as divisões maniqueístas do sistema colonial e protestou contra a rígida classificação do "negro" como inferior e "outro". Após concluir a escola de medicina, Fanon assumiu uma posição no hospital psiquiátrico de Blida-Joinville em Argel, onde começou a investigar abordagens culturalmente sensitivas para a loucura. No entanto, um ano após ter chegado ali, a Guerra da Independência da Argélia começou, e Fanon foi pego subitamente em meio a um conflito revolucionário. Tratando de vítimas de tortura e daqueles com doenças psicológicas relacionadas com a violência, ele testemunhou em primeira mão as cicatrizes mentais causadas pelo conflito e começou a se pronunciar contra esses horrores. Quando a crescente intensidade da violência dificultou a prática da psiquiatria, ele abdicou de seu posto, deixou a Argélia e trabalhou para a Frente de Libertação Nacional abertamente, a partir de sua posição de exilado em Túnis [Marrocos]. Alguns de seus textos mais influentes decorrem desse período. *Os condenados da terra* (1967) analisa o processo de descolonização na Argélia de modo a desenvolver uma política revolucionária universal, advogando a violência e a coesão nacional. Os ensaios coligidos em *Um colonialismo moribundo* (1980) discutem as mudanças na Revolução Argelina forjadas nas relações sociais e na vida cotidiana.

Fanon é claramente um pensador altamente militante; e, a rigor, *Os condenados da terra* tem sido visto não menos do que como um "guia de bolso" para a ação revolucionária. A descolonização da Argélia foi seu foco imediato, mas a luta marxista pela liberdade proposta pelo texto também tem sido interpretada para ser aplicada de modo mais amplo. O livro foi usado por líderes em contextos muito diferentes: por Malcolm X no movimento afro-americano *Black Power* da década de 1960 e por Steve Biko no movimento da Consciência Negra na África do Sul durante o mesmo período. Porém, se Fanon é frequentemente visto como um dos mais militantes e incendiários críticos da política colonial, seus textos não são uniformemente direcionados para a prática revolucionária. *Os condenados da terra* advoga a descolonização de forma mais urgente e imediata possível do que em *Pele negra, máscaras brancas*; é aqui onde ele denuncia a violência física do colonialismo e defende que ela deve ser rebatida com a violência direta contra o colonizador. A missão é a derrota absoluta do sistema colonial, inclusive pela força, se necessário. Em *Pele negra, máscaras brancas*, no entanto, conquanto Fanon seja certamente um grande crítico da política colonial, e ainda que dê razão à sua raiva diante do senso de superioridade do colonizador e das reduções sóbrias dos estereótipos que continuam a circular em torno das noções da "identidade negra", ele percebe a violência do colonialismo como uma situação cultural: parte de um sistema de significações e associações que se costuram insidiosamente nas consciências tanto do colonizador quanto do colonizado. O colonizado é, acima de tudo, a vítima da *imagem* perniciosa dessa identidade propagada pela ideologia colonial, mais até do que da força bruta. Para sumarizar, em *Os condenados da terra*, Fanon examina menos os mitos da identidade colonizada do que a política ou os modos de pensamento necessário para a sua derrocada. Em seus trabalhos anteriores, seu foco evidente permanece, por sua vez, na identidade, no desejo e nas estruturas psicanalíticas da alienação.

Muitos notaram, reforçaram ou condenaram essa divisão na filosofia de Fanon entre o engajamento político concreto e uma investigação mais orientada, do ponto de vista psicanalítico, da identidade e da alienação. David Macey, o biógrafo de Fanon, comenta sobre estas duas formas aparentemente distintas: o Fanon pós-colonial [*post-colonial*] ou jovem, e o Fanon militante, revolucionário e "terceiro-mundista":

> O Fanon "pós-colonial" [*post-colonial*] é, de muitas maneiras, uma imagem invertida do Fanon "revolucionário" da década de 1960. As leituras terceiro-mundistas ignoram amplamente o *Peau noire, masques blancs* [*Pele negra, máscaras brancas*] de Fanon; leituras pós-coloniais [*post-colonial*] concentram quase exclusivamente sobre aquele texto e evitam a todo custo a questão da violência (MACEY, 2000, p. 28).

Celia Britton explora as reações muito menos neutras de um leque de críticas quanto ao seu salto da psicanálise para a política e a sociedade, percebendo tanto a suposição de Diana Fuss sobre seu amálgama bem-sucedido quanto objeções cobradas por pensadores como Henry Lous Gates Junior e Françoise Vergès, a saber, que a exploração da alienação não leva em conta os fatores sociais. As próprias leituras de Britton concentram-se mais especificamente na adaptação de Fanon do freudismo para adequar-se ao contexto caribenho; nomeadamente, sua rejeição do Complexo de Édipo em prol de uma exploração da alienação social. No entanto, certamente, diferentemente da própria Britton, muitos leitores de Fanon escolheram tornar proeminente apenas um lado ou outro de sua visão, como se suas profundas reflexões sobre a configuração do eu/mesmo e do outro na psique não fossem parte de seu chamado para uma libertação concreta. Talvez de modo mais surpreendente, Homi Bhabha, tendo notado o ecletismo de Fanon, avança ao explorar a função obscura e ambivalente do desejo na visão colonial: a resposta fantasiada do homem branco para a questão "o que o negro quer?" independente do contexto. Bhabha reforça as ressonâncias lacanianas do outro de Fanon, o sujeito continuamente deslocado que escorrega por baixo do significante e que desabilita a oposição rigidamente binária entre essências maniqueístas. Lazarus, por outro lado, lê a nova forma de nacionalismo de Fanon por meio de seus questionamentos sobre o futuro do capitalismo. Conquanto Lazarus expresse reservas quanto à habilidade de Fanon para compreender plenamente a consciência do colonizado, ele reforça, no entanto, o significado do chamado marxista de Fanon para transformar a ordem social prevalente.

Meu argumento aqui é que essas distintas correntes no pensamento de Fanon não são contraditórias, e não são separadas por dois trabalhos principais, conquanto pareça algo nítido. Tanto *Pele negra, máscaras brancas* quanto *Os condenados da terra* são simul-

Pós-colonialismo **47**

taneamente devotados a contextos políticos específicos – o primeiro, o contexto da Martinica, e o último, da Argélia – e vão muito além dos limites daquela localização histórica e geográfica original. Ambas as obras denunciam o sistema colonial, embora de diferentes pontos de vista, enquanto propõem uma mais ampla e quase humanista "dialética da experiência" e uma crença na autoinvenção. Fanon é, em ambos os textos e simultaneamente, um ativista político e um filósofo sobre o que significa ser um ser humano; além disso, essa revisada e antieurocêntrica forma de humanismo aborda, ao menos implicitamente, uma forma de compromisso ético para com o outro e o novo. Apesar de ser concebido mais frequentemente ou como militante ou como pensador psicanalítico, Fanon não apenas abarca ambas as facetas; ao fundir essas duas abordagens, ele propõe uma renovação vasta e de longo alcance do verdadeiro conceito do humano, da autocriação infinita oposta a reificação e êxtase. Ele advoga simultaneamente o respeito diante do dinamismo do outro e denuncia uma categorização ontológica do outro, assim como das práticas mecânicas de dominação. A liberdade está no coração do chamado de Fanon, diferentemente de Lévinas, para quem o encontro ético precede a liberdade. Porém, em Fanon, de modo distinto, o abraçar da liberdade é originado na derrubada da posição dominadora de uma categoria ontológica sobre o outro subjugado. Fanon parece contradizer a si mesmo ao defender tanto a autoafirmação específica do homem negro quanto uma reavaliação do humano; mas seu trabalho é engenhoso precisamente porque une uma dinâmica reivindicação da identidade política do "negro" com uma urgência para a questão de "identidade", além da crença na mutação espontânea e progressiva.

Essa concepção dinâmica da autocriação também é, apesar das diferenças, um dos pontos sobre o qual Fanon une-se a Sartre. Outro promotor de um chamado militante para a descolonização da Argélia, Sartre estava intimamente aliado a Fanon e escreveu o prefácio apaixonadamente polêmico para *Os condenados da terra*. Fanon repetidamente referia-se a Sartre em *Pele negra, máscaras brancas*, comparando a alienação do homem negro com a discussão de Sartre sobre a identidade judaica em *Antissemita e judeu* (1948a). Mesmo crítico da concepção de Sartre da negritude como um estágio em uma dialética, Fanon continua a compartilhar a compreensão prévia da importância de uma nova forma de criatividade humanista que poderia transcender as imagens ossificadas promulgadas pelo colonizador, que postulariam o homem negro como se pudesse se autoinventar especificamente como "negro". Os meandros da relação de Fanon e Sartre serão discutidos posteriormente neste capítulo, mas vale a pena ressaltar por hora que ambos estão intimamente engajados em um movimento político anticolonial e envolvidos em um conflito filosófico mais amplo (às vezes também ético), sustentando uma forma prótea de liberdade humana do totalitarismo político *e* de uma ontologia imperialista que sobredetermina e confere substância ao outro.

Frantz Fanon, *Pele negra, máscaras brancas*

Pele negra, máscaras brancas foi escrito enquanto Fanon estava na escola médica em Lyon, e muito do que ele explora nesse texto deriva da forma na qual foi tratado, isto é, tendo chegado à França acreditando que era um francês. Fanon argumenta acima de tudo que o colonialismo não ocasionava integração, mas separação: a divisão radical da sociedade juntamente com linhas raciais cruéis. A sociedade francesa falhou ao recebê-lo e o fez se sentir tanto um estrangeiro quanto um inferior ou subordinado. Concomitantemente, Fanon descreve a relação entre negro e branco engendrada pelo colonialismo como uma oposição binária sóbria, e, apesar disso e de forma crucial, o próprio Fanon não é maniqueísta em seu pensamento, ao menos da maneira que alguns críticos acreditam; o objeto de sua crítica é precisamente as divisões rigidamente binárias da visão colonial. Branco e negro são rigidamente polarizados, e não há comunicação ou névoa entre eles: "o homem branco é selado em sua brancura; o negro, em sua negritude" (FANON, 1968, p. 9). O racismo colonial envolve este processo de reificação ou objetificação, como se o homem branco criasse uma imagem fixa e fantasmagórica da essência do homem negro. O racismo nega a identidade do outro; ele estima em demasia de fora e previne-se de o colonizado inventar a si mesmo de sua própria forma. Como resultado, "o que é frequentemente chamado de alma negra é, de fato, um artefato do homem branco" (FANON, 1968, p. 12). A identidade negra é entendida por meio de um conjunto de estereótipos fixos e reducionistas.

Uma das mais famosas e marcantes passagens no texto é a anedota que abre o capítulo "O fato da negritude", que descreve a alienação do homem negro na França. É ali que a linguagem de Fanon é surpreendentemente mais visceral e imediata; e a referência ao cotidiano reforça, entrementes, sua exigência por atenção diante da experiência vivida na realidade. Esperando ser tratado na França como um cidadão e compatriota, a *persona* autobiográfica de Fanon conta sobre seu choque quando ele observa um jovem garoto apontando para ele e chorando: "Mamãe, veja o negro, eu estou assustado" (FANON, 1968, p. 79). O jovem garoto associa a pele negra de Fanon com uma gama de estereótipos, incluindo analfabetismo, força física e ritmo: "tantã, canibalismo, deficiência intelectual, fetichismo, defeitos raciais, navios negreiros e, acima de todos os outros, acima de tudo: *'y'a bon banania'*" (FANON, 1968, p. 79). A última sentença traduz a imagem de um homem negro da infantaria colonial comendo de uma panelinha e pronunciando *"C'est bon, Banania"* em um dialeto crioulo. Reagindo diante dessa sobredeterminação, Fanon descreve o trauma de ser forçado a olhar para si mesmo da perspectiva externa e falhando em reconhecer a imagem que lhe foi apresentada. Fixado e transformado em objeto pelo olhar do homem branco, o homem negro falha ao identificar-se com a imagem projetada sobre ele e é desligado e rompido de si mesmo. Nas palavras de Fanon, ele experimenta "uma amputação, uma excisão, uma hemorragia que respinga sobre todo o meu corpo com sangue negro" (FANON, 1968, p. 79). Isso ocorre como se seu corpo fosse aberto e coberto com um sangue negro, compreendendo, assim, a destruição do eu/mesmo e o reforço de sua identidade negra. O resultado é que nas Américas, na África e no Caribe, o povo negro foi separado do resto da sociedade e tratado como besta. Roubado de sua identidade, o homem negro sabe de si pelo homem branco, que acredita de maneira incontroversa sobre sua própria superioridade.

Fanon explica que essa alienação e falta de identificação implica um tipo particular de divisão. Comparando sua compreensão do racismo com a descrição de Sartre do antissemitismo, Fanon argumenta que, em ambos os casos, a vítima é sobredeterminada de fora. A formulação de Sartre é que "o antissemita cria o judeu" (1948a). No caso do judeu, no entanto, o estereótipo evolui da *ideia* que o antissemita retém da identidade judaica, não de suas características físicas posteriores. Portanto, o judeu não é alienado de seu próprio corpo, conforme Fanon. Porém, no caso do homem negro, é sua própria pele que é sobredeterminada, e o indivíduo negro é alienado não apenas por sua imaginação errônea, mas também de si por sua própria aparência. É dessa divisão interna que Fanon deriva a imagem de "pele negra, máscaras brancas".

O sentido de uma dupla identidade ou de uma identidade dividida também deriva de um uso do indivíduo colonizado da língua francesa. Essa implicação extraordinariamente complexa, uma vez que Fanon escreve em francês, trouxe a ele precisamente o reconhecimento que merecia e tornou seu trabalho acessível para uma audiência muito mais ampla do que o uso do crioulo poderia possibilitar. No entanto, o francês permanece como uma língua colonial e seu uso sinaliza, de certo modo, uma participação na cultura do colonizador. Conforme Fanon, o uso do francês por parte do homem negro compromete seu senso de identidade e constitui a verdadeira máscara branca que o título de seu trabalho aduz. Ao usar o francês, o homem negro branqueia-se; ele é mascarado pela tela da cultura colonial e divorcia-se de si mesmo para além de qualquer senso de uma identidade "nativa", de suas raízes originais. A análise de Fanon desse fenômeno ainda é complicada por seu desprezo pelos dialetos "negros" que patrocinam o homem negro e encerram-no em um mundo estreito e limitado. Ele argumenta: "falar em um dialeto negro encerra o homem negro; tal ação perpetua um estado de conflito no qual o homem branco injeta no negro corpos estrangeiros extremamente perigosos" (1968, p. 27). O homem negro é pego como o resultado de uma dupla cegueira. Ao falar em dialetos locais, ele perpetua sua posição subordinada e permite que o homem negro mantenha suas preconcepções da incompetência linguística do homem negro. Ao falar em francês, ele reforça a hegemonia da linguagem colonial e apoia a cultura que necessariamente a acompanha.

A dimensão psicanalítica do trabalho de Fanon já fica perceptível nesse sumário, mas é importante que, nessa investigação, ele também lê e adapta o trabalho de outros analistas. Em sua discussão sobre o complexo de inferioridade, Fanon baseia-se em *Prospero and Caliban: The Psychology of Colonization* [Próspero e Caliban: a psicologia da colonização] (1956) de Octave Mannoni e, de fato, ele expressa sua gratidão a Mannoni por produzir um estudo tão detalhado das estruturas coloniais em Madagascar. No entanto, Fanon começa desfazendo alguns pressupostos eurocêntricos ocultos de Mannoni e, de modo mais significante, critica a crença deste de que o complexo é anterior à colonização. Ele também nega a afirmativa de Mannoni que o homem negro foi colonizado

52 Pensamento Moderno

porque ele era dependente do europeu, e reverte a lógica a tal ponto a reforçar que o europeu tornou o negro dependente precisamente por meio da imposição do sistema colonial. Conforme Fanon, Mannoni esquece que os malgaxes que ele tomou como objeto de sua análise existem na forma que são precisamente por conta da presença europeia: eles foram criados pelo colonizador. Ademais, Mannoni avança ao analisar a falta de consciência malgaxe, a rede de impulsos e neuroses que contribuem para o seu desejo de se tornar branco; no entanto, Fanon sugere novamente que este desejo é o resultado da presença colonial. Portanto, não há ali um desejo estrito e inconsciente, mas o resultado de uma imagem internalizada dele mesmo, criada pela presença do colonizador. É neste sentido que Fanon também parte de Freud, uma vez que ele argumenta que a verdadeira noção de inconsciência é muito generalizada e universal para dar conta das condições históricas e culturais da psique do homem negro.

O uso e a recriação de modelos psicanalíticos por Fanon prosseguem no capítulo sobre a psicopatologia. Aqui, o colonialismo, especificamente no Caribe, é analisado pelos seus efeitos psíquicos sobre o colonizado. Fanon argumenta que o homem negro não sofre do Complexo de Édipo porque sua neurose se origina, em vez disso, de sua situação cultural. Se para o europeu a relação com a família torna-se um modelo para a interação social, no caso do homem das Antilhas, o indivíduo é forçado a escolher *entre* a família e a sociedade. Usando o conceito de coletivo inconsciente de Jung, Fanon afirma que o habitante das Antilhas é forçado a internalizar uma inconsciência branca imposta pela sociedade e não pela autoridade da família. Assim, ele não entra na sociedade como o resultado de sua separação da mãe e da aderência à lei do pai, mas continua a experimentar a autoridade familiar e a autoridade social como conflitivas. Além disso, Fanon discute as associações sexuais do racismo em relação ao homem negro, juntamente com seus efeitos sobre a psique do homem negro. A imagem do homem negro fabricada pelo homem branco reforça sua proeza sexual superior, e essa fantasia do homem negro viril faz dele um objeto tanto do medo quanto do desejo. "O negro simboliza o biológico" (FANON, 1968, p. 118) e é nessa curiosa conjunção de fascínio e desgosto que os leitores como Bhabha têm descoberto a ambivalência da noção de Fanon de psique colonial. Conquanto cônscio que sua análise parece desviar sobremaneira do "real", Fanon reforça que essa *imago* fantasiada estrutura precisamente o projeto colonial real, e que é o homem branco que oculta a especificidade do homem das Antilhas por trás de sua visão reificada do "negro" mais ampla. Esse conjunto de imagens culturalmente criado é que forma, para Fanon, a inconsciência coletiva de Jung: este é o fardo ideológico que é imposto sobre o homem negro e que o separa de si mesmo. O imaginário sexualizado em torno do homem negro é, em seguida, explorado por Fanon nos capítulos sobre relações de gênero entre a mulher negra e o homem branco, e o homem negro e a mulher branca. Fanon critica a obra *Je suis Martiniquaise* [Eu sou martiniquense] (1948) de Mayotte Capécia por expor o desejo da mulher negra pelo homem branco, e sua fantasia de limpeza e de se tornar branca. Ele também explora *Un Homme pareil aux autres* [Um homem como os outros] (1947) de René Maran, e a dúvida e autoaversão do personagem principal Jean Veneuse, além de sua inabilidade de acreditar que uma mulher branca o amasse, como um indicador de como o homem negro internalize o mito do homem branco.

O capítulo final de Fanon desenvolve sua concepção de máscara branca por meio das leituras de Alfred Adler e G.W.F. Hegel. Fanon usa Adler, por exemplo, para argumentar que "o negro é comparação" (1968, p. 149); o indivíduo das Antilhas não tem valor por si mesmo, mas é visto apenas como um signo do outro. Contudo, sua análise difere do modelo de Adler, de modo que não se aplica aos indivíduos, mas a toda a sociedade. Em geral, o homem negro torna-se dependente do branco; ele não é um ser em si, sem a consciência reflexiva sartriana além da imagem construída para ele pelo homem branco. Em sua leitura de Hegel, Fanon argumenta, portanto, que a relação entre o homem negro e o homem branco relembra a dialética de Hegel entre o senhor e o escravo, exceto que, no esquema de Hegel, a relação baseia-se no reconhecimento recíproco. Porém, na configuração do homem branco e do homem negro em Fanon não há reconhecimento: "o negro é um escravo a quem foi permitido assumir a atitude de um senhor" (FANON, 1968, p. 156). Desse modo, não há um encontro de consciência onde um deles subsequentemente assume o controle sobre o outro. O homem branco já tinha determinado e aprisionado o homem negro como escravo ao alegar ter garantido a ele a liberdade, além de preveni-lo de adquiri-la por si mesmo.

No entanto, se este sumário oferece certa coerência para a filosofia de Fanon em *Pele negra, máscaras brancas*, isso não quer dizer que o trabalho seja isento de inconsistências aparentes. Ao desenvolver sua visão da divisão do homem negro, Fanon parece inicialmente implicar, porém, que há uma especificidade para a categoria "negro" e, posteriormente, abandona a categoria completamente. Por um lado, Fanon, de modo confiante, afirma que "eu sou negro", e parece querer reforçar seu senso de pertencimento a uma raça distinta e particular. Por outro, o texto também delimita para afirmar a liberação do eu/mesmo individual e defender uma forma de liberdade de existência, ou seja, a habilidade de reinventar a si mesmo. Apesar do contínuo uso do termo específico "negro", muito do texto rejeita suas implicações unificadoras e homogeneizadoras, e a curiosa afirmação na conclusão de que "o negro não é. Não mais do que o homem branco" (FANON, 1968, p. 165) mostra sua desconfiança por qualquer negritude inerente no ser-em-si. As sentenças disjuntivas estranhamente unidas, rompidas por um abrupto fim pleno, deixa o leitor antes do ideal e forçam-nos a confrontar nossas pressuposições quanto à identidade e existência negras.

Fanon também vacila em sua avaliação do movimento da negritude. A negritude foi importante na África Ocidental durante o conflito pela independência em países como Camarões e Senegal, e certamente o poeta e líder político senegalês Léopold Sédar Senghor promoveu a causa de um ponto de vista tanto cultural quanto político. A poesia de Senghor reclama a identidade negra ao retornar para uma visão da vida africana tradicional, desafiando valores como a emoção, a espontaneidade, a fisicalidade, o ritmo e a dança. A negritude foi, ao mesmo tempo, uma ideologia política para Senghor na qual, juntamente com uma forma de modernização aprendida do francês que, de modo irônico, serviria para a nação africana em seus próprios termos. A negritude de Senghor também foi humanista; ela concebia como humana "essa troca entre o coração e a mente", e promovia uma "'confrontação', 'participação' e 'comunhão' do indivíduo e objeto" (SENGHOR, 1954, p. 9). O escritor e político martinicano Césaire usou similarmente o termo para descrever o poder revolucionário da poesia negra e, de fato, Fanon frequentemente cita a visão de Césaire da negritude como um movimento dinâmico de reinvenção e criatividade. Césaire escreve de um "retorno" para a terra nativa, conquanto seja menos um movimento em direção às origens e essência e mais um processo dinâmico de recriação. Em algum nível, assim, em partes de *Pele negra, máscaras brancas*, Fanon parece estar desdobrando uma noção similar de especificidade negra, declarando que esta categoria identitária alternativa pode agir na contramão dos mitos impostos pelo domínio colonial. Uma volta para algum tipo de "autenticidade" (quase fictícia, em particular no Caribe) pode ajudar o homem negro a restaurar um senso do eu e reparar o dano psicológico da aculturação colonial. No entanto, é importante para Fanon que não pode haver um único conjunto de "valores negros", uma vez que a identidade negra é inevitavelmente móvel e mutável, e a noção de qualquer tipo de especificidade negra implica um determinismo que reduz e faz desaparecer tal variabilidade. A cultura da negritude estranhamente reproduz alguns dos estereótipos produzidos pelo colonizador, uma vez que recobra um retorno ao solo africano e um restabelecimento da virilidade e força negras.

Por essa razão, a excitante conclusão de Fanon para *Pele negra, máscaras brancas* vai muito além das preocupações de identidade política e celebra, em vez disso, a extraordinária riqueza e mobilidade do humano. A "História" não mais tem a capacidade de determinar o humano; em vez disso, o indivíduo ergue-se de seu confinamento e posiciona a si mesmo além de sua condição. Fanon, na condição de *persona* universal, afirma "Eu não sou um prisioneiro da história. Eu não devo buscar ali o significado do meu destino" e conclui "no mundo por onde eu viajo, eu estou criando a mim mesmo de modo interminável" (1968, p. 163). Afastando-se de noções tanto de negro quanto de indivíduo das Antilhas, o indivíduo dos textos de Fanon fala para a humanidade e urge que cada indivíduo molde seu próprio caminho enquanto recria a si mesmo e avança adiante. Movido agora menos por identidades políticas do que por formas de existencialismo, ele advoga uma contínua renovação e singularização, apesar das determinações do contexto. Essa transcendência é, de modo importante, o produto da dialética de Fanon, que se move através de um abraço da história e de uma compreensão do maniqueísmo, de modo a precisamente emergir mais tarde nesse reino da constante reinvenção. Tal situação não liquida a diferença, como alguns críticos têm sugerido, mas reconhece a diferença enquanto se nega a permitir que ela fique confinada a uma categoria estática. A dialética de Fanon também é enraizada na experiência vivida, mas ele usa este engajamento com o concreto e o cotidiano para criar uma forma alterada e renovada de autoconsciência. Enquanto Parry tem argumentado que Fanon nunca resolveu realmente tal contradição em seu engajamento com a negritude e a identidade política, eu sublinho que a conclusão majestática de Fanon mostra precisamente como o homem negro, condenado pelo colonialismo a um lugar determinado e específico na História, pode adaptar sua consciência de si mesmo como se olhasse para além dela. Isso implica não uma negação de seu contexto maniqueísta, mas um engajamento dinâmico para com ele, como o resultado do qual ele poderia alcançar ao imaginar-se como algo novo.

Se Fanon é mais ostensivamente um pensador político desafiante, ele também anuncia nessa conclusão as sementes de uma reconfiguração fenomenológica e até mesmo ética do eu e do outro. Se a tirania do homem branco incorre em sua imposição de uma visão reificada ao homem negro e, subsequentemente, na divisão e negação do homem negro, assim, a derrocada daquela tirania requer a libertação do outro do olhar controlador do eu/mesmo. A crença de Fanon na reinvenção e mobilidade propõe uma ontologia alternativa que se recusa a permitir o ser de atingir o domínio e êxtase da totalidade. O eu/mesmo e o outro coexistem no mundo e, ao se encontrarem, percebem uma diferença inassimilável em relação ao outro. A liberdade política requer, simultaneamente, esta percepção alternativa do ser que enfatiza seu contínuo processo de recriação, e a exigência por atenção de Fanon para esta noção do ser implicitamente pertence ao reino daquilo que a humanidade "deveria" fazer. Naturalmente, a liberdade não é secundária aqui, como é para Lévinas, mas a afirmação da liberdade do eu/mesmo também requer o reconhecimento da habilidade do outro para recriar-se de modo livre. O retorno de Fanon para essa noção do humano também propõe uma terminologia mais ampla, obrigando cada indivíduo a reconhecer e aceitar a individualidade do outro. Este humanismo nada mais é do que a universalização dos valores europeus, mas uma exigência mais aberta por uma forma liberada da autocriação individual, assim como um símbolo específico da resistência em vez de um novo transcendentalismo. O reconhecimento da humanidade do outro implica uma compreensão do seu ou da sua forma singular de autoinvenção. Por fim, Fanon conclui a obra *Pele negra, máscaras brancas* com um chamado para a forma de encontro com o outro que permite que o eu toque, sinta e experimente sua alteridade: "Por que não a simples tentativa de tocar o outro, de sentir o outro, de explicar o outro para mim mesmo" (1968, p. 165). Isso não é exatamente a relação sem relação do encontro levinasiano, mas uma ética incorporada e afetiva do contato, da aceitação e do reconhecimento, operando visceralmente no nível da pele.

Frantz Fanon, *Os condenados da terra*

Desde o princípio, *Os condenados da terra* é, sem sombra de dúvidas, um texto abertamente mais comprometido e militante do que *Pele negra, máscaras brancas*. Fanon inicia a obra de modo muito surpreendente com um claro chamado às armas: "a libertação nacional, a renascença nacional, a restauração da nacionalidade para o povo, a república: sejam quais forem os chamados usados ou as novas fórmulas introduzidas, a descolonização é sempre um processo violento" (1967, p. 27). Portanto, um dos princípios centrais da coleção será aquele em que a derrocada da violência colonial será em essência um processo violento. Dada a intransigência da força colonial, a descolonização pode ocorrer apenas quando aquela força se depara com um antagonismo igual. O colonizado não deve esperar para tentar subverter o sistema a partir de dentro (as invocações de Bhabha de uma ambivalência colonial, das incertezas representacionais de ambos os lados, têm pouca ressonância aqui). Em vez disso, o colonizado apenas pode imitar as técnicas do colonizador, que subjugaram os argelinos nativos com o uso da força de 1830 em diante. Ademais, a descrição de Fanon da estrutura do pensamento colonial subjacente é igualmente sóbria. Colonizador e colonizado são colocados um contra o outro na forma de uma rígida oposição binária, e não há possibilidade de comunicação ou mediação entre eles. A sociedade colonial de Argel em particular também é "compartimentada": ou seja, ela é segregada e dividida ao longo de linhas raciais, de modo a fixar e estultificar o colonizado. Argel é dividida em áreas designadas para o colonizador e o colonizado, e a segregação é acompanhada por uma desigualdade social. As fronteiras entre estas áreas são guardadas pela polícia ou por militares. A única forma intermediária é o soldado, e a transgressão do limite é vigilantemente supervisionada e, em troca, reforçando a divisão social. Assim, o colonialismo na Argélia recai sobre essa sóbria segregação de uma sociedade sobre a outra, e o fim do sistema requer a rejeição dramática e violenta da comunidade hegemônica por aqueles que têm sido expropriados e subordinados.

Fanon novamente argumenta que o nativo é o produto do colonialismo, que ele é formado e criado pela ideologia colonial. A criação do nativo pelo colonizador requer que ele canalize sua agressão para dentro em vez de externá-la, de modo que isso não afeta a própria estrutura colonial. Sua energia resta direcionada para si mesmo, um fenômeno que, para Fanon, caracteriza a real angústia de sua posição como colonizado. Desse modo, a revolução ocorre quando o nativo consegue voltar àquela agressão contra o colonizador. A liberação é caracterizada precisamente pelo seu momento de realização e pela rejeição violenta da sociedade colonial usando os mesmos termos que o último tinha usado em sua empresa para subjugar. A descolonização, por sua vez, é um processo absoluto e implica a destruição total de uma sociedade e sua substituição por uma estrutura social inteiramente diferente.

Trata-se de uma mudança fundamental e que não pode envolver negociação ou mediação, pois ela necessita encerrar um regime inteiro, além da substituição das regras existentes por homens diferentes. O colonialismo em si não é uma ideologia que está aberta ao questionamento, mas um sistema total, cujos efeitos podem ser atenuados somente pela destruição do próprio sistema. A não violência é, para a aquiescência de Fanon, a aceitação da visão colonial, e a resistência pode ser expressa pelo uso da força: "o colonialismo não é uma máquina de pensar, nem um corpo dotado de capacidades racionais. Sua violência encontra-se em estado natural, e só irá se render quando confrontada com grande violência" (1967, p. 48).

No entanto, o evidentemente controverso hino à violência de Fanon não é simplesmente um meio de perdoar o derramamento de sangue revolucionário, mas também um chamado para a criatividade e espontaneidade. A nova revolução dá ensejo à criação de novos homens, para novas formas de consciência que podem varrer as injustiças e preconceitos do velho:

> Este povo que perdeu seu direito de herança, que está acostumado a viver no estreito círculo de rixas e rivalidades, irá agora prosseguir em uma atmosfera de solenidade para limpar e purificar a face da nação, como parece em várias localidades. Em um êxtase coletivo, famílias que sempre foram inimigas tradicionais decidiram apagar incisões antigas, perdoar e esquecer. Há numerosas reconciliações. Ódios inesquecíveis, porém enterramos há muito, foram trazidos à luz mais uma vez, de modo que eles possam, de modo mais concreto, ser enraizados novamente. A tomada da nacionalidade envolve um crescimento da consciência (FANON, 1967, p. 105).

Agregando a essa nova unidade, Fanon desafia a espontaneidade, se opondo à afirmação de uma forma rígida de especificidade negra.

Lançando de lado os constrangimentos de uma sociedade colonial, ele predisse o advento de um surto de energia criativa, prometedor de uma inovação desregulada. Ele também observa a proliferação de cultos e superstições sob o colonialismo, difusão que ocorre em virtude do medo do colonizado e da canalização interna de sua energia. A descolonização irá anunciar o fim da superstição em favor de uma comunidade mais livre de pensamento e desinibida.

Uma vez que a ideologia colonial se manifesta tanto praticamente, pela segregação, quanto linguisticamente, em sua propagação de narrativas enviesadas e estereotipadas, a tentativa de desafiar seus princípios requer um engajamento de ambos os lados. O colonizado não pode simplesmente questionar os detalhes da visão colonial, mas precisa erradicar o discurso inteiro antes de instalar um regime que é totalmente novo. É devido a isso que Fanon faz uma distinção entre as estratégias do intelectual colonizado e aquelas das massas indígenas. Fanon argumenta que o intelectual colonizado percebe a libertação nos termos do sistema colonial. Herdando muitos de seus vislumbres, o intelectual colonizado tenta se libertar por meio da assimilação do sistema governante em vez de buscar derrubar aquele próprio sistema. Nesse sentido, o intelectual arrisca encontrar a si mesmo como parte de "um tipo de classe de escravos afrancesados, ou escravos que são individualmente livres" (FANON, 1967, p. 47). Ao empreender uma posição de distinção *dentro* da estrutura colonial, o intelectual não consegue uma libertação, mas um tipo de compromisso, uma aquiescência privilegiada. No entanto, as massas ou o povo exigem uma refutação absoluta de todos os aspectos da lógica colonial. Eles não querem alcançar o mesmo *status* do colonizado, mas buscam precisamente substituí-lo e eliminar seu poder em prol de um novo regime. A revolução requer a real substituição do colonizador pelo colonizado. Ela requer essa erradicação sistemática, mas não um engajamento parcial com termos arraigados e hegemônicos: "para eles, não está em questão entrar em competição com o colonizador. Eles desejam tomar seu lugar" (FANON, 1967, p. 47). É a magnitude dessa derrubada que exige o uso da violência, tal como a unificação do povo contra o poder prévio.

Esse relacionamento entre os intelectuais ou, de fato, entre o líder político e as massas é uma preocupação constante na obra *Os condenados da terra*. Conquanto a revolução requeira uma organização e direção, Fanon se esforça bastante para salientar que líderes e pensadores frequentemente têm preocupações diferentes daquelas do povo e, assim, correm o risco de se separarem da urgência de suas exigências. Aqueles no encargo de organizar a revolta tendem ao atolamento em detalhes na estratégia local em vez de manter na mente a grande meta da mudança de regime. No entanto, para que a revolução seja verdadeiramente eficiente, Fanon afirma que a voz das massas precisa ser ouvida. Enquanto os líderes e intelectuais perdem a noção da unidade do movimento, Fanon argumenta que,

> por outro lado, o povo toma-lhe pela mão do início até as posições amplas e inclusivas do pão e da terra: como podemos obter a terra e o pão para comer? E este obstinado ponto de vista das massas, que pode ser visto como contraído e limitado, é no fim o que mais vale a pena e a forma mais eficiente de procedimento (FANON, 1967, p. 39).

Em um tom marxista autoconsciente, Fanon afirma que a revolução está nas mãos do povo, que mantém sua meta como absoluta *per se*. Fanon tacitamente critica as maquinações políticas obscuras daqueles que tentam tomar o controle. Ele suspeita da burguesia colonial, e seu texto versa a favor das simples exigências dos desprovidos de privilégios e do proletariado privado de direitos.

No entanto, o relacionamento de Fanon com o marxismo é complicado e requer uma reflexão adicional. Certamente, Fanon coloca as preocupações do povo acima de tudo, e sua polêmica revolucionária é frequentemente expressa na linguagem da revolta de classe. Fanon também desconfia do pensamento burguês, e está preocupado que a descolonização da Argélia possa resultar no retorno do poder para as mãos do povo em vez daquela estreita elite privilegiada. De fato, a leitura de Sartre proposta por Fanon contém a afirmação direta de que "a revolução nacional será socialista" (SARTRE, 2001, p. 139). Porém, o engajamento de Fanon com o marxismo é altamente específico; apesar de ele usar suas estruturas, ele também se esforça para sublinhar a particularidade da revolução *anticolonial* como oposta ao conflito de classes. Enquanto advoga pela derrubada da ordem governante pelo povo sem direitos e explorado, ele enfatiza que a natureza dessa luta no contexto colonial é diferente dela em qualquer outro contexto, visto que a classe governante não é apenas rica, mas também *estrangeira*. O poder colonial é pernicioso porque é o outro, é imposto de fora pelos seus administradores e, além disso, encontra-se mais divorciado do povo, sobre o qual ele mantém sua influência:

> Não é o ato de possuir fábricas, estados ou um balanço de banco que distingue as classes governantes. A face dos governantes é em primeiro lugar e acima de tudo aquela que vem de algum lugar, aqueles que são diferentes dos habitantes originais, isto é, "os outros" (FANON, 1967, p. 31).

No capítulo "Espontaneidade: força e fraquezas", Fanon desenvolve seu argumento a favor da agência das massas, ainda que desta vez ele saliente o perigo não apenas da dissociação entre o intelectual e o povo, mas também a falta de comunicação entre as áreas rural e urbana. Em primeiro lugar, isso é apresentado como um intervalo entre dois fenômenos relacionados ou uma diferença de ritmo entre os líderes do partido independentista e o povo. Essa disjunção é copiada do sistema colonial e busca seus constituintes em áreas urbanas. O risco é que as preocupações do povo rural sejam ignoradas ou esquecidas pelas preocupações da cidade e, de fato, estereótipos que associam o campesinato a inércia e retrocesso circulem. Segundamente, no entanto, com o desenvolvimento de um novo relacionamento entre militantes urbanos e as massas rurais, assim como a evolução de um novo tipo de organização revolucionária, o conceito de Fanon de intervalo entre dois fenômenos relacionados encontra uma nova expressão. O imediatismo da ação espontânea da massa contra o sistema colonial requer a formação de um grupo de líderes militantes que são capazes produtivamente de inspecionar as diferentes facetas da luta e ajudar a formular uma estratégia nacional mais ampla. Se há uma história de pouco contato entre líderes urbanos, políticos e as massas rurais, então o encontro eventual entre o militante da cidade e a força revolucionária campesina determina um momento importante na criação de uma ordem descolonizada.

Uma dificuldade identificada por Fanon no *status quo* existente é que as massas rurais podem tender a equacionar os colonizados das regiões urbanas com a própria ordem colonial. Quando militantes e pensadores urbanos chegam nas áreas rurais esperando ser tratados como líderes, essa atitude de resistência e desconfiança pode ser agravada, criando tensão em vez da liderança de uma nova unidade. Ademais, Fanon observa que os próprios líderes podem persistir na concepção do campesinato em termos informados pela ideologia colonial. Eles associam a cultura rural com um retrocesso à tradição em vez de um conjunto alternativo de práticas a aqueles impostos pelo colonizador. Contra essa tendência, Fanon recomenda perceber a preocupação do camponês quanto à tradição como uma evidência de sua intransigência contra a influência colonial. Denunciando a persistência de estereótipos ligados ao campesinato, Fanon parte para explorar as forças nas quais modelos de resistência urbanos e rurais podem vir a co-

Pós-colonialismo **65**

municarem-se uns com os outros. A visão de Fanon consiste em uma revolução universal, onde o intelectual volta às suas raízes, enquanto as tradições camponesas são listadas como uma forma positiva e progressiva de crítica. De modo mais importante, ele quer encerrar o estranhamento intelectual do povo, e espera por uma força mais ampla de solidariedade.

No centro do chamado de Fanon para a solidariedade entre camponeses e intelectuais, entre áreas rurais e urbanas, está uma política de nacionalismo. Usando um argumento que atualmente seria controverso, no tempo do movimento anticolonial, Fanon afirma que o nacionalismo forma um lugar de crítica crucial. De modo mais importante, a criação de uma cultura nacional não deve ser governada e restrita por uma burguesia limitada. No capítulo "As ciladas da consciência nacional", Fanon alerta contra o risco de que postos preenchidos por oficiais coloniais sejam ocupados por lideranças burguesas nativas que mantêm as arraigadas deficiências do sistema colonial e que falham na missão de unificar os cidadãos da nova nação independente. Ele deseja proteger-se contra a possibilidade que a nova classe governante possa apropriar-se da identidade nacional e moldá-la para que se adeque às suas próprias e estreitas preocupações econômicas. No entanto, Fanon argumenta a favor da revolução de uma cultura nacional específica, unificada e identificável, criada pela comunidade dos habitantes nativos da antiga colônia, que funcionaria como uma alternativa concreta àquela imposta pelo colonizador. Tal como o renomado líder do movimento de independência da Guiné-Bissau, Amílcar Cabral, Fanon recomenda a criação de uma comunidade cultural que ligaria o colonizado em termos de solidariedade contra o opressor. A cultura nacional age na contramão da cultura colonial e prova que o colonizado tem uma identidade distinta daquela imposta a ele pelo poder invasor. Isso também pavimenta o caminho para o futuro, enterrando as desigualdades e preconceitos do passado com a celebração de novas práticas e formas criativas de expressão.

Assim, o que constitui esta cultura nacional? Não se trata necessariamente de um retorno à tradição, uma vez que a cultura da nação progride e avança conforme a descolonização é empreendida. Uma vez que um povo se engaja no conflito revolucionário, a significação de suas práticas e formas de arte muda. Durante um período de tamanha mudança intensa, tradições longevas são trazidas à questão e podem ser substituídas por práticas alternativas. Artistas que buscam retornar para as suas origens ao descrever os rituais e costumes originais dos povos africanos correm o risco de obscurecer o fato de que muitos povos a quem eles se referem sofreram uma transformação massiva. O elemento mais importante na criação de uma arte nacional é precisamente que ela engajasse com a contemporaneidade de seu sujeito. Fanon defende, por exemplo, a poesia da revolta em vez da poesia de um retorno original, e ele reforça o dinamismo particular do presente. De fato, a evolução da cultura nacional ocorre no próprio coração do movimento de resistência e não pode ser separada de seu desdobramento. "A cultura argelina nacional está tomando forma e conteúdo conforme as batalhas são lutadas nas prisões, sob a guilhotina, em cada posto avançado francês que é capturado e destruído" (FANON, 1967, p. 187). Em vez de olhar de volta para o passado, a cultura nacional vive o presente e projeta-se para o futuro, em direção à criação de uma ordem aperfeiçoada liberta da influência do outro colonial. A cultura nacional é, neste sentido, intricadamente ligada à história particular do desenvolvimento nacional, e uma vez que os processos de descolonização na Argélia e no Marrocos foram, por exemplo, dramaticamente diferentes, qualquer cultura pós-colonial compartilhada irá inevitavelmente tornar-se uma abstração vaga.

Por fim, a conclusão de *Os condenados da terra* forma uma declaração poderosa da visão revolucionária de Fanon e une os preceitos fundamentais de seu pensamento. Mais importante, é sua exigência incondicional pela mudança. Fanon rejeita cada aspecto da ordem colonial e invoca o povo colonizado à ação. Seu tom é apocalíptico, advogando a participação de todos os cidadãos no conflito colonial. Usando a metáfora do despertar, ele sacode o povo para a realização de sua aquiescência e lança um chamado para a derrota da ideologia entrincheirada e dos padrões de comportamento familiares: "devemos deixar nossos sonos e abandonar nossas crenças e amizades do tempo anterior ao início da vida. Não nos deixe desperdiçar tempo em litanias estéreis e choramingas nauseantes" (FANON, 1967, p. 251). Essa opção entre o velho e o novo acopla-se com uma recolecção posterior do contraste entre a Europa e a (ex-)colônia. Usando novamente a retórica do preto e branco, Fanon categoricamente associa a Europa com a escravidão sistemática de seu outro Terceiro Mundo. A cultura europeia também tem a conotação de uma existência pelo êxtase, imobilidade e resistência à mudança. Europeus congelam e atrofiam o dinamismo cultural de seus povos colonizados, e eles resistem à livre-invenção de novas estruturas. Ademais, o pensamento europeu mutila e mata o povo que deseja governar e nega a humanidade aos homens colonizados. Ele afasta a criatividade individual em prol do trabalho incansável da máquina do poder colonial. Como resposta a essa destruição, Fanon advoga um retorno ao corpo, e o lançamento do poder físico e movimento dentro daqueles que se tornaram separados de si: "deixe-nos decidir não imitar a Europa; deixe-nos combinar nossos músculos e nossos cérebros em uma nova direção. Deixe-nos tentar e criar um homem pleno, a quem a Europa tem sido incapaz de propiciar um brilhante nascimento" (FANON, 1967, p. 252). Reintegrando mente e corpo, Fanon deseja restaurar o homem em sua totalidade e reconectar o colonizado com aquelas partes de si mesmo a quem têm sido negadas a liberdade de expressão.

Particularmente, um padrão retórico impressionante da conclusão de Fanon é a repetição do termo "nós". Por um lado, isso foca a polêmica, uma vez que isso encaminha o povo colonizado diretamente, chamando-o para a ação. As implicações inclusivas do "nós" também sublinham novamente a importância da comunidade e solidariedade entre nativos que podem inicialmente ter se sentido alienados e dispersos. O "nós" é, nesse sentido, performativo: ativamente reunindo o povo a quem se dirige de modo a confirmar sua unidade diante da opressão colonial. Ele lembra os colonizados de que eles não estão isolados em sua alienação e enfatiza a força derivada do compartilhamento e colaboração com os outros. Uma das dificuldades desse chamado geral, no entanto, é que uma vez que o muito precedente capítulo sobre a cultura nacional estava todavia focado na Argélia, a conclusão pode transmitir a ideia de um adendo, divorciado da história e perdido nos ritmos de sua própria retórica. Contudo, se Fanon tem sido criticado por esse gesto de universalização, é preciso lembrar que a meta imediata de seu texto é mover e persuadir, de conclamar seus leitores para a ação. Fanon também restaura com sucesso a noção de humano como uma categoria ética, tal como defende a criatividade independentemente das determinações do contexto, mesmo se mantiver claro que esta é uma resposta específica ao colonialismo. Alternando o velho com o novo, metáforas da atrofia com evocações inspiradoras de um mundo alternativo, o referente primário das conclusões é a linguagem da mudança, o chamado por uma fundação mais justa para a sociedade, e não mais demandas específicas e condições do movimento colonizado argelino para a liberdade.

Enquanto muitas das outras seções do texto são certamente mais enraizadas e mais específicas do que os excitantes floreios retóricos da conclusão, esse uso autoconsciente da língua conceitual é algo que permanece à frente do trabalho de Fanon. A falta

Pós-colonialismo **69**

de historicidade, de um referencial específico, coloca o texto de *Os condenados da terra* no reino da hipótese, da experimentação filosófica em vez da verdade. Fanon também repete a si mesmo frequentemente, circulando em torno de noções de maniqueísmo, comunidade, cultura nacional e inovação em vez de lidar com os detalhes de cada conceito por vez. Ele progressivamente investiga as nuanças dessas ideias revolucionárias ao descrever novamente e interminavelmente seus mecanismos em vez de explorar os trabalhos específicos de cada um deles, tal como eles se manifestam na Argélia. É essa exploração da linguagem e das fundações conceituais do colonialismo, assim como suas manifestações empíricas, que conecta a surpreendentemente filosofia politizada de Fanon com uma visão mais larga do que ela, e até mesmo mais larga do que seu não surpreendente contexto histórico crucial. Fanon está preocupado com a ontologia, humanidade, relacionalidade e criatividade, tal como está com a mecânica do movimento de descolonização e, de fato, concebe tais preocupações de modo interdependente. O objetivo de *Pele negra, máscaras brancas* foi um chamado para a autoafirmação e mobilidade negra, enquanto, em *Os condenados da terra*, a conclusão repetidamente faz referência à exigência pelo novo. Em ambos os casos, a derrocada prática do colonialismo envolve uma vasta, universal e inescapável libertação ética do domínio do eu sobre o outro.

Jean-Paul Sartre

Um dos filósofos mais celebrados da França do século XX, Sartre também é um dos mais engajados politicamente. Uma vez que vilificou a ocupação nazista da França durante a Segunda Guerra Mundial, ele defendeu tanto a liberdade política quanto a ontológica por meio de seu trabalho e, durante as décadas de 1950 e 1960, escreveu frequentemente e fervorosamente a favor da descolonização da Argélia. Enquanto Albert Camus, o "existencialista" com quem Sartre é frequentemente associado, tenha nascido na Argélia e manteve uma postura altamente ambivalente quanto à presença francesa naquilo que ele percebia (corretamente) como sua terra natal, Sartre era resolutamente um anticolonialista. O pensamento de Sartre sobre a crítica do colonialismo é, no entanto, diverso, próteo e frequentemente autocontraditório; ele também tem gerado uma parcela generosa de controvérsias. Seu celebrado e notório "Orphée Noir" ["Orfeu negro"] (1948b), escrito como o prefácio para a *Anthologie de la nouvelle poésie nègre et malgaxe de langue française* [Antologia da nova poesia negra e malgaxe na França] tem sido lida como tanto uma veneração quanto uma crítica do movimento da negritude, e tem sido denominado tanto como um arauto quanto um traidor da resistência anticolonial na África. Explicando as dinâmicas de uma afirmação da identidade africana em contradição com a influência colonial, ele introduziu a poesia revolucionária negra para uma audiência europeia, contra quem aquela estava direcionada. No entanto, logo foi condenado por alguns dos pensadores da negritude como eurocêntrico, cegado por sua própria posição enquanto metropolitano e, portanto, como um intelectual colonial. A versão da negritude promovida nesse ensaio foi criticada por tais pensadores por ser rígida e essencialista demais; mas, por outro lado, a objeção proposta por Fanon de que Sartre não reforçava que o movimento era transitório e provisional foi insuficientemente inserida em uma "experiência negra autêntica". Ademais, o apelo do escrito jornalístico de Sartre para uma imediata e incondicional retirada da presença francesa na Argélia aptamente serviu para direcionar a atenção sobre a questão da Argélia dentro da sociedade francesa; no entanto, a aproximação francesa subjacente a essas peças tem sido vista como universalizante. A ênfase de Sartre nas estruturas da opressão política e econômica foi condenada por Claude Lévi-Strauss como ofuscadora das dinâmicas particulares da exploração colonial e racional, e a expansão filosófica de tais análises na *Crítica da razão dialética* também tem sido vista como generalizadora das experiências do capitalismo.

Sem dúvida, os múltiplos trabalhos de Sartre sobre o colonialismo merecem algumas das respostas por eles provocadas. Porém, de muitas formas, a variedade e a paixão dos comentários gerados pelo *corpus* de textos testemunham sua riqueza. Um olhar atento para textos como "Orfeu negro" descobre as sementes de um modo de pensamento altamente sofisticado e autoconsciente que revela a necessidade de múltiplas camadas de crítica pós-colonial, e que também se aproximam da visão de Fanon de um modo dificilmente perceptível em um primeiro olhar. A análise da negritude provocativa e multidimensional de Sartre conduz para combinar um chamado à afirmação política com uma crítica filosoficamente sofisticada da identidade política. Sua ênfase na negritude como um estágio na dialética anticolonial e sua descrição da autoalienação do colonizador também dissolvem o essencialismo e comunitarismo dos trabalhos sem atenuar seu impacto político. A valorização de Sartre de uma ativa autoinvenção fornece as sementes de uma estratégia política, mas sua crítica anticolonial é novamente ao menos parcialmente ética, tal como em Fanon, uma vez que propõe neste apelo de difícil alcance para a autoinvenção e para o reconhecimento do sujeito essa perpétua autoinvenção no outro.

Uma das premissas centrais no "Orfeu negro" é a recuperação da identidade negra pela poesia e pelo potencial revolucionário dessa reapropriação. Sartre afirma que o colonialismo oprimiu o homem negro enquanto negro, e apesar de a estrutura da opressão colonizadora ser similar àquela imposta sobre o trabalho pela sociedade capitalista na Europa, o colonizador na África usa a raça para justificar e impulsionar a hierarquia econômica e política. Tal como a análise de Sartre, os antissemitas criam o judeu e o determinam a partir de fora, de maneira análoga, o colonizador determina a identidade negra e, assim, posiciona o homem negro como um subordinado – conquanto, como Fanon apontou, neste caso é a própria pele do homem negro que ele não reconhece conforme o sistema racial do homem branco. Para Sartre, é por essa razão que a resistência anticolonial deve envolver-se na reivindicação da identidade negra em termos inventados e controlados pelo próprio homem negro:

> O homem negro é a vítima enquanto um homem negro, tal como um nativo colonizado ou um africano deportado. E uma vez que ele é oprimido por sua raça e por causa dela, ele deve primeiro aproveitar e apreender a consciência de sua raça. Contra aqueles que durante séculos tentaram de forma vã reduzi-lo ao *status* de uma besta porque é um negro, ele deve forçá-los a reconhecê-lo como um homem (SARTRE, 1948b, p. xiii-xiv).

É apenas ao demonstrar a identidade negra como outra do que aquela que o colonizador supôs que o colonizado africano pode superar aqueles estereótipos e redescobrir sua humanidade. A meta dos poetas da negritude é demonstrar a alma negra, representar a identidade negra em termos novos, para recriar e apresentar sua alteridade ao colonizador. Essa afirmação da autenticidade negra tem um propósito político direto, uma vez que ultrapassa os estereótipos do colonizador e devolve o controle do homem negro de sua própria autoimagem.

No entanto, é importante frisar que essa afirmação da identidade negra não é um retorno direto e também não é ditada por uma alma que já está constituída. O próprio Sartre afirma de modo um tanto explícito que a alma negra ainda não estava ali, não no próprio período da invasão do colonizador. A determinação da identidade negra pelo colonizador também influencia a autopercepção do negro e alienando-a de si mesmo; ele não se conhece ou reconhece a si mesmo: "ele está dividido, ele não mais coincide consigo mesmo" (SARTRE, 1948b, p. xvi). Essa separação de si mesmo, tal como em Fanon, também toma lugar no nível da linguagem, uma vez que, educados no sistema francês, os poetas da negritude usam a língua francesa para dar voz à sua dissidência, mas que a linguagem também os desassocia para longe deles mesmos. A poesia que eles escrevem não pode, portanto, transmitir um eu idêntico e original, uma vez que ela ainda remodela sua autoexpressão e glosa sobre uma alteridade que nunca pode ser capturada ou formulada. Como resultado, em vez de ler na poesia da negritude um resgate de um ser negro em harmonia consigo mesmo, "nós devemos, em vez disso, falar de uma discrepância suave e constante que separa o que ele diz daquilo que ele gostaria de dizer quando fala de si mesmo" (SARTRE, 1948b, p. xix). Assim, essas explorações não podem ser concebidas como puras e originárias, conquanto Sartre passe parte do tempo nesse ensaio explorando o imaginário da negritude, sua reivindicação de um meio natural, seu uso dos ritmos africanos em oposição aos europeus e, por fim, sua inserção de termos das línguas indígenas. A negritude constrói um eu que é proclamado, desse modo, como "autêntico", mas ela não propõe um retorno direto para um estado mítico, pré-colonial e essencial. A "autenticidade" da negritude é uma invenção que serve como uma resposta das construções coloniais da identidade negra, mas não podem representar uma origem ou uma essência.

A negritude também não é essencialista na visão de Sartre, posto que não esteja em um sentido de estado ou uma "disposição"; trata-se de um desafio à alienação política, mas não uma negação de seus próprios defeitos. Ela também não é um conjunto de valores, mas o "ser no mundo" do homem negro, suas formas múltiplas e variantes de reagir ao mundo e transformá-lo. Sartre igualmente acentua que ele não pode ser um produto completo ou um fim em si mesmo. Em vez disso, é uma resposta negativa ao colonizador;

mas seu gesto de negação conduzirá para uma nova estrutura social. Ela é parte de uma dialética e não uma posição totalizada, e opera como um revestimento de uma balança desigual em vez de uma meta por si mesma. Após despender muito de seu ensaio louvando a afirmação e a inovação da poesia da negritude revolucionária, a conclusão de Sartre reforça, no entanto, seu caráter provisório: "a negritude deve destruir a si mesma; ela é uma transição e não um ponto de chegada" (SARTRE, 1948b, p. xli). A negritude contém, nesse sentido, as sementes de sua própria destruição: ela deve se voltar contra si mesma de modo a manter-se paradoxalmente em seu próprio fim. Essa é uma estratégia crucial, mas seus valores devem também ser questionados e, em último lugar, rejeitados. Supõe-se que o uso do termo "negritude" leve, por um lado, a um novo estágio, uma nova sociedade que não necessita de tais classificações; porém, por outro lado, o termo também é questionado porque seu rótulo abre uma cadeia de significados que ultrapassa sua compreensão classificatória, de modo que ele deve também abolir a si mesmo. Assim, Sartre usa o conceito de negritude, revela suas fundações essencialistas, trabalha nele e, por fim, volta o conceito contra si mesmo.

Essa leitura do ensaio de Sartre crucialmente contesta a resposta de Fanon conforme expressa em *Pele negra, máscaras brancas*. Como já foi sinalizado, Fanon e Sartre estiveram intimamente engajados nos trabalhos um do outro sobre o colonialismo, talvez mais explícita e entusiasticamente durante a campanha pela descolonização da Argélia. A *Crítica da razão dialética* de Sartre foi uma das maiores influências na escrita de *Os condenados da terra* de Fanon; este pediu que Sartre escrevesse o prefácio, e as reflexões de ambos os pensadores sobre a violência parecem aprender e tomar empréstimos um do outro. A reação de Fanon ao "Orfeu negro" foi, no entanto, problemática, e ele focou na negativa da identidade negra de Sartre em contraste com sua própria celebração do potencial posterior. Se Sartre concebeu a negritude como um processo, um estágio durante uma transição para uma síntese maior, Fanon argumentou que isso diminuía sua significância e roubava desta sua força revolucionária. Em *Pele negra, máscaras brancas*, Fanon protestou contra o desprezo europeu diante das estratégias de autoafirmação do homem negro:

> Eu desejo ser tipicamente negro – não é mais possível. Eu desejo ser branco – foi uma piada. E, quando eu tentei reclamar minha negritude, quanto ao nível de ideias e atividade intelectual, isso foi arrebatado de mim. Foi apresentada uma prova que meu esforço foi apenas um termo na dialética (1968, p. 94).

A concepção de Sartre da negritude como apenas um estágio na dialética foi esquemática demais para Fanon, reducionista demais, e redutivo quanto ao potencial da autoinvenção do negro. Ainda pior, Nigel Gibson observa que "porque a consciência negra meramente contribuiu para uma inevitável e preexistente meta, Fanon sentiu que Sartre estava cerceando possíveis futuros" (GIBSON, 2003, p. 74). Gibson avança para explicar que Fanon acreditava que a imposição colonial impedia a criação da própria subjetividade do homem negro, de modo que sua resistência deveria retornar para um movimento antes do início da dialética. A criação da subjetividade negra poderia, assim, ser um processo aberto e contínuo em vez de uma fase passageira antes da chegada de "uma sociedade sem raça".

De muitas maneiras, a crítica de Fanon de Sartre foi justificada, e a dialética é claramente uma estrutura problemática em muitos aspectos. Ela não apenas e aparentemente cerceia a negritude, mas também nega sua "substantiva incondicionalidade": um termo emprestado de Hegel e que Fanon usa para transmitir sua irredutibilidade, seu imediatismo, suas raízes na experiência vivida. As reservas de Fanon quanto ao "Orfeu negro" também provêm da objeção que ele faz ao não fornecer um senso de experiência real e realidade do homem negro, a materialidade e o afeto de sua vida cotidiana. Fanon está correto de muitas formas em sua leitura de Sartre, e não há dúvidas da verdade quanto à posição de Sartre, que permanece constrangida por seu arranjo dentro de uma tradição filosófica claramente europeia. No entanto, também é possível ler as conclusões do "Orfeu negro" não como uma rejeição da potencialidade aberta da negritude, mas justamente como um alerta que o movimento não deve, em nenhum estágio, encerrar-se, completar-se ou, de fato, tornar-se claramente definido. Sua perpetuação poderia apenas ampliar o risco que seu dinamismo pudesse diminuir e que seu rótulo pudesse se estabilizar e tornar-se arraigado. Uma leitura do "Orfeu negro" que leva em conta os conceitos sartreanos de liberdade desordenada de contingência de *ser por si mesmo* reforçam que ele está tentando prevenir a negritude de escorregar em uma crença má, em uma categoria que poderia trair a verdadeira criatividade e invenção que ela promove. A discordância entre Fanon e Sartre a partir desse ponto de vista é menor do que como o primeiro concebe a identidade negra como uma autoinvenção sem fim, enquanto o último a reduz a estereótipos; em vez disso, a disputa concentra-se no termo da negritude por si mesma, sobre o qual Fanon acredita que possa permanecer aberto, enquanto Sartre insiste que ele tem que negar a si mesmo para permanecer fiel ao seu próprio princípio. Ele é "uma imutabilidade explosiva, uma explosão de orgulho que renuncia a si mesmo, um absoluto que sabe que é transitório em si mesmo" (SARTRE, 1948b, p. xliii). Posteriormente, no entanto, Fanon revisou suas críticas quanto a Sartre e retornou para a ideia de que há perigos associados com o discurso totalizante da negritude.

O prefácio de Sartre para *Os condenados da terra* avança, em certa medida, ao reconciliar as versões dos dois pensadores da crítica anticolonial. Em primeiro lugar, é importante que a leitura de Sartre do trabalho de Fanon acrescente à sua qualidade incendiária e reitere seu chamado dinâmico às armas. Sartre ressalta também a necessidade de unidade do povo revolucionário, referindo-se, em um tom marxista, ao papel do campesinato enquanto classe radical, mas conclamando-a simultaneamente a colapsar os limites entre intelectuais, a burguesia e as massas. Isso expressa menos o movimento de uma comunidade específica do que uma ascensão de forças exigindo a liberdade humana. Concomitantemente, Sartre argumenta que aquilo que o colonialismo nega é a humanidade do colonizado: "nenhum esforço será poupado para liquidar suas tradições, substituir nossas línguas pelas deles, destruir sua cultura sem ofertá-los a nossa; eles se tornarão estúpidos pela exploração" (SARTRE, 2001, p. 142-143). Como no trabalho de Fanon, Sartre apoia um conceito de uma humanidade subjacente, o respeito que requer também uma compreensão da diferença do outro, os costumes e as culturas dos povos colonizados. Esse não é o humanismo hipócrita da civilização europeia ou a ofuscante retórica da "liberdade, igualdade, fraternidade" que impulsiona o mito da República Francesa enquanto subjuga o outro oprimido, mas uma exigência pelo reconhecimento da alteridade. Acima de tudo, o prefácio exige novamente a derrota do colonialismo por meio da violência *e* endereça tal chamado à violência aos europeus, contra quem é direcionada. Sartre afirma que o texto de Fanon foi um apelo ao colonizado, mas seu próprio papel é demonstrar como este chamado revolucionário causará impacto sobre o colonizador, ou seja, como ele irá dividi-lo em pedaços da mesma maneira como ele partiu o homem negro de si mesmo: "o colono dentro de cada um de nós está sendo removido em uma operação sangrenta" (SARTRE, 2001, p. 150).

No entanto, a crítica de Sartre também se baseia em Fanon e pode até mesmo ser vista como o prenúncio de formas subsequentes da teoria pós-colonial. Sartre, como Fanon, argumenta mais de uma vez que o colonialismo é uma autodefesa em sua própria estrutura: ele é necessariamente voltado para a sua própria destruição. Novamente, no prefácio de *Os condenados da terra*, Sartre percebe que o colonizador deseja matar o colonizado, e ainda assim também deseja explorá-lo. Portanto, o colonialismo na realidade urge pela eliminação do outro subjugado, pois apenas assim ele poderia necessariamente encerrar o projeto de exploração e subjugação. O ensaio de Sartre sobre *The Colonizer and the Colonized* [O colonizador e o colonizado] de Albert Memmi expande essa estrutura de codependência, percebendo mais uma vez que o colonizador odeia o colonizado que ele oprime, mas, trazido à conclusão lógica, este ódio significa que ele deseja erradicar o colonizado, quer colapsar a divisão na qual ele confia ao criar uma sociedade assimilada. O sistema como resultado requer que o colonizador mantenha o colonizado em um tipo de posição limitada, isto é, capaz de trabalhar, mas recebendo os salários mais baixos possíveis, e esse sistema inevitavelmente gera a rebelião e porta a violência do colonizador de volta sobre si. A *Crítica da razão dialética* similarmente nos informa que a rebelião provocada pela opressão do colonizador imita a violência que ele mesmo impõe sobre o nativo, de modo que a estrutura necessariamente torne-se recíproca. Retrabalhando a dialética hegeliana entre mestre e escravo, Sartre demonstra que o colonialismo não é uma estrutura magistral, mas que leva necessariamente à sua própria destruição e que não pode manter-se na forma sobre a qual paradoxalmente se assenta. Novamente, o colonizador não está certo em sua posição de poder; porém, torna-se potencialmente a vítima de seu desejo por manter o poder.

Concomitante e controversamente, Sartre insiste que a alienação colonial é uma experiência que pertence a ambos os lados, ou seja, tanto ao colonizador quanto ao colonizado. Por exemplo, em seu ensaio "Colonialismo é um sistema", reimpresso em *Colonialismo e neocolonialismo*, Sartre fornece uma rápida história da expropriação política e econômica na Argélia, e conclui ao reforçar que este é, de fato, um sistema no qual tanto o colonizador quanto o colonizado são engrenagens. Não se trata de um mecanismo abstrato, mas de um que é criado por seres humanos. Porém, o ponto é que indivíduos de ambos os lados são aprisionados e determinados pelo sistema, mesmo quando eles o perpetuam. Como resultado, "o colono é fabricado tanto quanto o nativo; ele é criado por sua função e seus interesses" (SARTRE, 2001, p. 44). Mesmo em trabalhos precoces como "Orfeu negro", o colonizado não é oprimido por um senhor que conhece a si mesmo e possui sua própria linguagem. A discussão de Sartre das relações coloniais lembra ao colonizador de que ele também é alienado, que ele também nada possui, que ele é impuro e não essencial. O "Orfeu negro" inicia com o alarmante lembrete que enquanto o homem branco acredita que seu olhar era puro, que seus sistemas de crenças eram corretos e verdadeiros, o homem negro agora atira aquele olhar de volta sobre ele e mostra-lhe como sendo tanto impotente quanto um outro para si mesmo. Assim como o olhar do homem branco determina e aliena o homem negro, a devolução do olhar dos poetas da negritude, por sua vez, altera e desfamiliariza o primeiro de sua autopercepção: "nossa brancura parece estranha para nós, uma aparência pálida que impede nossa pele de respirar" (SARTRE, 1948b, p. ix). Ademais, os usos da língua francesa pelos poetas da negritude torcem-na e deformam-na até que o homem branco seja alienado dela, e forçado a reconhecer que ele não pode possuí-la, contê-la e controlá-la. Tanto a experiência do homem branco quanto a do homem negro experimentam um senso de não pertencimento da língua, uma falta de autoidentidade, de modo que "há um negrume secreto para o branco, e uma brancura secreta para o negro, uma oscilação fixa do ser e do não ser" (SARTRE, 1948b, xxii). Nem o colonizador nem o colonizado estão seguros em seu ser, mas ambos são confrontados com traços de alteridade, de sua própria contingência, em seu uso da língua que nunca pode ser inteiramente seu.

Surpreendentemente, um dos efeitos da escrita revolucionária de Sartre é sua revelação que o mestre ou colonizador pode reclamar a posse de sua identidade; mas se trata de um gesto de negação ou má-fé. A experiência da alienação na língua é universal: a língua separa todos os seus falantes deles mesmos, e o que o sistema colonial fez foi duplamente alienar o povo colonizado ao forçá-lo a adotar uma língua externa a ele, uma língua que o colonizador poderia assim reclamar como sua própria. Os colonizados são forçados a viver em uma sociedade governada por uma linguagem que não lhes pertence, de modo que sua alienação opera em dois níveis, e também se torna entrincheirada pela desigualdade política e pela opressão. Nesse ponto, Sartre quase antecipa a discussão de Derrida do colonialismo no muito posterior *O monolinguismo do outro* (1998), publicado pela primeira vez em francês em 1996. Em *O monolinguismo do outro*, a reflexão inicial de Derrida sobre uma experiência específica dos judeus argelinos dissolve-se em uma discussão de nossa alienação universal na língua, juntamente com uma exploração da busca do próprio autor por um processo de autossingularização. Isso significa que tanto o colonizador quanto o colonizado são alienados, mas o colonizador nega sua alienação e reivindica possuir sua cultura e língua, enquanto força-as sobre o outro de modo a concretizar a expropriação do outro. Desse modo, como em Sartre, o ponto crucial disso é novamente que ambos estão no exílio, e nenhum deles é capaz de controlar e possuir sua língua, de fixar tanto seu próprio ser e aquele do outro subordinado. Sartre sublinha em "Orfeu negro" que os poetas da negritude forçam o colonizador a experimentar o sentimento de separação de si mesmo que o colonialismo forçou sobre o colonizado. O trabalho de Derrida reside sobre essa universal e recíproca alienação em profundidade, e argumenta que se nós falamos de expropriação do colonizado, nós devemos também lembrar que o colonizador, o senhor, não está mais em posse de sua linguagem do que daquele colonizado que ele oprime e tenta assimilar. Essa disjunção entre o eu e a língua é universal, e longe de dissolver as especificidades da opressão do colonizado, essa teorização ética e universal fornece as bases para sua concretização e politização em um contexto colonial: "O mestre nada é. E ele não detém a posse exclusiva de nada" (DERRIDA, 1998, p. 23). Conquanto os comentários de Sartre sobre o colonizador no "Orfeu negro" sejam menos extensivos do que aqueles de Derrida em *O monolinguismo do outro*, o argumento que ambos os lados são alienados é oferecido em um trabalho anterior, e certamente unidos com a contingência generalizada do ser por si mesmo em *O ser e o nada* (1989) de Sartre.

Conquanto Sartre tenha predito uma "sociedade sem raça" totalizada, ainda assim sua preocupação pela constante autoinvenção do ser em si mesmo salienta a infinita singularização de todos os seres, a disjunção da língua que eles são constrangidos a usar. A sociedade ideal de Sartre, concebida como o objetivo último da dialética, permanece crucialmente postergada, e apesar de ele desejar imaginar uma resolução completa, totalizada e sintética, seu verdadeiro adiamento significa que seu pensamento termina por posicionar um processo contínuo de invenção em busca daquela meta maior. No fim do "Orfeu negro", Sartre está hesitante, em certa medida, em sua elucidação da terceira fase da dialética, e apesar de ser inflexível quanto àquela negritude, que permanece em um estágio transitório, sua ideia de síntese permanece experimental. Ela é reminiscente da visão marxista de uma "sociedade sem classe", mas não se reflete como uma meta por si mesma. Ao ler o ensaio, o leitor fica com a sensação de que a dialética não é um passo em direção da harmonia totalizada; mas, em vez disso, um processo que permanece em movimento, mas que pode permanecer indefinidamente sem fim. A dialética de Sartre não é a rápida destituição da poesia da negritude, nem a promessa de uma harmonia ingênua, mas o argumento que nenhum estágio no processo de resistência nem nenhuma autoafirmação deveriam ser permitidos ao ponto de congelar em uma posição estática, e ainda de reter um sentido de seu movimento para além de si mesmo. Sua dialética batiza uma evolução, e não um ponto de chegada; ela privilegia a contínua reinvenção em vez de um empreendimento finito ou um êxtase. Sartre prossegue ao determinar um claro processo para essa contínua invenção, mas o adiamento de seu ponto de chegada e seu questionamento do uso de qualquer rótulo por conta da proliferação de suas significações significam que sua estratégia alonga-se para além das preocupações da libertação imediata e em direção de uma interrogação desconstrutiva e ética da linguagem, identidade e domínio.

Sartre avança ao oferecer um ponto de vista e uma proposta anticoloniais distintos, e expressa isso com uma urgência que rivaliza com aquela sinalizada por Fanon. No entanto, simultaneamente, ele o faz de modo a colapsar o colonialismo como uma estrutura conceitual sustentável, para expor suas ilusões e mitos; ao fazer isso, ele planta as sementes de uma crítica mais ampla, desconstrutiva e ética de sua filosofia da linguagem e cultura. Ele exige a derrubada imediata do colonialismo, mas também considera a fraqueza dentro do próprio sistema, sua natureza autodefensiva e seu conluio iludido com certa metafísica da identidade e da posse linguística. Um olhar atento ao "Orfeu negro" e a outros ensaios levantam as múltiplas camadas dos textos de Sartre sobre o colonialismo: sua habilidade de tomar uma posição política e de fazer propostas positivas enquanto critica a simplicidade de qualquer "identidade política". Seu tom é contestatório e revolucionário, mas também contém as sementes de uma complexa e meticulosa desconstrução de uma linguagem verdadeira do sistema colonial,

Pós-colonialismo **83**

suas contorções em nome da autodefesa e as implicações daquela desconstrução para a elucidação da crítica anticolonial. Desse ponto de vista, o trabalho é um amálgama de negritude e hegelianismo, antecipa a desconstrução e problematiza tanto a construção e manutenção do poder colonial quanto o carregado processo de sua debilidade. Assim como em Fanon, ele oferece uma surpreendente combinação da mais polêmica política militante com um inquérito filosófico e ético, indo muito além das exigências do momento da independência.

Pontos-chave

• O trabalho de Fanon tem tanto uma dimensão psicanalítica quanto política. Em *Pele negra, máscaras brancas*, Fanon explora a alienação psíquica do homem negro, seu sentido de separar-se de si mesmo. Em resposta, por um lado Fanon afirma a identidade "negra" do homem negro e, por outro, ele defende o pertencimento do homem negro a uma humanidade universal.

• Em *Os condenados da terra*, a denúncia política de Fanon do colonialismo na Argélia repousa sobre a crítica de sua estrutura maniqueísta. Essa estrutura divisiva deve ser derrubada por meio da violência, e deve dar caminho para uma sociedade completamente nova. Fanon se pauta no marxismo em seu rascunho de revolução anticolonial, apesar de ele também apontar os limites do pensamento marxista nesse contexto. Fanon afirma a importância da cultura nacional enquanto elucida os riscos de sua dominância pela burguesia.

• Sartre celebra a poesia negra como um espaço de resistência e autorreinvenção, mas ele também permanece ambivalente quanto à afirmação da identidade negra recomendada pelo movimento da negritude. Ele sublinha que a negritude é apenas um estágio em uma dialética e deve conduzir à transcendência de qualquer categoria racial. Fanon concebe a leitura de Sartre como uma rejeição injusta da negritude.

• A análise de Sartre sobre o colonialismo na Argélia enfatiza que tanto o colonizador quanto a vítima são vítimas do sistema colonial. Ele pede o imediato desmantelamento deste sistema opressivo. Ademais, o pensamento de Sartre antecipa a forma de Derrida da crítica pós-colonial, sobretudo naquilo que ele enfraquece o domínio do discurso colonial.

3

Descolonização, comunidade e nacionalismo
Gandhi, Nandy e o Coletivo de Estudos Subalternos

Se a escrita de Fanon e Sartre sobre o maniqueísmo colonial, o nacionalismo emergente e o novo humanismo é claramente direcionada contra o colonialismo na Argélia, na África e no Caribe, então o ato de desfazer o colonialismo britânico requer, ao menos para a maioria dos pensadores indianos anticoloniais, uma forma um tanto diferente de crítica. O colonialismo francês, em particular na Argélia, promoveu a assimilação do território estrangeiro para o controle francês e à cultura francesa, enquanto o colonialismo britânico tendia a privilegiar uma forma de paternalismo ou governo indireto. Ademais, do início ao fim, a conquista e o controle da Argélia foi um processo sangrento e, apesar da política francesa de assimilação, resultou em repetidos choques violentos e segregação crescente. A *mission civilisatrice* [missão civilizadora] também produziu, conforme Fanon e Sartre, uma forma perturbadora de racismo que cortou totalmente e destruiu a própria imagem do colonizado. Ao explorar o colonialismo britânico na Índia, pensadores como Mahatma Gandhi, Ashis Nandy e Partha Chatterjee ressaltam de forma menos surpreendente o maniqueísmo da visão colonial e foco em vez de suas estruturas administrativas, sua associação com o capitalismo e desigualdades econômica e social. Fanon e Sartre também eram claramente virulentos anticapitalistas em seus textos sobre o colonialismo; porém, diferentemente desses pensadores, Gandhi e outros, em seus escritos sobre a Índia, não concebiam as deficiências do sistema econômico e político europeu relacionando-as com uma distinta oposição binária entre colonizador e nativo.

De fato, uma das preocupações mais persistentes de Gandhi era *porque* o britânico tinha colonizado a Índia, ou, de modo mais preciso, porque os indianos tinham aparentemente rendido o controle de seu território para os britânicos. Gandhi lamentou a fraqueza de seus compatriotas ao sucumbirem diante dos britânicos e conspirando em seu sistema administrativo imposto, conquanto, de fato, talvez ironicamente, ele mesmo apoiou alguns aspectos da presença britânica no início de sua trajetória, novamente sugerindo certa ambivalência nas relações entre colonizador e colonizado. Além disso, Chatterjee percebe que a Índia pós-colonial não transforma os arranjos institucionais básicos da lei e da administração coloniais, e apesar de o nacionalismo e de uma identidade nacional específica comporem simultaneamente uma parte significante do discurso anticolonial, versões divergentes destes aspectos complicavam ainda mais a noção de um binarismo sóbrio entre britânicos e indianos, ou entre o Oriente e o Ocidente. O movimento para a derrocada do colonialismo britânico era profundamente fraturado e um processo ambivalente, e pensadores e comentadores sobre o movimento vacilaram em suas configurações da relação entre grupos étnicos (britânicos, hindus e muçulmanos) na luta pelo poder.

Gandhi foi uma das figuras mais influentes no movimento anticolonial na Índia. Porém, é sobre ele, suas críticas e seus seguidores que este capítulo será dedicado. Seu trabalho tem duas características impressionantes, dignas de atenção particular e que se distinguem daquilo que os pensadores já tinham discutido. Primeiro, ele não é um filósofo nacionalista, e seu chamado à resistência não se articula em nenhum ponto sobre um conceito de identidade nacional. Fanon, naturalmente escrevendo após Gandhi e no momento onde o movimento anticolonial na Argélia estava no desespero maior, apoiava a cultura nacional, mesmo quando ele denuncia a visão estreita da burguesia, que corria o risco de determinar aquela cultura. No entanto, Gandhi não recomenda o nacionalismo indiano em qualquer lugar, o que se apresenta como sua força única e, para alguns, como veremos, uma das possíveis limitações de sua visão. Gandhi percebe o governo nativo ou *Swaraj* como um retorno para uma civilização indiana independente, um rico conglomerado que é necessariamente tanto variado quanto unificado. Hindus e muçulmanos, desse ponto de vista, convivem lado a lado sem assumir uma identidade nacional, mas compartilhando, apesar disso, um espírito comum unido ao seu passado indiano. Concomitantemente, Gandhi acreditava que o conflito real se inclinava não sobre duas nações, nem entre o Oriente e o Ocidente, mas entre a Modernidade e a tradição. Seu anticolonialismo é uma recuperação não de uma cultura nacional, mas de uma intrincada rede de costumes e crenças que se opõem ao espírito competitivo da civilização moderna e do capitalismo.

Em segundo lugar, enquanto Fanon especificamente advoga a violência, a estratégia de Gandhi é aquela que prega a não violência. Fanon argumenta que a derrocada do sistema colonial predicada pela violência requer que a mesma violência seja voltada contra o colonizador; porém, Gandhi não perdoa a violência de qualquer tipo e recomenda uma forma de resistência passiva. O uso da violência é inteiramente incompatível com a crença de Gandhi no espírito indiano tradicional, e é necessariamente cúmplice do domínio, do individualismo e da destrutividade que o *Swaraj* busca erradicar. O conceito de não violência e sua manifestação prática em atos de resistência passiva ou de desobediência civil mudou durante a carreira de Gandhi, uma mutação que testifica a tentativa do pensador em recomendar um conjunto claro de políticas na luta contra a desigualdade imposta pelos britânicos. O objetivo da filosofia evolutiva de Gandhi de não violência, porém, inclina-se sobre a firme crença de que a violência gera, em último caso, mais violência; mesmo se ela é bem-sucedida em seus objetivos, ela cria um precedente e encoraja a crença de que a violência pode ser justificada como um meio para um fim. Por outro lado, a estratégia de não violência ou resistência passiva desafia o espectador, desestabiliza a posição daqueles no poder e cristaliza as injustiças do sistema. Ela se torna algo de difícil reação por parte do opressor, uma vez que, descaradamente, mais violência parece mais injustificável, enquanto a decisão de não tomar qualquer ação enfraquece a imagem de poder do opressor. As dificuldades dessa visão serão discutidas posteriormente, mas certamente é importante reconhecer a força e o significado da estratégia de Gandhi de não cooperação como uma forma alternativa de crítica anticolonial diante daquela forma mais militante e agressiva de Fanon.

Se Fanon foi um filósofo político revolucionário cujo trabalho dispunha de suaves tons éticos, Gandhi, com sua crítica à violência, concebeu a política e a ética (ou moralidade) como unidas de modo inextricável. Novamente, se críticas posteriores do colonialismo na Índia tornaram-se polarizadas ao privilegiar quer a ética, quer a política, o próprio Gandhi não fez tal escolha e apresentou seus objetivos altamente políticos como infundidos com uma preocupação de obrigação moral. Crítico de Marx, Gandhi extrai, porém, sua denúncia da desigualdade capitalista, e sua batalha gira em torno precisamente dos problemas econômicos reais, incluindo as leis que determinam as atividades dos camponeses ou a taxação excessiva do sal, contra a qual ele marchou em 1930. Seu brado por uma Índia independente também foi uma rejeição direta à imposição do governo britânico de um mercado competitivo, onde os ricos alinhavam seus próprios bolsos a expensas dos explorados e dos pobres. Entrementes, Gandhi repetidamente usou um vocabulário moralizante, designando o colonialismo como "mal", "corrupto" e "doente", e a luta pela civilização indiana foi, acima de tudo, em defesa do espírito de integridade e igualdade de seu próprio povo. A independência do governo britânico também era inseparável da liberdade pessoal e da realização plena do eu humano. Ela envolve um projeto espiritual, uma busca por autoconhecimento e harmonia interna derivada, em parte e algumas vezes um tanto problematicamente, dos princípios hindus e do *Bhagavad Gita*[1]. É por essa razão que os métodos de Gandhi eram rigorosamente éticos e previam de antemão qualquer possibilidade de dominação e domínio sobre o outro. Suas estratégias de não cooperação e não violência operavam contra as políticas práticas do sistema britânico e de sua prática subjacente de opor o eu contra o outro, isto é, seus fins individualistas. Chatterjee e os pensadores historiográficos do Coletivo de Estudos Subalternos desenvolveram e construíram com base na análise política da descolonização e nacionalismo, enquanto celebraram a crítica pós-colonial de Homi Bhabha, discutida no capítulo 4, que retrata o político a favor da crítica ética e cultural. Nandy, não diferente de Fanon, ignora essa dicotomia e discute o colonialismo na Índia, e o trabalho de Gandhi, em termos de política, psicologia e representação. Contudo, mais do que qualquer outro, é Gandhi quem explicitamente recusa separar sua prática de suas metas espirituais, e ele estava preparado para encarar as inconsistências que essa fusão trazia de maneira inevitável.

---

1. Milenar livro religioso hindu, que compõe o épico *Mahabharata*, composto no séc. VI a.C. [N.T.].

Mahatma Gandhi

Nascido como Mohandas Karamchand Gandhi em 1869 em Porbandar (Gurajat), Gandhi posteriormente ficou conhecido como "Mahatma" ou "Grande Alma", como o resultado de seus empreendimentos como líder do movimento de independência da Índia. No entanto, apesar desse renome, ele estava desconfortável consigo mesmo com a adulação expressa por seus seguidores e com sua posição enquanto uma figura de autoridade. Ele também sublinhava que sua filosofia não equivalia ao "gandhismo", a qualquer agenda específica ou fixa, e, de fato, fica claro que seu pensamento mudou no transcorrer de sua carreira, em resposta aos desafios históricos que ele testemunhou. Ademais, Gandhi não era de forma alguma um pensador abstrato, uma vez que estava profundamente comprometido com a ação política; seus textos frequentemente tomam a forma de reflexões dispersas ou glosas de suas atividades militantes. Ele admirava a simplicidade e demonstrava um trabalho próximo do povo; estava comprometido em concretizar suas crenças e provê-las de significado às vítimas indianas – os explorados, os fracos e os pobres. É difícil, portanto, sistematizar seu pensamento e criar um corpo unificado de seu trabalho. Ele não oferece uma filosofia anticolonial única, mas uma série de observações e métodos de crítica experimentais.

A carreira militante de Gandhi começou quando ele trabalhava como um advogado na África do Sul. Ele experimentou na pele a discriminação racial, e iniciou uma campanha contra os maus-tratos dos indianos pouco depois de retornar ao seu país, em 1894. Ele fundou o *Natal Indian Congress* [Congresso Indiano Natal], uma organização que pretendia lutar contra as leis raciais anti-indianas. Apesar disso, ele apoiou os britânicos durante a Guerra dos Bôeres[2] ao trabalhar como maqueiro e, neste estágio, ele apoiou o poder

---

2. Conflitos que opuseram colonos de origem holandesa e ingleses entre o final do século XIX e o início do século XX na atual África do Sul [N.T.].

colonial mesmo quando ele percebeu suas injustiças. Também durante seu tempo na África do Sul, Gandhi escreveu frequentemente para o jornal *Indian Opinion* [Opinião indiana] e gradualmente moldou suas visões sobre os males não só do colonialismo, mas da civilização moderna, tal como das técnicas necessárias para a debilitação deste último. Ele formalmente adotou o termo *satyagraha*, que significa o poder da verdade, do amor e da não violência, e que também envolve uma variedade de ações concretas de resistência e desobediência civil. Frequentemente aprisionado como um resultado de sua militância, Gandhi, apesar disso, agiu como lobista incansável por sua causa e continuou a organizar campanhas e marchas como um meio de expressar seu protesto. Ele voltou para a Índia em 1915 e começou seu trabalho defendendo e falando sobre seus compatriotas em situação desvantajosa. Aplicou os princípios da *satyagraha* em uma série de disputas, assentando as queixas dos trabalhadores índigos em Champaran e a greve dos trabalhadores têxteis em Ahmedabad. Liderou um movimento de resistência pacífica contra as Leis de Rowlatt[3] de 1919, que propuseram duras medidas para lidar com o terrorismo e contribuíram até mesmo para o movimento pan-islâmico Khilafat no mesmo ano. Gandhi também jejuou repetidamente, notavelmente em protesto contra o sistema de castas indiano e os maus-tratos sofridos pelos intocáveis. No entanto, quando o movimento não cooperativo perdeu o controle e um grupo de policiais indianos foi massacrado como resultado da desobediência civil em 1922, Gandhi ficou profundamente entristecido e revisou sua compreensão de *satyagraha*, de modo a sublinhar sua natureza necessariamente pacífica. Outro empreendimento significativo de Gandhi foi a *satyagraha* do sal

---

3. Ato legislativo aprovado pelo Conselho Legislativo Imperial de Déli em 21 de março de 1919, que previa a extensão indefinida de medidas de emergência, isto é, detenção por tempo indeterminado, encarceramento sem julgamento e a suspensão do direito de recorrer judicialmente. Tais medidas tentavam mitigar as ações dos nacionalistas e conspiradores em prol da independência indiana [N.T.].

de 1930: uma marcha de duas mil milhas contra a taxação que o *raj* britânico impôs sobre o sal. Porém, o movimento também foi uma afirmação de protesto mais ampla contra a presença britânica e tornou-se um momento significante em direção à independência. Gandhi seguiu para lançar o movimento de desligamento da Índia (*Quit India Movement*) em 1942 à frente do movimento de independência e separação, que ocorreu em 1947.

Este é um sumário altamente apressado das atividades de Gandhi, mas tais momentos precisam ser percebidos por sua influência na evolução de sua filosofia. No centro dessa crítica da civilização moderna de longo alcance, exposta acima de tudo no *Hind Swaraj*, uma série de comentários e reflexões escritas em dez dias durante seu retorno da Inglaterra para a África do Sul em 1909. Se há um texto de Gandhi que pode ser considerado como seminal, sem dúvida é este, uma vez que neste trabalho ele tenha elaborado de forma mais sucinta a filosofia por trás daquilo que foi chamado de *Swaraj*, ou regra doméstica. Ele não vilifica os próprios ingleses, mas o mal e o egoísmo da civilização moderna.

Os conceitos modernos de liberdade civil e igualdade são certamente admirados por Gandhi, mas a ganância do capitalismo desenfreado não é; e no coração da civilização moderna encontra-se a premissa falha de que "as pessoas vivendo nele farão do bem-estar corporal seu objetivo de vida" (GANDHI, 1997, p. 35). Essa priorização do conforto material significa, por sua vez, que os homens "são escravizados pela tentação do dinheiro e as luxúrias que o dinheiro pode comprar" (GANDHI, 1997, p. 36). Eles ignoram tanto a moralidade quanto a espiritualidade, a falta de força e coragem, e encontram-se isolados uns dos outros. Concomitantemente, a Índia sofre "não por estar sob o sapato inglês, mas sob a civilização moderna" (GANDHI, 1997, p. 42). Os avanços tecnológicos trazidos pelos britânicos contribuíram apenas para o sofrimento da Índia. As linhas férreas, por exemplo, servem apenas para espalhar a praga e, ademais, Gandhi argumenta que elas realmente ajudam a empedernir as divisões internas da Índia. Posteriormente, no mesmo texto, Gandhi lamenta similarmente os efeitos do maquinário moderno, as condições de trabalho terríveis dos empregados das fábricas e a destruição dos métodos tradicionais de produção. Os indianos podem produzir suas próprias roupas, seus próprios bens, de modo a afastarem-se da crueldade da civilização moderna. Por fim, a obsessão britânica com o egoísmo comercial é uma forma de violência e vaidade que nega até mesmo o próprio espírito do cristianismo. Seu projeto colonial é a pior e última manifestação desse anseio agressivo e explorador.

O pensamento de Gandhi está relacionado com aquele de Marx, isto é, em sua denúncia do capitalismo. Gandhi argumenta contra o conceito capitalista de propriedade privada, uma vez que ele acredita que não há razão inerente para que um homem possa reclamar a propriedade exclusiva dos frutos de seu próprio labor. O bom funcionamento da sociedade depende da cooperação e do autossacrifício, e o anseio capitalista pela propriedade privada, por sua vez, enfraquece essa necessidade de compartilhamento. Gandhi também acredita que o capitalismo desumaniza seus trabalhadores, requerendo que trabalhem em condições inaceitáveis e alimentando o descontentamento e a agressão entre eles. Porém, isso não faz de Gandhi um marxista; de fato, ele vilifica tanto o comunismo quanto o capitalismo. O comunismo também é baseado no materialismo, conforme Gandhi; ele oculta as necessidades espirituais das pessoas e inflaciona o poder do Estado. Além disso, enquanto Marx lamentou a lentidão das mudanças na Índia, essa ligação com o passado e as tradições é, para Gandhi, a força de seu país. Assim, Gandhi compartilha com Marx um desgosto pelo desejo avarento do capitalismo e uma crença na necessidade de sua destruição, mas concebe uma sociedade indiana alternativa em termos duramente contrastantes.

Gandhi acredita que os britânicos vieram para a Índia apenas em busca do ganho material e de um novo mercado para os seus produtos. No entanto, os indianos foram seduzidos a conspirar nesse sentido com a imposição da civilização moderna europeia, e foi por isso que durante essa conspiração eles se esqueceram de suas tradições e de seu passado. Eles ignoram os ensinamentos espirituais do *Bhagavad Gita*, o caminho da autopurificação, do autossacrifício e a renúncia ao caminho mais curto, às escolhas mais egoístas. Eles esqueceram seu espírito comunal e a necessidade moral para que cada homem cuide do outro. Em uma série de oposições sóbrias, Gandhi combate esta ética espiritual à ganância da civilização moderna, de modo a defender a integridade indiana: "a tendência da civilização indiana é propagar o bem-estar moral, enquanto [a tendência] da civilização ocidental é propagar a imoralidade. A primeira é sem deus, e a última é baseada na crença em Deus" (GANDHI, 1997, p. 71). Ademais, movendo-se de modo fluente e hábil entre a ética e a política, Gandhi toma a roda de fiar como um símbolo do espírito tradicional indiano, utilizando-a para representar uma recusa do maquinário da civilização ocidental. A roda de fiar foi adotada como um meio de produção livre dos efeitos nefastos e desumanos da industrialização em ampla escala. Gandhi argumenta que, ao adotar a roda de fiar, os indianos "declaram que nós não temos a intenção de explorar qualquer nação, e também que nós encerramos a exploração do pobre pelo rico" (GANDHI, 1997, p. 167). A restauração de tais modos de produção tradicionais é tanto uma afirmação vigorosa em desafio ao capitalismo quanto uma promessa ética para encerrar o governo de valores que conduzem ao egoísmo e à avareza.

Talvez de modo mais perturbador, a imposição da civilização moderna dividiu um país; Gandhi sublinhou que ele tinha anteriormente sido capaz de viver pacificamente. A pluralidade e diversidade da Índia é parte de sua riqueza; trata-se de uma civilização vasta, prótea e uma nação não unificada; contudo, as diferenças entre hindus e muçulmanos, por exemplo, são percebidas por Gandhi como mutuamente benéficas. Percebendo no *Hind Swaraj* que eles tinham abandonado os conflitos há muito tempo, Gandhi argumenta que "religiões são caminhos diferentes que convergem para o mesmo ponto. Que importa que nós tomemos caminhos diferentes, desde que cheguemos ao mesmo objetivo?" (GANDHI, 1997, p. 53). Gandhi também escreveu sobre a confrontação com o colonialismo britânico e o movimento em prol da independência como uma afirmação de unidade, onde a civilização indiana estava unida contra o opressor. Ele percebe:

> mais e mais, conforme eles percebem que em meio às diferenças de crença e castas há basicamente uma nacionalidade, a agitação espalha-se e toma a forma de exigências definidas pelo cumprimento da garantia solene do governo britânico de que devem ser dados a eles os direitos ordinários dos súditos britânicos (GANDHI, 1962, p. 101).

Dessa forma, em seu movimento em direção da exigência pela independência, o apelo de Gandhi é direcionado a todos os indianos, e parte de seu esforço é abolir as distinções de casta e as desigualdades internas. Como Fanon, ele também se dirige às massas; ele quer chamar a atenção do povo, mas não de uma elite nativa burguesa que corria o risco mais uma vez de oprimir e falar no lugar dos camponeses. Gandhi busca similarmente reconciliar as divisões entre as culturas rurais e urbanas. Um retorno para a civilização indiana implicaria a entrega da terra ao povo e o abandono das estruturas econômicas e políticas desiguais.

Naturalmente, a dificuldade da crença na unidade de Gandhi é que ele busca negar as divisões reais e dolorosas entre muçulmanos e hindus, que escalonaram até alcançar uma apoteose durante os conflitos e que, por sua vez, levaram à divisão. Em 1946, a Índia estava imersa em uma guerra civil, inaugurada seriamente pela grande matança de Calcutá em agosto daquele ano. Tentando inicialmente ignorar a ruptura que estava dividindo a Índia em pedaços, Gandhi estava, em 1947, com problemas graves pelo crescimento da violência, tendo visitado a cidade e decidido por fazer um jejum. Enquanto os hindus que protestavam tomaram as tentativas de Gandhi de sagrar a paz com os muçulmanos como um ato de traição, no fim, seus poderes de persuasão funcionaram e, de fato, no dia em que a Índia se tornou uma nação independente, a cidade permaneceu surpreendentemente pacífica. A calmaria teve vida curta, mas Gandhi continuou a acreditar na reconciliação e nos poderes da *satyagraha* para empreender seus objetivos. Porém, se ele foi bem-sucedido ao curar algumas fraturas entre muçulmanos e hindus, a filosofia de Gandhi estava inevitavelmente enraizada na religião e cultura hindus, e críticos têm notado que sua retórica de unidade se assenta de modo pouco confortável em seu uso altamente particular do *Bhagavad Gita*. Ao mesmo tempo, ele se movia cada vez para mais longe do engajamento com as raízes econômicas e históricas do conflito e cobria a política da fratura com um espiritualismo mal-equipado para lidar com suas complexidades.

A concepção de Gandhi de uma civilização indiana unificada e espiritual é complementada por uma série de conceitos multifacetados e mutantes que requerem uma elucidação maior. O primeiro deles é indubitavelmente a *satyagraha*, um termo que eu já usei algumas vezes para descrever os métodos de resistência não violentos de Gandhi. Etimologicamente, ele deriva de "*satya*", que significa verdade, e "*agraha*", uma forma de insistência sem obstinação. Inicialmente estava ligado à resistência passiva, conquanto Gandhi tenha rejeitado prontamente este termo; em

Pós-colonialismo **97**

primeiro lugar, ele argumenta que o conceito está associado com uma forma perigosa e potencialmente destrutiva de contestação, como um "preparo" para a violência; e, em segundo lugar, porque para ele tal conceituação implica, na realidade, fraqueza. Porém, é notável que a resistência passiva é um conceito usado por Lévinas em um contexto muito diferente, ou seja, para descrever o encontro face a face e a resistência do outro diante do desejo por poder e domínio do eu/mesmo. O pensamento de Gandhi é muito mais politicamente orientado do que o de Lévinas, mas sua noção de resistência contém, a rigor, esta visão de uma confrontação moral última entre um ser que acredita ser o mestre e o sofrimento cru e nu do outro. Ademais, se não é uma resistência tão passiva na visão de Gandhi, o conceito da *satyagraha* é de uma só vez uma afirmação de força e um abraçar eticamente profundo das virtudes do amor e da caridade. A *satyagraha* é uma força ativa de oposição, compromisso com a não violência, mas corajosa e afirmativa em suas demandas pelo que é certo. A *satyagraha* não tem medo, mas promove a "autoajuda, o autossacrifício e a fé em Deus" em sua busca por justiça e liberdade (GANDHI, 1962, p. 80). Ele está preparado para sofrer e usar esse sofrimento como uma ferramenta para empreender os fins com os quais está comprometido e, por sua vez, é seu sofrimento que envergonha e lembra ao opressor do mal que ele lhe causa. O poder da *satyagraha* vem da força de vontade, que é sempre muito superior ao poder exercido pela força bruta. A *satyagraha* como uma forma de verdade é também complementada pela *ahimsa*, a regra de não violência como um agente da mudança; tal medida concretiza a exigência requerida pelo termo anterior. A *ahimsa* é novamente tanto uma noção pessoal, ligada com a própria vontade e o autossacrifício, quanto uma ferramenta política, manifesta pelo jejum e pela marcha, ou ainda em movimentos práticos de desobediência civil. Essa desobediência deve, porém, permanecer pacífica; perturbado pela violência que emergiu em 1922, Gandhi se esforçava para sublinhar a necessidade de seu planejamento cuidadoso.

A *satyagraha* é concebida como um método-chave na busca pela *swaraj* ou regra doméstica. Conquanto Gandhi a tenha aplicado em seus protestos contra o sistema de casta e a violência entre muçulmanos e hindus, ela foi concebida na época do livro *Hind Swaraj* como parte do retorno necessário aos valores e tradições indianos (hindus?). Em sua campanha pela *swaraj*, por exemplo, Gandhi salientou que "minha *swaraj* não será uma usurpação sangrenta de direitos, mas a aquisição do poder será uma fruta bela e natural do dever bem e verdadeiramente realizado" (GANDHI, 1962, p. 171). Além disso, essa *swaraj* é um conceito igualmente complexo que compreende múltiplas camadas. Primeiro, é um chamado direto e urgente para a saída dos britânicos da Índia. Ainda que tal saída não seja justa enquanto uma exigência política pela descolonização, porém, trata-se de uma aspiração para recuperar a civilização indiana e voltar aos seus costumes e valores tradicionais. Em segundo lugar, assim, a *swaraj* batiza não apenas a regra doméstica, mas o "autorregramento": ela conota a liberdade do indivíduo para criar a si mesmo conforme seus próprios princípios, enquanto sacrifica a si mesmo pelos outros. Gandhi argumenta que a regra doméstica é um autorregramento e um autocontrole: ela é o estabelecimento de uma espiritualidade indiana que combina a afirmação contra os britânicos com a crença no compartilhamento, na comunidade e o sacrifício de si mesmo diante do outro. A *swaraj* é simultaneamente inconcebível sem a *swadeshi* ou comunidade: "o princípio de confiar nos produtos da Índia em vez dos produtos estrangeiros" (apud DALTON, 1993, p. 249). A *swadeshi* nomeia o apego à terra e ao ambiente que Gandhi defende em seu chamado pela restauração da civilização indiana, e implica não apenas a autonomia política, mas também a independência cultural e moral, além da coesão. Dessa forma, o chamado pela independência tem profundas consequências espirituais e morais, derivadas dessa adesão profundamente enraizada a comunidade, integridade e verdade.

A filosofia de Gandhi é profundamente politizada em seu engajamento direto com as massas, especificamente com as injustiças, com o Congresso Nacional Indiano e com seu movimento em prol da independência. Ainda assim, a profundidade e a complexidade de seus princípios centrais implicam um pensamento que se prolonga para além do prático e do imediato, e que se comunica não apenas com indianos, mas, de modo mais amplo, com a humanidade. Como Fanon e Sartre, Gandhi manteve um forte conceito de humanidade comum, distinto de qualquer humanismo eurocêntrico e não relacionado com a noção ofuscada de "natureza humana", mas importante enquanto categoria ética. Novamente, como Fanon e outros pensadores anticoloniais como Memmi, Gandhi protesta contra o colonialismo ou sua imposição da civilização moderna, por conta de suas tendências desumanizadoras; ele usa o termo "humano" para advogar o reconhecimento crucial do outro. Para Gandhi, a humanidade é unificada e indivisível, e uma compreensão apropriada do humano requer respeito por e uma atenção para com os outros humanos e, assim, a recusa da exploração e degradação. Essa unidade não é o mesmo que similaridade e não obstrui o pluralismo de Gandhi, mas estabelece uma fundação comum sobre a qual os indivíduos constroem o respeito mútuo. Como resultado, o chamado pela liberdade aplica-se não apenas à Índia, mas a todos os povos: "o espírito da liberdade política e internacional é universal e instintivo – é possível até mesmo dizer. Nenhuma raça aprecia uma condição de servidão ou sujeição diante de uma raça conquistadora ou estrangeira" (GANDHI, 1962, p. 102). O objetivo de Gandhi é simultaneamente maior que a independência, uma vez que ele busca "libertar as assim chamadas raças mais fracas da terra das botinas esmagadoras da civilização ocidental"

(GANDHI, 1962, p. 164). Essa vertente universalista certamente cria dificuldade para os leitores de Gandhi, assim como a ampla retórica afasta-se bastante das metas políticas mais prementes de seu trabalho; e a amplitude de suas referências, de Platão e Sócrates a Tolstói a Ruskin, obscurece seus objetivos imediatos. De fato, a resistência à civilização ocidental é expressa em termos que ainda são influenciados, de forma inevitável, pelo hinduísmo e por um passado específico da Índia, de modo que são claramente censuráveis pelos muçulmanos. Falta a essa combinação do específico com o universal a elegância com a qual Fanon elaborou sua dialética entre a negritude e o novo humanismo, em parte porque a própria linguagem de Gandhi seja ligada a uma tradição espiritual que defende ser capaz de transcender. No entanto, é sua ambição ética que alça seu trabalho para o reino da filosofia e que continua a influenciar o pensamento pós-colonial muitas décadas após seu assassinato em 1948.

Não obstante, o pensamento de Gandhi estava preocupado com outros problemas que ele lutava para resolver. Em seu ensaio "Sobre a violência", Leela Gandhi afirma que a ética de Gandhi, diferentemente de Lévinas, é totalizante, e não deixa espaço para a contingência. O encontro levinasiano não pode ser subordinado à totalidade e é concebido apenas em termos do imediatismo do encontro face a face; porém, a demanda pelo amor universal de Gandhi realmente deflete o apelo do outro pela proximidade (GANDHI, 1997, p. 109). Comentadores como Bhikhu Parekh, conquanto de maneira simpática, também expressaram suas preocupações sobre seu descompromissado abraço ao sofrimento, uma vez que seus efeitos precisos sejam difíceis de traçar e seus limites alcancem as raias de uma forma de ritualismo. Igualmente, Young tem comentado sobre a hipocrisia potencial da autoimagem de Gandhi, que foi altamente midiatizada e amplamente disseminada, apesar de sua crítica da tecnologia moderna. Leela Gandhi e outros também têm criticado a visão de Gandhi da agência feminina, uma vez que, enquanto ajudava as mulheres a contribuir para a *satyagraha* e *swaraj*, esses conceitos permitiam que elas apenas o fizessem dentro de seus papéis tradicionais nas famílias. Talvez de modo mais problemático, a posterior saída de Gandhi do meio político torna sua visão da Índia pós-colonial altamente questionável. Enquanto aderente aos princípios da *satyagraha* e da *swaraj*, Gandhi recusa contemplar a formação de um Estado indiano moderno, mesmo se isso fosse aquilo que a nação requeresse urgentemente. Sua capacidade de inspirar deriva muito mais da ética embebida em sua estratégia de resistência do que em seu modelo de pós-colonialidade.

Ashis Nandy

Nandy é um líder intelectual indiano, um seguidor e crítico de Gandhi que desenvolve o trabalho de seu precursor precisamente ao conceber o anticolonialismo e o pós-colonialismo de maneira unificada. Um autoproclamado marxista, Nandy se distingue, no entanto, posto que sua leitura do colonialismo e do pós-colonialismo não é historicista, mas psicológica. Um dissidente constante, Nandy também é difícil de classificar; diferentemente de muitos intelectuais indianos pós-coloniais, ele foi educado fora da Índia. Além disso, ele também não mantém um posto em um departamento universitário. Está associado há muito tempo ao Centro para o Estudo das Sociedades em Desenvolvimento de Nova Déli. Porém, seu trabalho não se assenta confortavelmente dentro dos limites de uma única disciplina acadêmica. Seu estilo de escrita é elíptico, forte, porém, às vezes, alusivo, e conquanto ele tenha sido altamente influente dentro da Índia, seu trabalho tende a ser pouco explorado, por alguma razão, nos círculos pós-coloniais ocidentais. Apesar de ter tratado sobre uma gama de assuntos, que vão do nacionalismo na Índia ao uso da psicanálise no sul da

Ásia, seu pensamento sobre o colonialismo e suas consequências é o mais celebrado e formará o foco desta seção. Sua abordagem para estas questões é provocativa e única, seu estilo militante contrasta com sua recusa do empirismo e suas formas inovadoras do uso da psicanálise. Sua linguagem não é, no entanto, abstrata e teórica, mas dedicada, como a de Gandhi, à cultura e às tradições folclóricas; é por meio desse ecletismo que ele cria uma nova e distinta forma de hibridismo entre a política e a ética pós-colonial.

O trabalho mais conhecido de Nandy, *O inimigo íntimo*, foi iniciado com uma corajosa afirmação de que o colonialismo moderno "coloniza as mentes além dos corpos" (1983, p. xi). Conquanto a afirmação contenha ecos do *Decolonizando a mente* do queniano Ngũgĩ Wa Thiong'o, publicado em 1986, o texto de Nandy anuncia uma compreensão psicanalítica mais particular do colonialismo, sobretudo dos seus efeitos prejudiciais tanto na percepção do colonizador quanto do colonizado, e sobre suas compreensões da relação entre a Índia e o Ocidente. De fato, Nandy percebe desde o início que até mesmo Fanon, do qual ele deriva muitos vislumbres da abordagem psicanalítica, escreve sua crítica em um estilo herdado de Sartre e, como resultado, temos que "o Ocidente não apenas produziu o colonialismo moderno; ele também fornece a maioria das interpretações do colonialismo" (NANDY, 1983, p. xii). O colonialismo se infiltra nos caminhos nos quais tanto o colonizador quanto o colonizado se expressam e corrompe até mesmo o processo de formação de uma estratégia de resistência. Nandy vai além ao argumentar que a ideologia do colonialismo estava em operação muito antes da instituição plena do Raj [britânico], assim como após sua dispensa, e que essa ideologia propaga-se de duas maneiras: via códigos que moldam as práticas culturais de ambos os lados, e via uma série de estratégias insidiosas para a administração e controle das dissidências (p. ex., a falha do sistema ao reconhecer a violência que ele mesmo inflige sobre o colonizado). A psicologia do colonialismo também é expressa por meio da fusão ideológica de dominância sexual e política, um efeito que foi desenvolvido no decorrer do século XIX. Os indianos foram concebidos conforme a ideia britânica de raças marciais: "o hipermasculino, manifestamente corajoso, as soberbamente leais castas indianas e as subculturas espelhando os estereótipos sexuais da classe média britânica" (NANDY, 1983, p. 7). Essa imagem de masculinidade serve tanto para propulsionar o preconceito colonial quanto para encorajar os indivíduos colonizadores a agir como "agentes contrários aos governantes conforme regras estabelecidas" (NANDY, 1983, p. 11). Essa sexualização do nativo claramente recobra a discussão de Fanon da virilidade estereotipada do homem negro, conquanto Nandy vá além ao explorar os contraexemplos em pensadores como Gandhi, ou seja, de uma maneira que Fanon não promove.

Para Nandy, um segundo estereótipo que informa a psicologia do colonialismo é aquele da qualidade infantil do nativo. Essa crítica conduz Nandy a denunciar a visão de Marx do progresso como cúmplice da ideologia colonial, uma vez que Marx chegou ao ponto de proclamar que "seja qual for o crime da Inglaterra, ele foi uma ferramenta inconsciente da história" (MARX apud NANDY, 1983, p. 13). Desse modo, intelectuais europeus foram capazes de descrever o colonialismo como um mal, mas um mal necessário, uma vez que ele trabalhava em benefício dos nativos incivilizados e bárbaros, que poderiam aprender graças ao conhecimento de suas contrapartes ocidentais superiores. Essa ideologia se infiltra nas imagens primitivistas do nobre selvagem, que necessita de gestão e reforma. Porém, de forma estranha, esse mito foi, ao mesmo tempo, contraposto por aquele da Índia como algo antigo, apegando-se ao passado heroico; porém, um passado degradado e após seu auge. Nandy retoma que, nessa visão do colonizador, "tal como um homem pecador, a cultura indiana estava vivendo uma particular senilidade debilitadora" (NANDY, 1983, p. 18).

Outra das inovações de Nandy em *O inimigo íntimo* é seu argumento de que o colonizador também é prejudicado pelo colonialismo. Enquanto Sartre já tinha sublinhado que tanto o colonizador quanto o colonizado eram engrenagens do sistema, esta observação no trabalho de Nandy é desenvolvida; trata-se de uma exploração dos efeitos psíquicos perversos do sistema sobre a mente colonizadora. Nandy observa, por exemplo, que durante o período colonial, intelecto e introspecção foram concebidos como tratos femininos secundários, em termos de importância, diante de valores sociais dominantes de competição e produtividade. Ao mesmo tempo, o colonialismo fez com que os povos britânicos acreditassem em uma falsa homogeneidade cultural entre seu próprio povo, uma vez que aqueles que não se conformavam nela eram enviados para as colônias. Ato contínuo, Nandy afirma que o colonialismo trouxe o "isolamento da cognição do afeto – que é frequentemente o gatilho para a violência 'banal' de nossos tempos – e [...] um novo padrão patológico entre ideias e sentimentos" (NANDY, 1983, p. 34). O colonialismo era, nesse sentido, não apenas uma teoria política, mas uma ampla crença ética e quase religiosa, reforçada, por sua vez, pela tecnologia. Por fim, o colonialismo tem um efeito pernicioso ao iludir os colonizadores na crença de que são onipotentes: os britânicos podem ser capazes não apenas de conquistar os territórios estrangeiros, mas de encontrar novas formas de autoconsciência. Essas patologias encontram uma resposta no trabalho de Rudyard Kipling, que equaciona o selvagem com a infantilidade e, por outro lado, em George Orwell, cujas críticas ao totalitarismo revelam o aprisionamento do opressor tanto quanto do oprimido. Outro tipo de resposta inclui aquela proposta por Oscar Wilde, cuja sexualidade transgressiva funciona de forma a ameaçar as premissas básicas da atitude colonial britânica.

Porém, Nandy baseia-se em grande parte em Gandhi, e é a partir de sua leitura da resposta de Gandhi ao colonialismo que Nandy enviesa a emergência problemática de outra cultura, outra Índia. Parte da qualidade subversiva de Gandhi assenta-se, para Nandy, em seu uso de referências ocidentais – de fato, cristãs. Gandhi também propôs liberar tanto britânicos quanto indianos do colonialismo, e ele empreendeu isso ao problematizar a crença ocidental na superioridade da masculinidade: primeiro, ao posicionar a transcendência da feminilidade quanto da masculinidade no topo da hierarquia e, em segundo lugar, ao privilegiar a feminilidade. Desse modo, "o ativismo e a coragem podem ser liberados da agressividade e ser reconhecidas como perfeitamente compatíveis com a feminilidade, particularmente com a maternidade" (NANDY, 1983, p. 54). Em resposta à crença colonial em progresso, e à figuração do nativo como infantil, Gandhi novamente reverteu a estrutura hierárquica e concebeu o mito como superior à história. A história também não era um discurso oficial, sancionado e monológico, mas algo forjado por recolecções subjetivas das pessoas: "a consciência pública não é vista como um produto causal da história; mas, enquanto relacionada à história, como uma não causalidade por meio de memórias e antimemórias" (NANDY, 1983, p. 57). Nandy vai além ao argumentar que Gandhi reverteu o esquema progressivo do desenvolvimento da criança até a fase adulta ao usar uma linguagem da continuidade com o passado, juntamente com uma linguagem da autocompreensão, que poderia levar à tentativa de entender o outro. Ambas as abordagens são antitéticas diante do pensamento moderno colonial e revertem seus efeitos destrutivos. A dificuldade, como temos visto, é que Gandhi se mantém aberto às cargas do a-historicismo; mas seu empreendimento não propõe, conforme Nandy, que suas linguagens "ofertem às sociedades a opção de escolher seus futuros aqui e agora" (NANDY, 1983, p. 62).

O argumento emergente de Nandy é que a Índia deve conceber a si mesma em termos diferentes daqueles impostos pelo colonizador: que a meta deve ser o empreendimento de outra Índia. Essa Índia não deve escolher entre o Oriente e o Ocidente, e não deve ser nem moderna nem antimoderna, mas definida em seus próprios termos compósitos. A Índia não pode rejeitar o Ocidente, pois, ao fazer isso, ela também rejeita algumas de suas próprias tradições; porém, ela deve trabalhar suas influências europeias diante de suas próprias tradições para criar uma identidade nova, pluralista e, ainda assim, autoconsciente. Nos termos de Nandy, o universalismo étnico de Gandhi "leva em conta a experiência colonial, incluindo o imenso sofrimento que o colonialismo proporcionou, e produz uma versão mais madura, mais contemporânea e mais autocrítica das tradições indianas" (NANDY, 1983, p. 75). Ademais, unindo genialmente Fanon com Gandhi, Nandy é capaz de descrever a autoimagem dividida da Índia: a disjunção psicológica entre a imagem posta pelo colonizador e a percepção nativa de suas tradições culturais. Menos divorciado do político em suas reflexões psicanalíticas do que Fanon, Nandy descobre a emergência dessa imagem dividida por meio de celebrados escritores e pensadores, une isso com o desenvolvimento em Gandhi de noções da civilização indiana tradicional em seus verdadeiros métodos de resistência. Como ápice dessa análise, Nancy então critica os mitos de uma Índia inteiramente autêntica quer como marcial, quer como espiritual, e argumenta em prol de uma visão de um conglomerado "não heroico", transcultural e transgênero de influências. Um precursor de Bhabha nesta visão de hibridismo, a proposta de Nandy é também mais rigorosamente construída por meio de suas leituras dos afetos e tropos psicológicos anticoloniais, é mediante essas leituras cruzadas que ele advoga sua mistura particular experimental e cultural. No entanto, essa afirmação une profundamente a crítica política, psicanalítica e ética, como

Nandy conclui ao observar que "o conhecimento sem a ética não é pior do que a ética como um conhecimento inferior" (NANDY, 1983, p. 113).

O Coletivo de Estudos Subalternos

O inimigo íntimo de Nandy foi produzido aproximadamente ao mesmo tempo em que um grupo de acadêmicos indianos inaugurou outra abordagem, caracterizada, desta vez, por um enfoque na historiografia. O Coletivo de Estudos Subalternos é um grupo de historiadores similarmente focados no colonialismo e no pós-colonialismo na Índia, e baseados não infrequentemente em Gandhi, mas comprometidos acima de tudo com a crítica de como a história da Índia deve ser escrita. Fundado por Guha em 1982, os *Estudos Subalternos* foram uma publicação anual de ensaios historiográficos com contribuições frequentes de historiadores como Chatterjee e Dipesh Chakrabarty, cuja abordagem objetiva, contrastante com a abordagem psicanalítica de Nandy, buscava reescrever a história política da Índia colonial do ponto de vista do povo. O termo "subalterno" foi tomado de Gramsci, e refere-se àqueles de "nível inferior": nesse caso, os camponeses espoliados de direitos, explorados pelos colonizadores e privados, simultaneamente, de voz para expressar suas respostas para suas próprias condições. A missão do periódico era pontuar os caminhos pelos quais os textos históricos sobre a Índia colonial e pós-colonial foram construídos quer a partir de uma perspectiva colonial, quer do ponto de vista da elite burguesa nativa; assim, os próprios historiadores tentavam preencher as lacunas e expor as próprias visões e experiências à mercê tanto do sistema capitalista quanto da situação de nação emergente. Ademais, é talvez com a emergência do Grupo de Estudos Subalternos que os estudos pós-coloniais começaram a se dividir entre uma ênfase sobre o político e o econômico ou em uma busca mais autoconsciente da questão ética. Apesar de seu foco na historiografia e, portanto, no escrito, pensadores como Guha, Chatterjee e Chakrabarty são altamente politizados em sua abordagem. Eles se pautam em Marx, apesar de críticos quanto aos seus métodos, e eles também descobrem a cumplicidade entre poder e conhecimento, revelando como a opressão econômica é diretamente espelhada pela supressão da voz. Como nós veremos no capítulo 4, Bhabha busca, por outro lado, uma abordagem psicanalítica nos moldes de Nandy, enquanto Spivak, parcialmente envolvido com os *Estudos Subalternos*, propõe unir a divisão. Contudo, os historiadores do periódico condenam precisamente os aspectos menos políticos da visão de Gandhi, e conduzem o pós-colonialismo para longe da ética e psicologia de Nandy, trazendo-o de volta para uma forma militante de historicismo.

O manifesto de Guha em seu artigo de abertura nos *Estudos Subalternos* bravamente rascunha os objetivos radicais do periódico. Guha argumenta que a historiografia do nacionalismo indiano foi dominada tanto por um elitismo colonial quanto por um elitismo burguês-nacionalista, e que ambos são produtos ideológicos derivados do governo britânico na Índia. A forma elitista-colonial da Índia apresenta o nacionalismo indiano como a soma das atividades e ideias pelas quais a classe hegemônica indiana respondia ao *establishment* colonial. A versão elitista burguesa define o nacionalismo indiano como um "empreendimento idealista no qual a elite indígena lidera o povo da subjugação à liberdade" (GUHA, 1982, p. 2). O problema com essas duas abordagens é que elas falham na forma de apontar como as massas indianas concebiam e criavam seu próprio nacionalismo. A agência do campesinato em reacessar e reconfigurar sua posição em relação ao Estado era percebida meramente como um problema de lei e ordem pelos colonialistas, e o movimento nacionalista burguês, por sua vez, acreditava que

Pós-colonialismo **109**

os camponeses apenas participavam do movimento nacionalista sob a direção de suas próprias estruturas de lideranças estreitas e hierárquicas. Guha alcança a conclusão de que o papel do periódico será explorar ambas as condições de exploração, a saber, das massas às operações da agência política autônoma popular.

A crítica historiográfica de Guha tem três correntes, e todas elas moldam a missão da revista e que são unidas em três ensaios reimpressos em seu *Dominance without Hegemony* [Dominância sem hegemonia] (1997). O primeiro deles argumenta contra o que ele concebe como a tendência universalizante do capital (GUHA, 1994, p. 4). Guha usa Marx para denunciar o anseio capitalista para criar um mercado mundial e subjugar cada momento da produção a um sistema mais amplo de valor de troca. A partir de uma leitura do *Grundrisse* (1973) de Marx, Guha mostra como Marx luta contra essa tendência universalizante ao expor o progresso desigual do desenvolvimento material no mundo, mas lamenta que os leitores tenham focado de uma maneira um tanto cega esse anseio universalista em vez de seus limites e insuficiências. Nas palavras de Guha, "a historiografia se viu presa em um universalismo abstrato, graças ao qual é incapaz de distinguir entre o ideal da busca do capital pela autorrealização e a realidade de sua incapacidade de fazê-lo" (1997, p. 19). O resultado desse erro é que os historiadores da historiografia assumem que o capitalismo foi bem instituído na Índia, além de ter superado os obstáculos impostos pelo colonizado, que estavam a caminho do colonialismo e da autoexpansão. Eles confundem dominância com hegemonia, de maneira que acreditam que os indianos aceitaram a imposição do capital sem resistência, e esqueceram a agência das massas ao contestar as estruturas dominantes impostas sobre elas. Chakrabarty articula uma objeção similar ao uso da crítica marxista nos estudos da Índia, e afirma amargamente que nas próprias discussões de Marx em *O capital*, "por 'capital' ou 'burguesia', eu chego à leitura de 'Europa'" (1992, p. 4). O próprio Marx não era em si um historicista, mas um pensador político conceitual, e a dificuldade de seu trabalho, conforme Chakrabarty, é que isso o leva à má apropriação em contextos similares ao da dominação colonial na Índia.

Em segundo lugar, Guha argumenta que os líderes burgueses do movimento nacionalista também confundiram a dominância e hegemonia, além de erroneamente sublinharem seu poder unificante sobre as massas mobilizadas contra o regime colonial. O movimento *Swadeshi* decidiu unir o povo em busca da independência; mas, para Guha, essa demanda era elitista, posto que sugeriu que "a mobilização era um trabalho manual dos profetas, patriarcas e outros líderes inspirados apenas, e [implicava que] os mobilizados nada mais eram do que uma massa inerte moldada por uma vontade superior" (1997, p. 103). A retórica em torno dessa demanda era também abstrata, posto que ignorava a tensão real entre a força e consentimento no qual o movimento deitava forças. Esta é uma dissimulação na qual, conforme Guha, o próprio Gandhi era culpado. Na campanha pela não cooperação de 1920-1922, Gandhi distinguiu o boicote social e o político, além de argumentar que as sanções, por exemplo, do cuidado médico, eram uma forma de boicote social e também imorais. Gandhi estava irado com esse tipo de atividades, e frequentemente descrevia o povo engajado nelas como "'para além do administrável', 'incontrolável', 'indisciplinado'" (GANDHI apud GUHA, 1997, p. 139). Guha avança na descrição desse conflito como uma manifestação posterior da lacuna entre as políticas e afirmações de elitistas e subalternos:

> A teoria da liderança de Gandhi equivale assim a uma fórmula para dissolver o caráter imediato da mobilização no domínio subalterno, e abre espaço para que uma elite nacionalista adentre com sua própria vontade, iniciativa e organização de modo a conduzir a

Pós-colonialismo **111**

atividade política das massas em direção às metas determinadas pela burguesia (GUHA, 1997, p. 143).

Guha exige, em vez da liderança burguesa e elitista de Gandhi, uma renovada atenção aos processos de automobilização das massas.

O elemento final da crítica de Guha da historiografia indiana é a exposição da interação entre poder e conhecimento. Devemos ver no capítulo 4 como essa fusão é teorizada em profundidade por Foucault, mas a análise de Guha baseia-se em Foucault para explorar de um ponto de vista prático e empírico o estado da missão colonial para impulsionar sua posição de domínio por meio da disseminação do conhecimento. Guha abre sua crítica ao revelar como, na fase formativa e inicial do estado colonial, os oficiais foram perturbados pela falta de compreensão da agricultura local. Como resposta, a Companhia das Índias Orientais decidiu se informar sobre o caráter e o valor da terra, expressamente para comandar os nativos a trabalhar nela. Os primeiros oficiais delimitaram-se a "historicizar o passado indiano" (GUHA, 1997, p. 163), mas eles o fizeram por meio de seus próprios métodos historiográficos europeus e de modo a impor seu próprio sistema administrativo de forma mais efetiva. Concomitantemente, os britânicos continuaram a estender seu poder pela educação que, longe de emancipar os nativos, "foi elaborada para arrear a mente do nativo ao novo aparato do Estado como um barato, porém indispensável portador de seu peso administrativo" (GUHA, 1997, p. 167). Tal ação levou também a ampliar o uso do inglês, de modo que a língua se tornou um símbolo de poder e uma fonte de prestígio. A imposição do inglês sobre os indianos educados desligou-os de suas próprias línguas e de seu próprio passado. Os britânicos aprenderam, assim, as línguas nativas para aproveitá-los também para a construção do aparato de Estado colonial.

Se Guha foi o fundador dos *Estudos Subalternos*, Partha Chatterjee foi um de seus maiores contribuintes. O trabalho de Chatterjee é similarmente marxista, e sua maior contribuição ao pós-colonialismo deriva de sua expansão da crítica de Guha ao nacionalismo na Índia, alcançando uma exposição sofisticada e de amplo alcance dos paradoxos e deficiências nacionalistas. A obra *O pensamento nacionalista no mundo pós-colonial* (1999) de Chatterjee é tanto uma dissecação filosófica do nacionalismo quanto uma narrativa específica e politizada de suas deficiências no contexto indiano e, mais uma vez, no pensamento de Gandhi. A primeira parte do texto explora o paradoxo fundamental do nacionalismo oriental: ele imita, em termos estruturais, um modo de pensamento "ocidental", mesmo que seu propósito seja estabelecer uma distinção entre a cultura colonial e as tradições específicas da comunidade nativa e colonizada. Chatterjee peneira por meio do trabalho um quantitativo de historiadores do nacionalismo, incluindo o influente pensamento de Benedict Anderson sobre a invenção da nação como uma construção ideológica (executada, p. ex., pelo desenvolvimento de línguas impressas) e descobre, em cada caso, uma agenda eurocêntrica mais ou menos oculta. A seguir, ele identifica uma divisão entre a "temática" do nacionalismo, o sistema epistemológico mais amplo, e a "problemática" do nacionalismo na Índia, sua manifestação concreta conforme ela se desdobra em um diálogo com o "temático". O argumento de Chatterjee é que o temático e o problemático entrelaçam-se de formas complexas: o pensamento nacionalista assume alguns de seus preceitos (o "temático") derivados de um pensamento racional ocidental; mas ele também contesta os argumentos e objetivos do conhecimento colonial. A problemática do nacionalismo na Índia deve, assim, abrir o enquadramento do conhecimento que busca dominá-lo e criar a si mesmo de modo diferente. Ele é, em suma "um discurso diferente, ainda que um seja dominado pelo outro" (CHATTERJEE, 1999, p. 42).

No restante do texto, Chatterjee examina três momentos do pensamento nacionalista na Índia: o momento de partida, manobra e chegada. Não há espaço aqui para sumarizar os três, mas o momento de manobra compreende uma discussão de Gandhi que é digna de nota para o contexto deste capítulo. Chatterjee explora a crítica de Gandhi à sociedade civil e sublinha que ela é direcionada não contra o Ocidente, mas contra a civilização moderna. Como nós sabemos, Gandhi também não era um nacionalista e, acima de tudo, para Chatterjee, seu pensamento é pouquíssimo histórico; porém, predominantemente moral. O pensamento de Gandhi voltou-se, portanto, a confiar na disjunção entre política e moralidade, ainda que o conceito de *ahimsa* tenha tentado eliminar a lacuna, e mesmo que o *Hind Swaraj* tenha tentado rascunhar um movimento que empreende uma fusão entre eles. O uso cada vez mais utópico de noções de verdade, de moralidade e de ideal em Gandhi foi, em último plano, antitético para o pensamento político: seu pensamento "preservou sua verdade ao escapar da política" (CHATTERJEE, 1999, p. 110). Um exemplo dessa dificuldade em Gandhi foi seu envolvimento no movimento *khadi*[4]: o princípio que a produção rural seria para o próprio consumo e não para a venda. No entanto, ao promover esse movimento, Gandhi enfatizou que as pessoas deveriam seguir, acima de tudo, a moralidade por trás do movimento, e ele não dispunha de uma teoria para a sua execução política. O resultado novamente foi que sua visão de nação estava distanciada das pessoas de cuja participação, no entanto, ele dependia.

---

4. Movimento conduzido por proprietários de moinhos e apoiado por políticos nacionalistas indianos, que previa o boicote de produtos ingleses. Seu símbolo era o khadi, uma fibra natural tecida manualmente. O movimento foi popularizado por Gandhi [N.T.].

Chatterjee continua a explorar as múltiplas facetas do problemático nacionalismo indiano, e ele encontra na tentativa de Nehru de inventar um Estado-nação soberano como uma falha progressiva e residual de incorporar naquele estado a vida da nação que governa. O trabalho subsequente de Chatterjee, *Nations in Fragments* [Nações em fragmentos] (1999), desenvolve a crítica ao Estado colonial juntamente com a visão da burguesia nacionalista, e explora a narrativa fragmentada, tal como dos passados da nação antes do colonialismo. Chatterjee de forma igualmente significante identifica a problemática posição da mulher nas narrativas nacionalistas. Uma vez que os colonialistas britânicos justificavam sua missão ao proclamar que também "civilizavam" os nativos quanto ao tratamento ofertado às mulheres, o nacionalismo tornou-se, assim, associado em parte com uma resistência à "ocidentalização" da mulher. As mulheres foram percebidas como dispondo de uma forma específica de espiritualidade, distinta daquela dos homens, mas que não necessariamente as prevenia de participar da vida social e pública. Que o movimento nacionalista concebeu a si mesmo como regulador único da questão da posição das mulheres significa, no entanto, que ele não era uma parte crucial da negociação com o Estado colonial. Se as vidas das mulheres mudaram dramaticamente durante o período de agitação política, Chatterjee argumenta que elas eram, porém, excluídas da concepção do novo Estado-nação.

O trabalho do Coletivo de Estudos Subalternos é amplo em seu alcance, e militante em seu chamado por atenção ao processo crescente de opressão do povo, incluindo as mulheres e o campesinato. No entanto, a forma de historiografia altamente politizada do grupo produziu algumas dificuldades, não menos por conta de sua omissão de uma clareza ética e uma crítica autorreflexiva. O ensaio controverso de Spivak, intitulado "Reconstruindo a historiografia" (1996a), inicialmente impresso na revista *Subaltern*

Studies (vol. IV), argumenta que o grupo se viu como aderente de uma noção positivista de consciência subalterna como recobrável até mesmo quando eles nos lembram de que a voz dos subalternos só fica disponível para nós pelo discurso da elite. Nesse sentido, eles correm o risco de se voltarem contra suas próprias premissas na crença de poder acessar a voz dos subalternos, até quando eles demonstram seu obscurecimento por meio das narrativas existentes burguesas ou coloniais. Spivak escreve para apoiar a iniciativa e se afiliar a ela, mas argumenta que estes paradoxos nos esforços do Coletivo de Estudos Subalternos significa que eles precisam desconstruir a noção de indivíduo na qual se assentam; e ela renomeia seu foco não como consciência subalterna, mas como "o efeito subalterno-sujeito". Ela avança ao defini-lo como "aquilo que parece operar tal como um indivíduo pode ser parte de uma rede descontínua imensa" (1996a, p. 213). A noção de grupo de uma posição subjetiva identificável é estratégica, então, e sua proposta é que a consciência subalterna pode ser recobrável e deve ser entendida apenas contra o pano de fundo desta preocupação pós-estruturalista de reconstrução textual inevitável daquela consciência. Além dessa crítica nuançada de Spivak, rapidamente também foi percebido que as fontes disponíveis aos historiadores do grupo *Subaltern Studies* eram, no final das contas, altamente limitadas. Se eles pretendem reescrever a história da Índia do ponto de vista das massas, é difícil que soubessem, em última instância, as facetas complexas daquela perspectiva oclusa e subjugada. Ao afirmar as motivações políticas de sua nova forma de historiografia, e ao criticar as bases de Gandhi da moral em detrimento do político, o movimento não embarcou completamente nas dificuldades éticas de seu próprio projeto. O periódico *Subaltern Studies* foi influente em sua identificação da imbricação da história ou narrativa com o poder, e suplementou a análise psicanalítica de Nandy com o exame da posição oclusa do povo no discurso nacionalista em evolução na Índia; porém, os pesquisadores envolvidos nunca resolveram o problema a contento. Para usar os termos de Nandy, eles nunca resolveram o problema da necessária conexão entre o conhecimento e a ética dentro das próprias linhas militantes.

Pontos-chave

• A crítica de Gandhi da exploração britânica da Índia foi tanto moral quanto política. Ele vilificou o sistema capitalista e seus maus-tratos dirigidos aos trabalhadores nativos, e defendeu um retorno à espiritualidade e tradição. No entanto, para Gandhi, o inimigo eram menos os britânicos do que os males da civilização moderna.

• Gandhi cobrou uma regra doméstica na Índia nos termos da "*satyagraha*" ou uma forma de resistência pacífica. Diferentemente de Fanon, ele reprovava a violência e recomendava formas pacíficas de protesto, juntamente com a força de vontade. Enquanto uma figura poderosamente influente, Gandhi foi, no entanto, incapaz de conceber a organização política da nova Índia.

• Nandy baseia-se tanto em Gandhi quanto em Fanon para explorar a psicologia do colonialismo, além dos efeitos prejudiciais dos estereótipos e mitos dos nativos. Ele argumenta que o conhecimento inferior conduz a uma ética ruim.

• O Coletivo de Estudos Subalternos buscava preencher as lacunas na história indiana ao ouvir a voz das massas. Eles criticavam o universalismo do marxismo e a dominância da elite local e burguesa, e também descobriram a coimplicação do poder e do conhecimento. Faltava ao seu trabalho, porém, uma reflexão autoconsciente sobre sua própria ética.

4

Foucault e Said
Discurso colonial e orientalismo

O trabalho de Michel Foucault é um útil precursor da filosofia pós-colonial em sua dissecação inovadora da relação entre poder e conhecimento. Os historiadores do grupo *Subaltern Studies* argumentam que tanto as estruturas de poder coloniais quanto as elitistas burguesas são um trabalho dentro da escrita histórica sobre o colonialismo e o nacionalismo na Índia, uma vez que a exclusão dos subalternos de sua própria história espelha sua subjugação econômica e política. No entanto, é Foucault quem estabelece uma teoria plena da interseção entre a produção e a disseminação do conhecimento, por um lado, e a operação e a expansão das estruturas de poder, por outro. A filosofia de Foucault inventa um modo único de análise, que ele denomina de "arqueologia", e mantém como uma de suas metas a exploração de como o conhecimento funciona como uma parte de um sistema ou rede impulsionado por estruturas de poder sociais ou políticas. Isso implica que a criação e o uso do conhecimento são políticos *per se*, e podem servir para propagar e reforçar a marginalização e opressão daqueles que não se conformam às normas do discurso dominante. Ademais, ao explorar os potencialmente totalitários ou ao menos autoritários efeitos do discurso e representação, Foucault crucialmente abre caminho para pensadores como Said, no intuito de descobrir as formas e usos do conhecimento colonial.

No entanto, ao se basear em Foucault, Said afasta-se tanto do fervor revolucionário quanto do empirismo encontrados até aquele momento, e examina o estudo acadêmico do Oriente, juntamente com a imagem fantasiada dos territórios coloniais que perpassam até as representações culturais, e os caminhos nos quais estas se alimentam da política da missão colonial. Said usa a noção de discurso de Foucault conforme exposto na obra *A arqueologia do saber* (2001b) e em *Vigiar e punir* (1991) para teorizar as maneiras pelas quais o Oriente é discursivamente criado como um objeto de conhecimento; e esse processo de construção e categorização serve para reforçar o projeto colonial de conquista e subjugação. Ele argumenta no processo que há uma ligação direta entre a política concreta e a representação textual (pela mídia e pela história, tal como pela literatura), e sua crítica do abuso policial da ideologia é inflamada, conquanto ele parta muito claramente de um enquadramento marxista prolongado em Fanon e Sartre, ou no trabalho do Grupo de Estudos Subalternos. Ademais, esta inauguração de uma investigação consciente do imaginário e representação defende uma nova compreensão da relação fantasiada entre o eu e o outro que estrutura a visão colonial. Para Said, o Oriente é o conglomerado de imagens e formas que permanece para o outro europeu, e o colonialista cria sua posição de domínio e dominância sobre aquele outro ao reclamar os atos de definir, categorizar e conhecer sua diferença de si mesmo. Não completa e abertamente levinasiana, a análise de Said irá também, no entanto, aproximar-se da crítica ética de Lévinas em sua denúncia do desejo de submeter o outro ao enquadramento familiar de si mesmo. Esse exame de conhecimento e representação inaugura a preocupação ética pós-colonialista da intratabilidade do outro marginalizado, e o chamado do movimento pela abertura e responsabilidade quanto à diferença do outro.

Michel Foucault

Foucault não se engajou diretamente em qualquer dimensão com a mecânica do colonialismo, mas seu pensamento é, porém, altamente influente porque ele nos ajuda a pensar por meio dos mecanismos pelos quais o poder é construído e disseminado. Em vez de usar o termo "ideologia", no entanto, com suas conotações marxianas de falsidade enquanto opostas à verdade, Foucault escreve sobre os caminhos pelos quais o conhecimento é moldado pela produção do discurso, e isto, por sua vez, impulsiona a estrutura de poder de uma dada sociedade. Um dos trabalhos mais influentes de Foucault é *A arqueologia do saber*, e é aqui que ele examina mais explicitamente a metodologia que sustenta o resto de seu trabalho. A arqueologia nesse texto nomeia uma nova abordagem para a história que se fia não na continuidade, sobre noções de tradição, influência direta, desenvolvimento ou um espírito subjacente, mas sobre a identificação de rupturas e descontinuidades dentro e entre discursos na história. Foucault argumenta que a história das ideias tendeu a tentar suprimir a contradição, enquanto sua aproximação estará "pronta para receber cada momento do discurso conforme sua súbita erupção" (FOUCAULT, 2001b, p. 25). Isso significa que qualquer coerência ilusória irá ser substituída por um vasto exame "da totalidade de todas as afirmações efetivas (quer faladas ou escritas) em sua dispersão enquanto eventos e na ocorrência que é própria a elas" (FOUCAULT, 2001b, p. 27). O foco da análise será sobre as relações entre afirmações nos campos do discurso (tais como da loucura, ou patologia ou, posteriormente, sexualidade), e essas relações serão exploradas conforme suas transformações através do tempo, em termos de suas rupturas internas em vez de estarem a serviço de uma história coerente. Os campos discursivos de Foucault são feitos de afirmações coexistentes e dispersas que podem quer interligar, quer excluir umas às outras, mas que podem ser examinadas a partir de uma escala ampla conforme as regras de sua formação. Foucault também avança para analisar objetos do discurso (tipos de desordem comportamental, p. ex., no campo da psicopatologia) que poderiam, por sua vez, ser identificados por uma formação discursiva particular. Esta análise é justaposta com uma discussão das modalidades (as condições de produção do discurso), conceitos e estratégias que operam dentro do discurso. O texto explora, assim, a produção complexa de afirmações (a unidade elementar do discurso), e o sistema do arquivo vasto, contraditório e descontínuo dentro do qual a afirmação opera.

Um dos primeiros exemplos de Foucault de um discurso concebido conforme essas linhas é aquele que versa sobre a loucura e a razão, e aqui está claro que o conhecimento das estruturas de formação discursiva é feito de modo a impulsionar as relações de poder. Em *Loucura e civilização* (2001a), Foucault examina as formas nas quais os discursos sobre a loucura criaram precisamente o homem louco como externo à razão e à civilização, e ele argumenta que a sociedade requereu tal divisão de modo a conceber um sentido de sua própria consistência e coerência. Subsequentemente, ao sumarizar alguns de seus métodos em *A arqueologia do saber*, Foucault afirma que, no século XIX, por exemplo, a profissão médica, juntamente com o sistema legal, a autoridade religiosa e até mesmo a literatura e a arte, construíram a loucura como um objeto: a delinquência foi concebida em termos patológicos. Assim, a loucura nunca é algo dado na ciência de Foucault, mas algo que é feito e moldado por aqueles em uma posição de autoridade. A formação discursiva da loucura conforme explorada por Foucault em *Loucura e civilização* é, no entanto, mais uma vez dispersa e descontínua. Na Idade Média tardia, por exemplo, o homem

Pós-colonialismo **121**

louco era um errante, à deriva no navio dos tolos, conquanto isto também ocorresse assim como o resultado de sua expulsão social. Em torno desse período, a loucura era igualmente e potencialmente frívola: tratava-se de uma punição satírica da ciência ordenada, e ela revelava o potencial oculto dos sonhos e ilusões. No entanto, no século XV, a loucura tornou-se "ancorada" e institucionalizada, e o hospital servia para silenciar e estultificar a voz da falta do irracional. Em 1656, o Hôpital Général tinha alcançado um poder quase judicial sobre o homem louco, requerendo o sequestro e o confinamento. A análise de Foucault trabalha por meio de várias categorias e imagens associadas à loucura, que partem do momento de institucionalização, descobrindo mudanças sem fim e crenças emergentes, mas de modo a mostrar acima de tudo sua construção como a parte inferior de uma sociedade temida e rebaixada. Seja qual for o caso, é o discurso que cria a categoria do irracional e marginaliza ou exclui da sociedade aqueles que são consignados nessa categoria.

Essa exploração "arqueológica" da interação entre discurso e poder continua em *Vigiar e punir*, no qual o foco não está na institucionalização da loucura, mas na evolução dos sistemas de punição e vigilância. Foucault argumenta aqui que o desaparecimento gradual da tortura enquanto espetáculo público na segunda metade do século XVIII foi acompanhado pela formulação de novos códigos e regras de conduta. Esse novo sistema penal decidiu punir não o crime, o ato individual, mas a "alma" do criminoso. A questão da culpa girava em torno não apenas daquele que cometeu o crime, mas também em torno dos processos causais que o cercavam, tendo como resultado que "um conjunto completo de avaliação, diagnóstico, prognóstico, julgamentos normativos sobre o criminoso foram alojados no enquadramento do julgamento penal" (FOUCAULT, 1991, p. 19). Julgamento e punição são enredados em um sistema de conhecimento e compreensão, um conjunto de "discursos científicos" que determinam o que é aceitável para a sociedade e o que não é, e como ambos são entendidos. Essa hipótese inicial, portanto, forma a base da altamente influente teoria de Foucault do poder biológico, uma vez que atualmente o homem, o indivíduo e seu corpo são objetos da intervenção penal, em vez do crime. O sistema penal é regularizado, refinado e homogeneizado no final do século XVIII, e ele atualmente age sobre o indivíduo na contravenção do contrato social, e não simplesmente na ação contingente. Ademais, Foucault analisa o desenvolvimento do sistema prisional, juntamente com a operação complexa da "disciplina" e vigilância social. Não há espaço para discutir a complexidade desta evolução aqui, mas, em ambos os casos, o argumento crucial de Foucault é que crescentemente o indivíduo é construído, vigiado e regulado por um conjunto de sistemas disciplinares erguidos a partir da combinação do conhecimento e poder. Esse processo de vigilância, o controle do comportamento e o desejo por categorizar aqueles cujo comportamento excede ou transgride a lei servirão para Said como um modelo para a administração do outro colonizado por meio da moralidade, tal como pela política e cultura.

Tanto *Loucura e civilização* quanto *Vigiar e punir* baseiam-se na compreensão do objeto como algo formado, moldado e determinado por discursos dominantes e regulatórios que operam sobre ele ou ela constantemente. Foucault prosseguiu para expressar suas reservas diante dessa análise em particular, conforme foi trabalhado pela obra *Loucura e civilização*. Em *A arqueologia do saber*, ele lamenta que esse texto chegou perto de propor um sujeito generalizado da história. Sujeitos são concebidos enquanto inteiramente formado por discursos que agem sobre eles, e o livro *Loucura e civilização* também reforça que o discurso dominante rigorosamente divide e opõe o interno e o externo, o normal e o anormal. A obra *Vigiar e punir* não enfatiza ou reforça categorias classificatórias desse modo, mas Foucault ainda concebe o sujeito, nesse caso, como moldado pela operação completamente penetrante das instituições de poder. Em *História da sexualidade* (1978), no entanto, Foucault chega a uma compreensão mais fluida da habilidade do sujeito e, ao mesmo tempo, reciprocamente, de moldar e "cuidar" de si. Na época dos últimos volumes da *História da sexualidade*, Foucault explora não apenas os trabalhos do poder e autoridade sobre o indivíduo – nesse caso, via discursos de repressão, perversão e transgressão –, mas também o autoexame e autocriação do indivíduo na relação dessas forças discursivas. O discurso de repressão agora também dispara uma proliferação de contradiscursos, e estes incitam Guha e outros historiadores dos Estudos Subalternos a implantar a associação do poder e conhecimento de Foucault para explorar a resposta do nativo subjugado. Porém, de maneira importante, a metodologia envolvente de Foucault não se preocupa com a ideologia, com a noção de falsa consciência, mas com a produção de uma rede de discursos potencialmente contraditórios que exercem autoridade sobre a própria construção de nossa subjetividade, e nosso subsequente posicionamento dentro da sociedade ou, de fato, fora dela. Se em *Loucura e civilização* o irracional é definido pela categoria dominante da razão, em *História da sexualidade* a perversão é criada, assim, por um discurso de repressão, e ela isola, intensifica e consolida as sexualidades periféricas (mesmo que haja agora um senso de uma mútua negociação entre a margem e o centro). Nesses trabalhos e em *Vigiar e punir*, Foucault expõe o complexo entrelaçamento de formações discursivas que cria, de modos mais ou menos determinados, o marginalizado da sociedade e os outros subjugados.

Por meio de discursos tais como da loucura, criminalidade e perversão, e da autoridade que tais discursos empunham diante das formações sociais, os sujeitos de Foucault são moldados e colocados em uma posição na sociedade. Para Foucault, "o individual, com sua identidade e características, é o produto de uma relação de poder exercida sobre os corpos, multiplicidades, movimentos, desejos e forças" (1980, p. 73-74). Por sua vez, este poder é uma organização vasta e similar a uma rede que atravessa e produz formas de conhecimento, e é propagada não apenas pelo Estado, mas pelos indivíduos conforme vivem e reproduzem seus efeitos. Nenhum indivíduo isolado possui o poder, mas ele é canalizado e exercido por meio de uma rede de indivíduos que produzem o tecido social. Para Foucault, o poder opera em um nível mais amplo do que aquele insinuado pelo aparato de Estado de Althusser: ele não apenas é empunhado pelo Estado ou pelo indivíduo soberano, mas é produzido em sistemas localizados muito mais intrincados. Ademais, a noção de discurso substitui a ideologia como o veículo de poder, porque ele não mais repousa sobre uma oposição entre verdade e falsidade; e, igualmente, ele não ocupa uma posição secundária em relação a uma base econômica distinta. A análise de Foucault mostra como o conhecimento e o poder mutuamente criam e estruturam um ao outro e são difundidos por meio da formação discursiva. O sujeito individual vive dentro dessa formação e está sempre pronto a dialogar com ela: não há um conjunto de relações vividas subjacentes sobre as quais o discurso poderia, assim, agir a partir do exterior.

Veremos na próxima seção como Said usou as noções de Foucault de poder e discurso para pensar mais especificamente sobre a mecânica do colonialismo. A síntese supramencionada já indica, no entanto, que seu trabalho se presta a analisar os sujeitos subjugados; também tem se observado que foi ao escrever *A arqueologia do saber* em Túnis que Foucault mostrou-se mais capaz de criticar o autoritarismo e etnocentrismo da cultura francesa. É possível acrescentar a noção de poder biológico, explorada em *Vigiar e punir*; e, mais compreensivamente, em *História da sexualidade* pode ser visto em operação sobre e na marginalização do outro racial, tal como para contribuir para a opressiva construção da etnicidade.

Ann Laura Stoler tem explorado as ressonâncias potenciais do trabalho de Foucault para a crítica do racismo, e tem argumento que o estado "biopolítico" cria uma noção de degeneração sexual que também intersecta com a raça (STOLER, 1995). O trabalho de Foucault falha abertamente em levar em conta o campo prático do império; ele também não escreveu sobre os mecanismos concretos de cidadania. Porém, sua análise dos discursos de normatividade e exclusão pode ser empregada no exame da subjugação do colonizado como um resultado de sua diferença étnica.

No entanto, se Foucault é influente em sua conceptualização do discurso e poder, seu trabalho também é altamente controverso. O famoso ensaio de Spivak chamado "Podem os subalternos falar?" (1988), por exemplo, analisado no capítulo 6, é aberto com uma discussão da cegueira de Foucault e Gilles Deleuze quanto às suas próprias premissas da hegemonia cultural ocidental, e como elas efetivamente corrompem sua habilidade de falar sobre os povos colonizados. Spivak percebe que na escrita de Foucault o sujeito nunca está em desacordo com ele mesmo, a relação entre desejo e interesse nunca é questionada, e algum nível de agência é assegurado. Como resultado, Spivak sustenta que Foucault e Deleuze talvez retenham inconscientemente uma concepção de sujeito soberano, e este é efetivamente o "sujeito enquanto europeu" (SPIVAK, 1988, p. 280). Nos textos de Foucault, Spivak determina que o sujeito pode conhecer e falar por si mesmo, retém um senso de agência e, para ela, isso deriva do pressuposto de Foucault que o sujeito marginalizado ainda é europeu e ainda tem voz. Ademais, ao analisar os outros excluídos da sociedade, Foucault aparentemente se esquece de chamar atenção para a divisão entre a sua perspectiva e aquela que pertence ao trabalhador subalterno: "nem Deleuze nem Foucault parecem cientes que o intelectual dentro do capital socializado, ao brandir a experiência concreta, pode ajudar a consolidar a divisão internacional do trabalho" (SPIVAK, 1988,

p. 275). Tudo no trabalho de Foucault descansa sobre a afirmação que o sujeito analisado é europeu, e sua exegese é incapaz de conceituar os altamente complexos e elusivos exercícios do poder e desejo sobre aquilo que ela chama de "sujeitos inominados do outro da Europa" (SPIVAK, 1988, p. 280). Até mesmo um exercício intelectual que pretende refletir sobre as estruturas de marginalização permanece ancorado em um enquadramento etnocêntrico que perpetua a dominação europeia. Os outros marginalizados europeus são apenas sombras ou reflexos de um eu europeu, enquanto o outro colonizado é, consequentemente, esquecido e apagado de seu trabalho.

As críticas de Spivak são indubitavelmente um tanto equívocas, e suas observações certamente não significam que a influência de Foucault sobre os estudos pós-coloniais tenha sido abortiva. Said pautou-se extensivamente sobre o trabalho de Foucault em seu *Orientalismo* (1995 [1978]), conquanto ele entenda o discurso em termos mais coerentes e mais enraizados historicamente daqueles sugeridos por Foucault, a saber, da proliferação de redes de poder. Além disso, Young escreve sobre a ressonância das reflexões de Foucault sobre ruptura e descontinuidade para uma compreensão dos limites das versões ocidentais da História. No entanto, como Young também discute, se o trabalho de Foucault tem sido instrumental ao moldar a evolução da crítica pós-colonial, alguns de seus esquematismos podem ser flexibilizados, e a leitura de Derrida de Foucault sobre a loucura podem, em certa medida, empreender tal flexibilização. Em "Cogito e a história da loucura", presente na obra *Writing and Difference* [Escritura e diferença] (1978), Derrida percebe que Foucault separa a loucura e a arzão de modo a argumentar precisamente que a loucura é a razão do outro. Tal ideia sugere simultaneamente que a loucura é excluída da razão, e que ela é externa à estrutura autocontida da racionalidade e da civilização. Porém, conforme Derrida, isso significa dizer que o texto

Pós-colonialismo **127**

de Foucault fica preso em uma armadilha, uma vez que ele afirma de alguma forma estar analisando a loucura usando a linguagem que é distinta daquela da razão, mesmo quando ele parece, naturalmente, ser incapaz de fazê-lo. Foucault também escreve como se ele soubesse o que é a loucura, como se o significante pudesse ser entendido em uma linguagem lógica. Derrida então traça o uso de Foucault de Descartes, e demonstra que Descartes buscou distinguir a razão da loucura sem inquirir a natureza da linguagem usada para executar tal distinção. Como resultado de ambas as leituras, Derrida argumenta que a loucura deve ser considerada, pelo contrário, como um suplemento linguístico operando dentro da razão, que é a *différance*, a cadeia de traços descontrolável que a razão é incapaz de excluir. Para retornar ao pós-colonial, conquanto Derrida não exponha tal implicação aqui, a localização da alteridade dentro da linguagem da razão ou dentro do discurso hegemônico ajuda a problematizar qualquer oposição redutiva entre o eu e o outro, entre aqueles no poder e aqueles que são oprimidos. Por sua vez, a leitura de Derrida pode resolver, de algum modo, a ansiedade de Spivak sobre a aparente segurança e autopresença do sujeito analítico e oprimido de Foucault. Foucault também revisou seu trabalho após receber a crítica de Derrida, e certamente suas teorias posteriores da resistência operando dentro da estrutura de poder parecem mais consistentes com a percepção derridiana da alteridade dentro do discurso dominante de centro. A crítica de Derrida pode, no entanto, mostrar-se ainda pertinente para o uso de Foucault claramente pós-colonial por parte de Said, e é quanto a esse desenvolvimento que o presente capítulo se voltará agora.

Edward Said, *Orientalismo*

Said era um palestino nascido em Jerusalém em 1935, e foi educado no Cairo antes de continuar seus estudos e desenvolver sua carreira na América. Seu trabalho distingue-se nesse sentido, visto que, em seu papel enquanto um "intelectual público", ele combina o criticismo literário com a filosofia cultural e política, além de realizar o empreendimento inusual de mover-se perfeitamente entre esses níveis discretos de análise, tal como ao adereçá-los como um resultado de uma ampla audiência formada tanto por acadêmicos especializados quanto pelo público geral. Críticos tendem a focar em sua escrita acadêmica e crítica literária *ou* em suas intervenções sobre a Palestina, mas o próprio Said percebeu estes empreendimentos, em grande medida, como parte do mesmo projeto de perturbar a visão ocidental sobre o Oriente, a colônia e o Islã. É também um dos principais argumentos do *Orientalismo* que alguém possa identificar uma ligação entre cultura e política ao analisar o *discurso* colonial juntamente com a mecânica da conquista econômica. Conquanto ele seja criticado por demover a historicidade dos discursos que analisa, Said argumenta, apesar disso, que os textos literários, históricos ou populares absorvem e disseminam formas contemporâneas de conhecimento que podem servir para apoiar a estrutura de poder colonial operando naquele tempo. As dificuldades associadas com esse movimento no trabalho de Said serão discutidas na última parte desta seção, e há certamente deficiências em seu tratamento precipitado de trabalhos literários, tal como de sua vasta, ampla e talvez generalizada teoria do discurso orientalista. No entanto, sob a crítica do orientalismo está a ardente crença de que todos os seres humanos se engajam com um "contraponto", um encontro de influências culturais e formas de conhecimento que não abordam tal conectividade não compreendendo a especificidade da "experiência humana".

O argumento de Said é, nesse sentido, universal, e, apesar de problemático em sua ampla envergadura, repousa novamente sobre uma compreensão ética tanto da diversidade quanto do caráter comunal da experiência humana. É talvez surpreendente que o termo humano desponte tão frequentemente no trabalho dos pensadores pós-coloniais até o momento, de Fanon a Sartre, tal como em Said, que vilificam uma forma eurocêntrica de humanismo, mesmo quando defendem a importância de uma nova noção de necessidade humana para a compreensão da liberdade e alteridade do outro. Said também parte de Foucault na retenção da noção de humano em vez de descontruir junto ao último a própria noção de sujeito, conforme demonstrado consistentemente em sua formação no discurso. Uma quantidade considerável de críticos tem objetado o humanismo de Said, tanto porque ele contradiz seu engajamento com pós-estruturalistas como Foucault quanto porque pode parecer em certa medida subteorizado. Tal dificuldade será mais bem abordada na parte final do capítulo, mas é útil saber no momento que Said tanto se distingue quanto é controverso porque, assim como Fanon e Sartre, ele acaba por combinar uma crítica histórica e política da opressão colonial, juntamente com uma concepção de unidade e de diversidade do humano como um símbolo de resistência.

A obra *Orientalismo* estabelece-se para definir a noção de discurso orientalista e criticar suas ilusões que perniciosamente alimentam a difusão do poder colonial. O termo "orientalismo" cobre três significados inter-relacionados. Primeiro, Said argumenta que ele nomeia o estudo acadêmico do Oriente no conjunto de múltiplas disciplinas como a Antropologia, Sociologia, História ou Filologia. Porém, em segundo lugar, o orientalismo é "um estilo de pensamento pautado numa distinção ontológica e epistemológica feita entre 'o Oriente' e 'o Ocidente'" (SAID, 1995, p. 2). Desse modo, o orientalismo tende a confiar em uma oposição binária entre Oriente e Ocidente, e essa dicotomia é tanto enganosa quanto destrutiva, uma vez que o Oriente se posta para todos como um "outro" diante do Ocidente e, desse modo, de maneira ameaçadora. Em terceiro lugar, o orientalismo pode ser visto como um "estilo ocidental para a dominação, a reestruturação e tendo autoridade sobre o Oriente" (SAID, 1995, p. 3). Desse ponto de vista, o orientalismo é um discurso no sentido de Foucault: trata-se de uma rede de ampla abrangência de textos, imagens e preconcepções, e todas elas servem para designar o outro oriental como "um tipo de eu substituto e até mesmo subterrâneo" (SAID, 1995, p. 3). Essa é uma forma de representar o Oriente, um discurso que reconstitui o Leste usando um número de preconcepções e premissas, e este discurso ajuda a reforçar a posição do Ocidente como um sítio de poder. Said usa Foucault aqui porque a noção de discurso permite que ele se mova entre texto e mundo, na intenção de apoiar sua afirmação de diálogo entre cultura e política. Contudo, ele desenvolve Foucault ao chamar atenção para o funcionamento espacial ou geográfico do discurso, juntamente com sua infiltração na *performance* cultural.

A definição de orientalismo de Said repousa sobre o argumento que as ideias sobre o Oriente propagadas pelos orientalistas têm fundações e efeitos concretos e empíricos. Se a descrição de Gustave Flaubert do cortesão egípcio Kuchuk Hanem nunca lhe permite falar de si mesma, por exemplo, então eles espelham os padrões amplos pelos quais o Ocidente procura governar o Oriente: para representá-lo em termos familiares, o melhor é forçar sua própria posição de força. Said afirma que "portanto, o orientalismo não é uma fantasia arejada europeia sobre o Oriente, mas um corpo criado de teoria e prática no qual, por muitas gerações, tem sido empregado um considerável investimento material" (SAID, 1995, p. 6). Said também se baseia em Gramsci aqui para teorizar as formas nas quais certas ideias predominam sobre outras para empreender uma forma de hegemonia cultural, e essa hegemonia é garantida também pelo consentimento da sociedade. As visões orientalistas do Oriente alcançam hegemonia e servem para impulsionar mitos da superioridade europeia que são amplamente aceitos pela sociedade na qual são propagados. A relação entre ideias orientalistas e estruturas de poder concretas não é direta e unidirecional, conforme Said, e ainda assim essas ideias claramente participam em um tipo de troca desigual com vários sítios de poder, quer ela seja intelectual, cultural, moral ou política, além de estar intimamente ligada ao *establishment* colonial ou imperial. Ao examinar essa "troca", Said simultaneamente critica a rigidez da divisão marxista entre superestrutura e base, e ressalta que sua meta é precisamente explorar a interpenetração desses dois níveis para mostrar como "o imperialismo político governa um campo de estudos completamente" (SAID, 1995, p. 14). A análise que ele transmite com esse objetivo também irá focar mais em influências individuais do que as sondagens arqueológicas de Foucault, mas irão demonstrar, no entanto, como elas se unem na criação de certa hegemonia cultural. O orientalismo é unificado como um discurso, mas é importante para Said que ele possa ser analisado por meio de uma série de textos individuais.

O corpo principal do trabalho de Said peneira por uma multidão de exemplos do discurso orientalista em textos políticos e históricos, na literatura e, mais recentemente, na mídia. Said inicia, por exemplo, ao fazer referência à palestra de Balfour, dirigida à Casa dos Comuns em 13 de junho de 1910, que versava sobre a manutenção britânica do Egito e as dificuldades de manter tal protetorado seguro. Said nota que o discurso de Balfour parece recusar uma atitude de superioridade britânica sobre o Egito, mas o argumento gira em torno da premissa de que os britânicos *conhecem* a civilização do Egito. Conforme Said, este conhecimento aparentemente completo do Egito equaciona aqui o próprio Egito – este *é* o Egito –, e a garantia desse conhecimento também dá aos britânicos a autoridade sobre o país oriental. Em nenhum momento Balfour dispõe as percepções dos próprios egípcios – qualquer egípcio que se pronunciasse seria meramente concebido como um agitador – e Balfour insiste que a ocupação britânica é claramente benéfica para a população nativa. Ele versa sobre como um resultado em nome dos britânicos ou, de fato, do mundo civilizado, enquanto versa simultaneamente para os egípcios. Similarmente, Said avança para traçar preconcepções sobrepostas no discurso sobre o Egito de Lord Cromer, mesmo que ele não esteja baseado em um conhecimento abstrato, mas na experiência cotidiana de administrar a colônia. Cromer também insiste na suposta superioridade do conhecimento britânico do país e no que é correto para seus habitantes. Essa suposição é apoiada por uma gama de estereótipos de orientais ou árabes como crédulos e astutos, assim como de letárgicos e igualmente desonestos. As discussões políticas do papel dos britânicos no além-mar são sustentadas, desse modo, por um reservatório de conhecimento, e Said também argumenta que isso justifica *antecipadamente* o projeto colonial (conquanto talvez seja digno de nota que na introdução ele tenha afirmado que ele servia para impulsionar a missão, uma vez que ali estava). Seja como for, a presença colonial é demonstrada como intricadamente ligada com contatos históricos, com viagens de descoberta e preconcepções que emergem delas – todas empreendem contra o enquadramento de uma crença de que a Europa estava necessariamente em uma posição de força.

Se o orientalismo é concebido como um desejo pelo conhecimento do outro, então o conhecimento é estruturado por um conjunto de imagens que servem para encapsular e classificar seu objeto. O Islã, por exemplo, é um ponto focal do orientalista, de maneira a simbolizar o barbarismo, o fanatismo e o terrorismo. O orientalista prende-se em preconcepções como essas, utilizando-as para definir uma religião e cultura inteira que a acompanham, de modo que o gesto orientalizante é, ao mesmo tempo, um gesto de redução. Mesmo com o desenvolvimento da compreensão do Islã no Ocidente, o orientalista ainda busca administrar e domesticar a imagem do outro islâmico. Assim, Said argumenta que, como resultado, o orientalista "irá designar, nomear, apontar e fixar o que ele está falando ou pensando com uma palavra ou frase, o que, portanto, é considerado quer como a aquisição, ou ainda, quer como a pura realidade" (SAID, 1995, p. 72). O desejo de conquista de Napoleão, por exemplo, estava unido com a reivindicação de conhecer e compreender os muçulmanos, juntamente com a crença de que a missão colonial poderia ensiná-los as formas evidentemente superiores de ser francês. Ademais, Said argumenta que, desse momento em diante, o discurso orientalista desenvolveu a tal ponto que ele perdeu seu realismo descritivo e articulou-se sobre a criação "por atacado" do outro oriental: "o Oriente como algo reconstruído, reagrupado, produzido e, em suma, nascido dos esforços dos orientalistas" (SAID, 1995, p. 87). Escritores subsequentes tais como François-René de Chateaubriand, Alphonse de Lamartine e Flaubert aprenderam a partir dessas criações, desses simulacros estilizados e, de fato, realizaram projetos mais científicos como o Canal de Suez de Ferdinand de Lesseps, tal como seu esforço para unir o Oriente e o Ocidente.

A análise de Said do vasto escopo do orientalismo é justaposta com um exame de suas estruturas representativas no trabalho de uma série de escritores e pensadores. Durante o século XVIII, quatro elementos ligavam a estrutura do discurso orientalista, e todos eles serão posteriormente parodiados no *Bouvard e Pécuchet* (1999) de Flaubert. Esses quatro elementos incluem a expansão do território para o qual o termo "Oriente" se refere, a contribuição dos historiadores, assim como dos viajantes para a representação orientalista, a percepção simpática de um espírito coerente dentro do Oriente e, por fim, o desejo para a classificação. Simultaneamente, essas estruturas contribuem para a secularização do orientalismo, de maneira que isso não abarca mais apenas a questão do Islã contra a Cristandade, mesmo que antigos padrões religiosos continuem a adentrar na visão orientalista. Nesse momento, Said também associa o desejo orientalista com a *mission civilisatrice* e com um movimento em direção à modernização: "o orientalista moderno foi, em seu ponto de vista, um herói que resgatava o Oriente de sua obscuridade, alienação e estranheza, as quais ele mesmo tinha apropriadamente percebido" (SAID, 1995, p. 121). O exemplo mais controverso de Said desta crença modernista no Ocidente como o prenúncio do progresso pode ser encontrado em sua discussão sobre Marx, na qual ele localiza uma contradição entre a repugnância quanto ao tratamento dos nativos explorados e a crença persistente na necessidade histórica da transformação britânica da sociedade indiana. Ahmad critica a leitura de Marx feita por Said, argumentando que o primeiro pinta um retrato desdenhoso e redutivo do complexo texto de Marx sobre a Índia. No entanto, o exemplo permite que Said revele o rastejamento de crenças orientais mesmo no discurso secular moderno não orientalista.

O exotismo dos discursos do século XIX sobre o orientalismo é conjurado com mais cores nas leituras de Said sobre Chateaubriand, Lamartine, Gérard de Nerval e Flaubert. Para Chateaubriand, por exemplo, novamente a voz e a experiência oriental são de pouca importância, e "o que importa sobre o Oriente é que ele permite acontecer com Chateaubriand, o que ele permite seu espírito fazer, o que ele permite revelar algo sobre si mesmo, suas ideias, suas expectativas" (SAID, 1995, p. 173). Textos como *René* e *Atala*, assim como o *Itinéraire de Paris à Jérusalem* testemunham ainda mais o desejo do autor de absorver e consumir o que ele vê. As explorações de Lamartine do Oriente a partir de uma posição similar de conhecimento assumido, assim, retratam o território oriental como "aguardando ansiosamente pela concha da ocupação europeia" (SAID, 1995, p. 179). Para Nerval e Flaubert, por outro lado, o Oriente "não era tão apreendido, apropriado, reduzido ou

Pós-colonialismo   **135**

codificado como vivido, explorado estética e imaginativamente como um lugar amplo cheio de possibilidades" (SAID, 1995, p. 181). Nesse sentido, Nerval e Flaubert partem de um orientalismo ortodoxo porque estão muito mais preocupados com os limites de seu conhecimento; porém, experimentam esses limites como uma fonte de sedução e fascínio. Para Nerval, o Oriente é um lugar de intriga sexual, o local de uma feminilidade misteriosa e desejável, conquanto o objeto sexual feminino sempre exceda sua compreensão. A produção de Flaubert sobre o Oriente é tão rica e complexa que é difícil de sumarizá-la, mas Said encontra repetidamente dentro dela a confrontação entre a busca por um espetáculo exótico e a descoberta corrente de uma "decrepitude e senescência" (SAID, 1995, p. 185). Se os cadernos sinalizam o desapontamento, trabalhos como *Salammbô* iniciam a reconstrução da imagem da glória oriental. Entrementes, como Nerval, Flaubert e seus personagens Emma Bovary e Frédéric Moreau associam o Oriente com o desejo sexual, a energia erótica e a descoberta. Porém, Said nota a autoconsciência e complexidade de Flaubert, mas tende a restringir a ironia que impregna sua escrita: ou seja, sua conhecida descrição da visão orientalista tanto como sedutora quanto redutiva.

Na seção final de *Orientalismo*, Said afasta-se do criticismo literário para produzir uma discussão da prevalência do discurso orientalista no contexto cultural recente, quer dentro da academia, quer na mídia. O orientalismo é atualmente concebido não apenas como um discurso prevalente no momento particular da expansão colonial, mas como uma tradição e uma doutrina que afirma a superioridade do Ocidente que continua a dominar. Said percebe que o estudo orientalista do Islã está um pouco defasado do restante das ciências humanas em sua retenção de premissas retrógradas e metodologia superficial. Ademais, desde a Segunda Guerra Mundial e o despertar das Guerras Árabe-Israelenses, o árabe é crescente e repetidamente estereotipado. Os árabes são culpados pela falta de oferta de petróleo, e isso é visto como um sinal da injustiça, posto que muitos países com reservas de petróleo sejam habitados por árabes. O árabe é também "o elemento desregulador de Israel e da existência Ocidental", uma obstrução na criação de Israel em 1948 e "uma sombra que persegue o judeu" (SAID, 1995, p. 286). Igualmente, as imagens orientalistas atualmente não são apenas pela preservação da cultura popular, mas continuam, conforme Said, a ser propagadas por acadêmicos. Até mesmo a *História de Cambridge do Islã* [*The Cambridge History of Islam*], publicada em 1970, é vaga e metodologicamente falha, além de conter uma multiplicidade de equívocos tanto sobre a religião quanto sobre sua história. Os ataques virulentos de Said apenas alguns anos depois em *Covering Islam* [*Cobrindo o Islã*] (1981), um texto mais jornalístico protestando contra a percepção redutiva e ignorante do Islã como foi propagada pela mídia. Said novamente critica aqui o uso de clichês e rótulos, a construção do Islã como uma entidade monolítica e a associação daquela entidade com hostilidade e medo. Essa ignorância sobre o Islã é particularmente perniciosa nos Estados Unidos, onde a religião é conectada por muitos americanos somente com assuntos tais como o petróleo, as guerras no Afeganistão e Irã, além do terrorismo.

Said, dessa maneira, traça o desenvolvimento do discurso orientalista por todo o caminho, de Ésquilo ao jornalismo moderno, e essa identificação de continuidade cria uma polêmica poderosa contra os efeitos destrutivos daquilo que Nandy pode ter anunciado como o "conhecimento inferior". No entanto, uma das críticas frequentes levantadas contra Said é precisamente que esse conceito de discurso orientalista é vasto e generalizado, e que a discussão versa sobre diferenças entre tipos distintos do discurso orientalista. De fato, Said traça mudanças e variações conforme ele trabalha com uma série de exemplos, mas seu argumento é precisamente que o orientalismo é uma apropriação superficial de múltiplos e distintos outros no amplo esquema do Ocidente superior oposto ao Oriente inferior. No entanto, é verdadeiro que o enquadramento abrangente do orientalismo encoraja uma visão sintética de como vários tipos de discursos orientalistas operam. Por exemplo, a crítica de Flaubert o distingue de Chateaubriand e Lamartine, mas sublinha o exotismo de sua visão do Oriente e falha na condição de chamar atenção à sua ironia subversiva. O texto da obra *Orientalismo* tende a resumir seus exemplos intricados em um enquadramento obsessivo e homogeneizante às expensas das potenciais sutilezas e deslocamentos dentro de instâncias individuais do discurso orientalista. Nesse sentido, o *Orientalismo* de Said difere das formas de discurso teorizadas por Foucault, uma vez que o ponto de Foucault era precisamente analisar descontinuidades e rupturas dentro de um sistema mais amplo. Por outro lado, para Said, conquanto o discurso Orientalista sofra mutações e se desenvolva, o que mais surpreende é a persistência de estruturas desgastadas e abordagens em formas modernas de orientalismo; é essa ampla e contínua varredura da visão orientalista que prevalece. É por essa razão que a crítica de Derrida da obra *Loucura e civilização* de Foucault, e essa tendência por homogeneizar e separar os discursos da razão dos exemplos da falta de razão pode ser igualmente aplicada a Said. Assim como a razão não pode excluir o outro irracional, o discurso do orientalismo é permeado pela ambivalência, pela dissidência interna. Bhabha denuncia essa falsa unidade e suavidade na descrição de Said do orientalismo, e teoriza, por sua vez, os distúrbios dentro da cultura Ocidental. Essa crítica da falsa unidade do orientalismo também pode ser ligada à objetivação nivelada por críticas mais materialistas, posto que a análise de Said é histórica e empiricamente insuficiente, e corre o risco de ocultar diferenças contextuais específicas nos discursos examinados.

Uma dificuldade complementar na análise de Said do *Orientalismo* é que ele não concede espaço à resposta nativa. Os historiadores dos Estudos Subalternos chamam nossa atenção para o risco de que o discurso acadêmico possa falar no lugar do outro colonizado, mas o próprio Said critica o discurso orientalista sem discutir como os equívocos provocados por aquele discurso possam ser respondidos de volta. Ademais, Said não apenas silencia as vozes dos explorados e subjugados, mas também daquela elite colonizada do país. Ahmad denuncia essa omissão do trabalho de Said, e argumenta que a obra *Orientalismo* "examina a história das textualidades ocidentais sobre os não ocidentais de um modo um tanto isolado, a saber, de como essas textualidades podem ser recebidas, aceitas, modificadas, desafiadas ou derrotadas pelas *intelligentsias* dos países colonizados" (1992, p. 172). Além disso, na posição de exilado, Said parece colocar-se como um observador privilegiado, e ele nos relembra no início da obra *Orientalismo* que foi sua experiência com o racismo na América que o fez escrever o livro. No entanto, Said é notadamente muito bem instruído e ligado a uma posição confortável e aceita dentro da academia ocidental, e sua identificação com o marginalizado e o privado de direitos pode ser percebida como um tanto tênue. Como resultado, não fica claro como Said pode distinguir a si mesmo dos produtores do discurso coercivo que ele descreve e, de fato, sua análise pode ser acusada do mesmo desejo de oclusão daqueles que ele toma como objeto de sua crítica.

Porém, por fim, permanece uma ambiguidade subjacente na obra *Orientalismo* no tocante à noção de "Oriente" em seu cerne, e essa ambiguidade problematiza seu conceito de resposta anticolonial. Young aponta que Said algumas vezes sugere que o discurso orientalista deturpa o Oriente, que ele deforma e distorce um lugar e um povo que realmente existe. No entanto, em outros, Said implica que não há um Oriente "real", uma vez que o significante se aplica apenas a uma fantasia, uma ideia sem fundação fora de sua própria construção. O termo "orientalista" oculta uma característica real ou autêntica do Oriente, e fabrica uma imagem de um local que não existe realmente. Por sua vez, essa dificuldade problematiza a questão se pode haver ou não uma alternativa para as formas de representação que Said denuncia. Se o orientalismo deforma o Oriente real, então alguma referência para uma alternativa, uma versão correta, por assim dizer, poderia ser de alguma ajuda. No entanto, se o Oriente é apenas um produto do discurso, então qualquer alternativa sugerida também seria uma construção e, conquanto ela pudesse ser significante e informativa se fosse produzida por um nativo em vez de um colonizador, tal construção não poderia ser tomada necessariamente como uma representação acurada do real. Tanto orientalistas quanto seus dissidentes propõem estruturas e modos de escrita em vez de formas representativas miméticas que podem encapsular o Oriente como um lugar ou uma cultura singular e identificável. No tempo de *Cultura e imperialismo*, porém, Said versa sobre estas questões e inclui um capítulo inteiro sobre narrativas da resistência, onde propõe uma compreensão sutil, porém informativa da textualidade do "contraponto". No momento, nenhum trabalho pode ser visto como representativo sobre algo, "Oriente" e "Ocidente" não são configurados em uma oposição binária rígida, e a resistência é figurada como um processo discursivo de negociação e troca.

Cultura e imperialismo

O livro *Cultura e imperialismo* foi publicado alguns anos após a obra *Orientalismo*, em 1993, e propõe-se a expandir e desenvolver seu escopo, além de preencher suas lacunas. Em primeiro lugar, este último trabalho não mais foca exclusivamente no Oriente Médio, como ocorreu na obra *Orientalismo*, mas examina um padrão mais amplo nos discursos e representações dos territórios ultramarinos europeus. O estudo inclui textos sobre a África, Índia, partes do Extremo Oriente, Austrália e Caribe, e traça tendências persistentes para conceber tais terras como o outro do centro metropolitano. Em segundo lugar, Said percebe que ele deixou de tratar a questão da resistência em *Orientalismo*, e afirma agora que "sempre houve alguma forma de resistência ativa e, na esmagadora maioria dos casos, a resistência finalmente vence" (SAID, 1993, p. xii). Said novamente parte de Foucault nessa renovada atenção aos movimentos de resistência, e argumenta em *O mundo, o texto, a crítica* (1984) que uma das deficiências do pensamento de Foucault é o caráter profundamente abrangente do sistema de poder. Essa consciência da resistência disseminada significa que, nesse trabalho, Said tanto perde tempo lendo as respostas do colonizado ao colonialismo quanto se torna mais atento às incertezas e ambivalências operando nas representações metropolitanas das colônias. Enquanto em *Orientalismo* a implicação foi que um escritor ou pensador era ou orientalista ou não orientalista, em *Cultura e imperialismo* figuras-chave, tais como Joseph Conrad, são reveladas como sendo simultaneamente críticas e cúmplices do discurso colonial.

Ao mesmo tempo, Said desenvolve seu argumento presente em *Orientalismo* sobre a relação entre cultura e política e, nessa instância, argumenta especificamente pelas inflexões políticas da narrativa. Enquanto por um lado a cultura retém uma autonomia relativa das questões econômicas, políticas e sociais; por outro, Said declara, no entanto, que a narrativa molda e reflete de volta ideias sobre as condições materiais e eventos empíricos. Para Said,

> a principal batalha no imperialismo é sobre a terra, é claro; mas quando chega a quem pertence a terra, que tem o direito de assentar e trabalhar nela, que a mantém, que a vence de volta, e que agora planeja seu

futuro – essas questões foram refletidas, contestadas e até mesmo por um tempo decididas na narrativa. Como um crítico tem sugerido, as nações são por si mesmas narrativas (SAID, 1993, p. xiii).

Narrativas culturais são, nesse sentido, não inteiramente divorciadas do contexto no qual elas são produzidas, e a cultura não deve ser "colocada em quarentena, de modo antisséptico, de suas afiliações mundanas", e os romances que Said adota como seu foco são demonstrados a contento de modo a absorver, reproduzir e remodelar o processo imperial do qual eles são necessariamente uma parte (SAID, 1993, p. xv). Ademais, os mecanismos do império dependem da *ideia* de império e de como ela é construída em uma sociedade metropolitana, e é pelos meios da cultura e narrativa que aquela ideia é desenvolvida e disseminada.

A abrangência de textos examinada por Said em *Cultura e imperialismo* é novamente vasta, mas alguns exemplos interessantes serão dignos de menção por sua demonstração de certa ambivalência diante do projeto colonial. Conrad, por exemplo, é significante para Said porque seu trabalho é de uma só vez progressista e reacionário. Sua visão não tem a suave certeza que Said encontrou no discurso orientalista, mas volta-se para a guerra contra si mesmo. Ao descrever a jornada africana de Marlow em *Coração das trevas* [*Heart of Darkness*], Conrad enfatiza não apenas suas aventuras, mas também sua narração da história aos ouvintes britânicos, e a contingência da narrativa sugere que, apesar da impressão dada pelo poder do colonialismo, aquele poder é limitado a uma situação específica e o momento do contar. Said argumenta que há duas respostas pós-coloniais possíveis para o *Coração das trevas*: alguém poderia perceber nele uma descrição da soberania imperialista em sua plenitude, enquanto outro poderia reforçar que sua especificidade histórica também implica que, em certo momento, ele chegará ao fim. Nas palavras de Said:

> Uma vez que Conrad data o imperialismo, ele mostra sua contingência, relembra suas ilusões, e além da tremenda violência e desperdício (como em *Nostromo*), ele permite aos seus leitores posteriores a imaginar outra coisa do que a África cinzelada em dezenas de colônias europeias, mesmo se, por sua própria parte, ele tivesse pouca noção do que a África poderia ser (1993, p. 28).

Ademais, Said demonstra que os narradores são autoconscientes: eles se preocupam com o colonialismo em vez de adquiri-lo de modo impensado, e essa ansiedade sugere a presença inconsciente de dúvidas assustadoras.

Conrad oferece a Said um exemplo particularmente subversivo de uma cumplicidade com/e a debilitação do colonialismo, mas muitas das leituras menos provocativas de Said em *Cultura e imperialismo* também não culpam aqueles autores que reproduzem aspectos do discurso colonial em seus textos. Escrito no período quase oficial do império na Índia, mas também quando seu falecimento se tornava aparente, a obra *Kim* de Kipling expressa um grande afeto pelos nativos indianos, mas apoia a missão colonial de modo inquestionável. Kipling genuinamente considera a presença britânica na Índia para o funcionamento em prol dos interesses dos próprios indianos, e conquanto seu trabalho pareça estar dividido em contradições como em sua filiação tanto com indianos quanto com britânicos, o colonialismo foi a ideologia dominante no período da educação de Kipling, e ele tinha absorvido de modo inevitável como parte do *status quo*. O texto não pode ajudar, visto que reproduz esta ideologia, mesmo quando seu autor era ao mesmo tempo comprometido em viver junto aos nativos, tratando-os com a maior benevolência possível. Similarmente, em sua discussão sobre a obra *Mansfield Park* de Jane Austen, Said argumenta que as estruturas da autoridade doméstica espelham a relação colonial entre as Ilhas Britânicas e Antígua; porém, este é ao mesmo tempo um testamento de como o imperialismo funciona na sociedade britânica no tempo. A descrição de Austen pode conter ironia, e ainda assim "Austen revela a si mesma como assumindo (assim como Fanny assume, em ambos os sentidos da palavra) a importância de um império para a situação no lar" (SAID, 1993, p. 106). As leituras de Said de Camus mostram igualmente como, uma vez nascido na Argélia, Camus herdou de modo acrítico as crenças de que os franceses pertencem ao norte da África, mesmo que a história estivesse começando a superá-lo. Camus se apega a Argélia porque é sua terra natal e, talvez, como Kipling ou até mesmo Austen, ele cresceu acreditando que a presença colonial era simplesmente dada, parte da ordem natural das coisas, mesmo que tenha vivido na parte final da época colonial. Essa cumplicidade ficou altamente carregada com o início da Guerra Argelina da Independência, e ainda assim Camus continuou a acreditar apaixonadamente na harmonia e comunhão com os árabes. Ele foi, para Said, "um homem moral em uma situação imoral", completamente definido pela missão francesa na Argélia, que foi perdida quando a validade daquela missão foi questionada (SAID, 1993, p. 210).

Uma das distinções de *Cultura e imperialismo* é, no entanto, que ela teoriza a produção de narrativas de resistência, e Said explora não apenas os testemunhos anticolonialismo locais, mas também sinais de dissidência dentro dos textos metropolitanos. Em *Passagem para a Índia*, E.M. Forster descreve a animosidade indiana em relação à presença colonial, mesmo quando a novela tenta, entrementes, restringir os sinais de um conflito mais profundo entre colonizador e colonizado. Outras formas de ambivalência são encontradas em textos por autores indígenas, uma vez que ostensivamente os escritores anticoloniais de tempos em tempos modelam seus trabalhos sobre textos coloniais e metropolitanos. A obra *Temporada de migração para o norte* de Tayeb Salih espelha o *Coração das trevas* de Conrad e *Une Tempête* é evidentemente uma reescrita de uma peça shakespeariana. Escritores como estes subversivamente retrabalham o original de modo a representar a perspectiva do colonizado e oprimido, mas os trabalhos são necessariamente "contrapontos" em seus engajamentos com ambos os lados. Mais militarmente, Fanon é defendido como um pensador que proclama a destruição da oposição binária entre colonizador e colonizado, além do estabelecimento de uma nova forma de história que irá construir uma ponte sobre a lacuna entre o negro e o branco. Said percebe a ambivalência de Fanon quanto ao nacionalismo, e também se refere, nesse contexto, à observação de Chatterjee que, mesmo ao definir a especificidade da diferença do colonizado, o nacionalismo emprestou sua ética da influência do poder que pretendia derrubar. Esse argumento não serve para limitar o gesto de resistência, mas para apoiar a crença primordial de Said na interação cultural em curso, e na necessidade da compreensão da porosidade das fronteiras culturais na esteira do colonialismo. Said não examina como o subalterno pode chegar a empreender uma posição de agência, e ele percebe o papel paradoxal de intelectuais tais como Guha, e certamente ele mesmo, que simultaneamente desejava atender aos subalternos enquanto seu trabalho era condicionado pela sua instrução dentro da elite. Apesar dessas dificuldades, o objetivo de Said é delinear uma noção ampla de resistência enquanto trabalha tanto dentro e contra os modos imperialistas de representação e, nesse sentido, seu trabalho ensina sobre o pós-estruturalismo (talvez, novamente, sobre a crítica de Derrida de Foucault). O esforço de Said neste trabalho é demonstrar precisamente que "ninguém hoje é puramente uma coisa. Rótulos como indiano, mulher, muçulmano ou americano nada são além do que pontos de partida, que é seguido por uma experiência real apenas por um momento, mas que logo é deixado para trás" (SAID, 1993, p. 407).

O abraço de Said da mescla cultural é enraizado em sua resistência ética para uma ontologia da dominação, pelo qual o próprio dominante define o outro pelos meios de um discurso hegemônico e usa aquela definição para tiranizar o outro e sua liberdade. No entanto, controversamente, Said então se distancia de qualquer influência desconstrutiva passageira, mesmo quando se baseia em um dos seus métodos. Ele formulou a exigência ética que nós permanecemos abertos para a diferença do outro e, de fato, para o outro como internamente múltiplo e hibridizado, em termos de uma crença em uma humanidade comum. No fim de *Orientalismo*, Said estabelece que "ao ter que assumir uma posição de oposição irredutível para uma região do mundo que é considerada como estranha para si mesma, o orientalismo falha na tarefa de identificar-se com a raça humana, falha ao vê-la como a experiência humana" (SAID, 1995 [1978], p. 328). A conclusão de *Cultura e imperialismo* similarmente sugere que a "vida humana" não é sobre separação e distinção (1993, p. 408), e em *Cobrindo o Islã* Said lamenta que é especificamente a "dimensão humana" do Islã que é constantemente negligenciada (1981, p. 135). Até mesmo a análise mais militante presente em *A questão da Palestina* (1979) mantém como uma de suas metas chamar a atenção para a experiência humana dos palestinos. Por fim, a obra postumamente publicada *Humanismo e crítica democrática* argumenta que é possível criticar o humanismo em nome do humanismo, e concebe uma nova forma de humanismo baseada na abertura para outras culturas: "o humanismo [...] deve escavar os silêncios, o mundo da memória, do itinerante, dos grupos que mal sobrevivem, os lugares de exclusão e invisibilidade, o tipo de testemunho que não aparece nos relatórios" (2004, p. 81). Esse retorno à noção de humano claramente tem uma função ética aqui, uma vez que ao reconhecer a humanidade no outro, o eu não mais concebe o outro como um objeto, mas como uma autocriação em desenvolvimento sem fim.

O termo é, no entanto, problemático: ele sugere a restauração de uma posição do sujeito não reconstruído, e seu universalismo tem sido percebido como algo um tanto vazio e banal. A perspectiva humanista também é denunciada por seu evidente *androcentrismo*: essa é uma categoria que tende a equacionar o "homem" com a "mulher" excluída. O humano é uma noção que tem sido criticada por sua dissimulação da experiência feminina por trás de uma máscara de um discurso que se refere ostensivamente aos homens.

Apesar do risco de androcentrismo no uso de Said da noção de humano, vale a pena notar de passagem que seu trabalho tem tido, de fato, uma considerável influência nos estudos de gênero dentro do pós-colonialismo. O discurso orientalista envolve não apenas o desejo redutivo de "conhecer" o outro oriental, mas também a fantasia exótica da fascinação sexual misteriosa da mulher oriental. Conquanto filósofos como Fanon e Nandy tenham enfatizado a imagem do colonizador da sexualidade potente do homem negro ou da virilidade do nativo indiano, o conceito de orientalismo de Said permitiu que pensadores subsequentes desenvolvessem suas compreensões da opressão particular da mulher pelo jugo colonial. Said não recorre em profundidade a essa questão, e tem-se notado que suas leituras das escritoras como Austen não levam suficientemente conta os caminhos pelos quais as escritoras relacionam diferentemente o discurso dominante do imperialismo, mas fica claro que seu trabalho fornece um pano de fundo teórico contra o qual a representação da mulher colonizada tem sido acessada. A obra *The Colonial Harem* [O harém colonial] (1987) de Malek Alloula, por exemplo, é uma coleção de cartões coloniais das mulheres do norte da África, e a análise de Alloula explora a obsessão aberta do colonizador diante do harém oriental. Os cartões-postais de mulheres sob véus, e posteriormente de mulheres sem véus em poses eróticas frequentemente demonstrando seus seios para o prazer do observador testemunham o desejo de posse sexual,

Pós-colonialismo   **147**

assim como o desejo territorial por parte do colonizador homem. O papel da sexualidade no projeto colonial, o desejo de penetrar a colônia por meio de mulheres sedutoras e fascinantes é sugerido no trabalho de Said e posteriormente explorado por Alloula. Além disso, escritoras anticoloniais como Assia Djebar demonstram a recriação da imagem da mulher colonizada como um resultado, de uma só vez, da violência sexual, de seu modo fetichizado e de sua representação.

Por fim, apesar do risco de um androcentrismo latente que persiste na retenção de Said da noção de humano, seu trabalho pavimenta o caminho para um exame mais desenvolvido da posição da mulher no discurso colonial e na teoria pós-colonial. A circunspeção é indubitavelmente necessária ao regenerar o conceito de humanidade como uma categoria ética; mas no uso de Said deste conceito há também, no entanto, um chamado urgente para o reconhecimento de uma liberdade compartilhada e comunalidade compartilhada, que desafia as estruturas coloniais de poder e conhecimento. Enquanto um conceito profundamente falho, o humano ainda serve a Said como uma base sobre a qual constrói-se sua exigência por uma emancipação universal, juntamente com sua celebração da mistura do "contraponto", e as vantagens do termo são, de fato, que ele necessita de uma compreensão do outro em termos éticos. Esse humanismo permanece estranhamente negligente das concepções desconstrutivas do sujeito construído e disseminado na linguagem, mas mantém um mérito curioso aqui em seu chamado desesperado por uma resposta ética. A noção de humanidade comum de Said requer uma consciência das exigências básicas da liberdade e da habilidade de criar alguém independente das estruturas impostas de domínio e conhecimento imperialista. A concepção de outro como uma função humana é um antídoto da objetivação e reificação orientalista, e implica uma compreensão do resíduo ou do excesso que deita para além do escopo daqueles gestos de opressão e tirania. Falta ao humanismo de Said a militância de nomes como Fanon e Sartre, e talvez ele nunca tenha resolvido o problema que sua perspectiva sobre o humano é necessariamente inseparável de sua posição confortável dentro do discurso acadêmico universal. O ato contínuo de privilegiar a esfera intelectual por parte de Said igualmente outorga ao último um *status* posterior e especial, que pode ser visto como um tanto estranho em sua exigência por universalismo emancipatório. Porém, nota-se uma alternativa crucial e influente à "ética ruim" implícita no "conhecimento inferior" do colonialismo em sua tenacidade persistente e ousada quanto ao conceito de humano.

Pontos-chave

• Foucault explora a relação entre poder e conhecimento, e usa os exemplos da loucura, do sistema prisional e da sexualidade para mostrar como o discurso pode servir para impulsionar relações de subjugação. Ele tem sido criticado por não examinar o discurso colonial, mas sua metodologia é altamente relevante ao pós-colonialismo.

• Said recobra explicitamente Foucault em sua exposição do discurso orientalista. Para Said, o orientalismo é o estudo acadêmico do Oriente, mas é também um conjunto de imagens ou uma via de pensamento sobre o Oriente, que apoia a dominação ocidental do Oriente.

• *Cultura e imperialismo* expande a obra *Orientalismo* ao examinar um leque amplo de territórios coloniais e, crucialmente, ao incluir a exploração da resistência nativa. A análise é também distintiva porque prolonga a ambivalência em relação ao projeto colonial de escritores como Conrad, Kipling e Camus.

• Said recomenda a constante atenção diante do encontro do "contraponto" de culturas, mas seu pensamento também é profundamente humanista. Seu humanismo pós-colonial clama por uma consciência ética da diferença do outro.

5

Derrida e Bhabha
Eu, o outro e a ética pós-colonial

Os pensadores pós-coloniais discutidos até o momento articularam todo um conjunto de metas políticas e tenderam a unir sua escrita a alguma forma de ativismo político direto. Fanon e Gandhi foram figuras revolucionárias maiores, e tanto Sartre quanto Said combinaram o trabalho acadêmico com o jornalismo político; Foucault e o Coletivo de Estudos Subalternos deram à historiografia uma agenda política militante. Ainda assim, no entanto, dentro da série de pensadores delineados até aqui, é possível discernir um crescente interesse por cultura, linguagem e "política" da representação, e é neste pós-colonialismo mais "textualista" que este capítulo irá tratar, mediante uma exploração de Jacques Derrida e Homi Bhabha. Esses filósofos não negligenciam o político, conquanto a controvérsia em torno de seu nível de eficácia política irá ser examinado depois; porém, permanece indisputável que sua crítica pós-colonial é direcionada não tanto contra regimes individuais nem contra o etnocentrismo da metafísica ocidental. Derrida e Bhabha não miram a mecânica da exploração colonial na Argélia ou Índia, mas a estrutura da *epistēmē* ocidental, que posiciona o sujeito europeu no centro e subordina outras culturas. Essa análise da tradição filosófica ocidental e sua configuração sobre o eu e o outro pode ter uma dimensão política, mas, diferentemente do trabalho de militantes como Fanon e Sartre, o objetivo não é uma libertação política (Derrida e Bhabha, de qualquer modo, escreveram após a descolonização de muitos territórios ultramarinos nas décadas de 1950 e 1960), mas a criação de uma ética pós-colonial. Derrida e Bhabha convidam seus leitores a questionar premissas da hegemonia europeia, a repensar a relação entre o eu e o outro e a conceitualizar diferentemente a criação de uma relação por meio da linguagem. Eles desconstroem o domínio do sujeito e a assimilação ou rejeição do outro pelo discurso dominante, e insistem em uma relação étnica de abertura para formas de diferença móveis e potencialmente intratáveis. Nesse sentido, ajudam a pensar por meio da mudança identificada por David Scott em *Remodelando futuros* (1999), entre o momento da descolonização e da ética pós-colonial.

A filosofia derridiana está em grande dívida com a ética levinasiana, e conquanto Bhabha tenha se engajado apenas fugazmente com Lévinas, seu pensamento apreende do último as concepções de infinito e alteridade, por sua vez, via Derrida. Ambos os filósofos, assim como Lévinas, respondem à violência ao debilitar o totalitarismo de certo tipo de metafísica, além de conceber a relação entre seres conforme surge a necessidade de confrontação, tal como da aceitação da pluralidade e do incognoscível. Ademais, ao afastarem-se do pós-colonialismo militante ou ativista, o empreendimento desses pensadores não é apenas a aplicação da ética levinasiana ao debate pós-colonial, mas um questionamento mais profundo da filosofia pós-colonial. Derrida e Bhabha não analisam a especificidade de qualquer regime dado; eles interrogam a estrutura do pensamento por trás do colonialismo em geral e, nesse sentido, seu trabalho é propriamente mais filosófico do que daqueles que investigaram historicamente a exploração de regimes específicos.

No entanto, entrementes, Derrida levanta a questão se tal análise universalizante pode dar conta tanto de experiências específicas dos argelinos quanto, de fato, dos judeus argelinos, além de ofertar respostas às infinitas respostas singulares de sujeitos distintos. A filosofia convencionalmente envolve a abstração do concreto e a construção do universal que transcende o específico, mas a crítica pós-colonial deve ser tanto enraizada historicamente em algum nível quanto crucialmente engajada com sujeitos marginalizados singulares, sendo estes o alvo que o pensamento colonial precisamente pretende oprimir. De fato, o gesto verdadeiramente etnocêntrico que Derrida denuncia é aquele que subordina o outro em um enquadramento aparentemente universalizante e, em termos práticos, a missão colonial também repousa na crença de que a cultura colonial pode assimilar práticas nativas. Derrida nos encoraja a perguntar como a filosofia pós-colonial pode tanto realizar o gesto filosófico de abstração ou universalização quanto atender às singularidades que foram ocultas precisamente pelo gesto de assimilação no contexto colonial. Bhabha também rascunha um novo conceito de "teoria", e sugere que as subjetividades marginalizadas excedem precisamente os limites dos discursos estabelecidos: a saber, aqueles do colonialismo, do nacionalismo e, potencialmente, do próprio filósofo. Isso significa dizer que a "teoria" por si mesma deve ser uma força de questionamento, um processo heterogêneo de ética e contestação potencialmente política, em vez de um clamor por um conhecimento seguro.

Derrida, etnocentrismo e colonialismo

Derrida nasceu em 1930, em El Biar, próximo de Argel, provindo de uma família de judeus. Ele foi à escola e ao liceu locais, conquanto tenha sido traumaticamente excluído durante dois anos, quando o governo de Vichy privou os judeus argelinos de sua cidadania francesa durante a Segunda Guerra Mundial. Eventualmente ele retornou para a escola em 1944, onde estudou filosofia francesa, e avançou para o seu *baccalauréat* em 1948. Ele então seguiu para o Liceu Louis-le-Grand em Paris, em 1956. Em seguida, visitou a Universidade de Harvard, completou seu serviço militar, concluiu sua tese e avançou para publicar uma introdução da obra *A origem da geometria* de Husserl em 1962. Seus grandes trabalhos, *A voz e o fenômeno, gramatologia* e *Escritura e diferença* foram publicados em 1967, e *Margens da filosofia* seguiu as obras anteriores rapidamente, sendo publicada em 1972. Derrida não versou explicitamente sobre a questão do colonialismo e, de fato, sua própria formação na Argélia, que chegou até fases tardias de sua carreira. Seu tratamento com mais substância sobre o assunto está em *O monolinguismo do outro*, publicado em 1996. No entanto, é importante que, apesar dessa reticência inicial quanto à Argélia, noções de excentricidade e descentramento tenham sido "centrais" no pensamento de Derrida desde seu início. O trabalho de Derrida sempre se preocupou com a alteridade, com os traços suplementares que acompanham o impulso principal dos discursos filosóficos, e o descentramento daqueles discursos por meio da atenção diante das alusões "do outro" dentro deles. Esse gesto está associado com o desmantelamento de hegemonia da filosofia "ocidental" e de seu etnocentrismo autoilusório, e com a necessidade por uma atenção crescente ao outro que "o Ocidente" ignora ou deixa de fora. "O Ocidente" é, dessa forma, um conceito que em si deve ser enfraquecido e denunciado por sua falsa autopresença e segurança assumida. De fato, é possível argumentar que o ceticismo pós-estruturalista diante das hierarquias aparentes e divisões institucionais já estava enraizado na pós-colonialidade, isto é, no colapso da ideologia colonial conforme anunciado pelas atrocidades na Guerra da Argélia. A desconstrução não é apenas um desvencilhar do "pensamento filosófico" em geral, mas preci-

154 Pensamento Moderno

samente uma reversão do "pensamento Ocidental", sua negação dos suplementos ocultos e sua alteridade conceitual e cultural.

A obra *Gramatologia* é um dos primeiros trabalhos de Derrida que oferecem uma crítica daquilo que pode ser concebido como "pós-colonial". Aqui Derrida explora o conceito "Ocidental" de linguagem como associado com a voz, a autopresença e o imediatismo, e ele revela que ambos são enganadores e etnocêntricos. O logocentrismo é a afirmação da presença na linguagem: ele nomeia o privilégio da escrita fonética, na qual o significado é aparentemente não mediado e perfeitamente capturado. Essa escrita fonética assume que o discurso é primário, uma vez que ele depende da presença controladora do orador, de modo que a escrita imita ou segue a voz, reivindicando, por sua vez, de maneira a significar a presença. Derrida aloca esse privilégio do *logos* em filósofos que vão de Platão a Hegel, e avança para traçar seu desenvolvimento em Saussure, Lévi-Strauss e Rousseau. Porém, seu propósito não é apenas desemaranhar certo mito da linguagem como um significante da presença, mas também para mostrar que isso é uma ideologia que tanto predomina especificamente no "Ocidente" quanto exclui e nega os outros culturais que não podem ser contidos por ele. Para Derrida:

> A escrita fonética, o *medium* da grande aventura metafísica, científica, tecnológica e econômica do Ocidente, é limitada no tempo e no espaço, e limita a si própria, mesmo quando ela se encontra no processo de importação de suas leis para áreas culturais que escapam dela (1976, p. 10).

O logocentrismo oferece uma ilusão de presença, como se isso significasse controle sobre o significado; mas Derrida argumenta que essa ideologia falha ao admitir sua própria situação, e os significados intratáveis e inassimiláveis que se encontram para além de seus limites. Para traduzir isso em termos da ética levinasiana,

Pós-colonialismo **155**

o esforço de Derrida será suplementar a filosofia logocêntrica com um chamado ético para a atenção diante da infinidade, que proclama totalizar.

Derrida afirma que, no trabalho de Saussure, por exemplo, a linguagem falada é acompanhada por uma escrita fonética. Porém, quaisquer traços de elementos não fonéticos são entendidos como interrupções, momentos de perturbação que abalam a transparência do *logos*, mas que não desarranjam os privilégios de sua regra. Essas interrupções são traços ingovernáveis da alteridade que reside para além do limite de um desejo claramente "ocidental" pela sua presença, mas que Saussure sofre para relegar às margens. O próximo exemplo de Derrida é a obra *Tristes trópicos* (1976) de Lévi-Strauss, na qual ele similarmente vê um privilégio diante da concepção especificamente "ocidental" da escrita. Lévi-Strauss analisa a "sociedade sem escrita" (DERRIDA, 1976, p. 109) dos Nambikwara do Brasil. Contudo, Derrida argumenta que essa análise se assenta sobre a separação do discurso e escrita, que é etnocêntrica. Lévi-Strauss argumenta que a cultura oral autêntica da tribo[5] é ocultada pela presença colonial e por sua distribuição de textos escritos. Porém, apesar disso, esta crítica articula sobre o papel privilegiadamente central do *logos* para o pensamento ocidental. Lévi-Strauss se recusou a conceber as "linhas desenhadas" como uma forma de escrita, e também conserva o imediatismo e a presença do discurso, ao ingenuamente distingui-los da estrutura suplementar da escrita. O desfecho é uma visão fantasiada da

---

5. O uso do termo "tribo" é recorrente na academia anglófona, sobretudo na antropologia. Porém, na tradição brasileira, o termo foi profundamente criticado, visto que remonta a argumentos de superioridade cultural e social. Nesses termos, cito as ideias de civilização e barbárie, nas quais a "tribo" seria um estágio/sociedade atrasado ou ultrapassado diante das ditas "civilizadas". Assim, optei pela manutenção do original, mantendo este alerta em nota – sobretudo em um texto que versa sobre o pós-colonialismo. Uma opção adequada e até mesmo adotada é "povo", principalmente diante dos direitos e exigências pela autodeterminação dos povos indígenas/originários [N.T.].

inocência dos nambikwara, impulsionada especificamente pelo privilégio de domínio europeu e pela presença do discurso. A conclusão de Derrida é que

> reconhecer a escrita no discurso implica dizer a diferença e a ausência do discurso, que é começar a pensar no engodo. Não há ética sem a presença do outro e, consequentemente, sem a ausência, a disseminação, o desvio, a diferença, a escrita (1976, p. 139-140).

A adesão a uma concepção estreita e restrita de discurso constitui uma negação do traço e da alteridade, que estrutura toda a escrita. Tal questão se liga ao mito "ocidental" da certeza da hegemonia do *logos*.

Outra leitura importante de Derrida dos trabalhos de Lévi-Strauss é "Estrutura, signo e jogo no discurso das ciências humanas", em *Escritura e diferença*, que desenvolve esta carga de etnocentrismo e, de fato, ampliando-a, ao ponto de desconstruir as próprias estruturas que moldam e definem o pensamento "ocidental". Derrida inicia ao identificar o "centro" persistente que estrutura a *epistēmē* "ocidental". Esse centro serve para dar pensamento a um ponto de presença, uma origem fixa e, conquanto regre o pensamento, ele também permanece fora da estrutura que produz. Paradoxalmente, "o conceito de estrutura centrada é, de fato, o conceito de um jogo baseado em uma regra fundamental, um jogo constituído sobre a base de uma imobilidade fundamental e certeza tranquilizadora, que está para além do limite do jogo" (DERRIDA, 1978, p. 279). Até certo ponto, Lévi-Strauss também confia no conceito de um centro, que ele persiste em buscar para sistematizar suas investigações sobre outras culturas. No entanto, no curso de suas pesquisas, Lévi-Strauss posteriormente descobre que esse "centro" mítico é necessariamente uma ilusão, e que sua prática como um antropólogo rememora uma "bricolagem": o uso de variados instrumentos de análise sem o posicionamento de uma base ou centro originário. Assim, esse processo é em si mesmo sujeito à mitologização, mas a análise permite que Derrida mostre que um antropólogo, que se devota ao estudo do outro, confiou na construção "ocidental" de um centro, conquanto esse centro esteja sempre na tensão com o "jogo" que escapa a ele. A interpretação pode proceder, assim, de duas maneiras: ele pode continuar a perseguir seu próprio centro, ou renunciar àquela busca inteiramente a favor de abraçar o jogo dos signos. Novamente, a implicação de Derrida aqui é que a antropologia, a verdadeira ciência do outro, tem dificuldades em permanecer aberta ao outro, seus meandros e singularidades, e tem repetidamente confiado nas fundações concebidas pelo antropólogo etnocêntrico, e não no objeto de inquérito. Posteriormente, em "Mitologia branca" (presente na obra *As margens da filosofia*), Derrida novamente enfraquece a autocriada segurança da *epistēmē* "ocidental". Derrida argumenta que a metafísica "ocidental" tem sistematicamente apagado a origem e mito etnocêntricos sobre os quais ele repousa. A mitologia branca proclama o *status* originário e centrado de seu discurso e, ao fazer isso, nega a fabricação autossustentável de seu idioma.

O impacto da desconstrução inicial do etnocentrismo sobre o pós-colonialismo em Derrida é significante e de grande abrangência, e irá emergir explicitamente em minhas discussões sobre Bhabha, Khatibi e Spivak. Young é um dos primeiros pensadores a explorar as relações entre a desconstrução derridiana e a crítica pós-colonial e, de fato, afirma que a inauguração do pós-estruturalismo não ocorreu nos levantes de Maio de 1968, mas na Guerra Argelina da Independência. A partir desse ponto de vista, textos como *Gramatologia* e *Escritura e diferença* podem ser lidos como uma nova resposta ao colapso do império e os efeitos daqueles colapsos sobre a metafísica. No entanto, a primeira intervenção de Derrida para a questão do pós-colonialismo não ocorre sem dificuldades, e tem sido concebida, como contrapartida, por um conjunto de críticas. Em termos mais gerais, o trabalho é visto como excessivamente "textualista", no sentido que o reflexo sobre a linguagem se encontra desligado da política colonial e mostra-se inadequado às demandas da crítica política rigorosa. Devo retornar a essa questão da política de Derrida mais adiante; porém, no momento, vale ressaltar que os pensadores pós-coloniais como Parry têm pouca paciência com as convolutas relações entre a filosofia derridiana e regimes coloniais correntes. Ademais, Azzedine Haddour oferece uma crítica detalhada dos gestos desconstrutivos de Derrida na obra *Gramatologia e disseminação* (1981), e sugere que a insistência no jogo obscurece diferenças específicas, tais como aquelas dos colonizados. Essa erosão de diferenças específicas previne, assim, o marginalizado de produzir uma comunidade distinta como um símbolo da resistência da cultura imposta. Haddour reclama que "reduzir a diferença para uma peça por meio da qual o sujeito da metafísica ocidental é constituído implica negar a diferença de sua agência e subjetividade" (2000, p. 158). A disseminação é ímpar, conforme Haddour; aparenta-se da política colonial da assimilação, e o universalismo do pensamento de Derrida produz, ao mesmo tempo e problematicamente, todas as formas de opressão que aparecem simultaneamente.

Spivak oferece uma crítica mais específica da *Gramatologia* no prefácio do tradutor. Ela nota primeiro que a concepção de Derrida da "escritura" produz riscos ao elevar o termo para o *status* de um significante transcendental e, em segundo plano, que Derrida retém uma associação um tanto fácil entre o logocentrismo e o Ocidente. Conquanto ele tenha evitado discutir a escritura chinesa na primeira parte do texto, na maior parte ele falha ao considerar o papel e a posição do Oriente. Rey Chow desenvolve essa crítica em *O protestante étnico e o espírito do Capitalismo* (2002), e argumenta que a *Gramatologia* estranhamente insiste na manutenção de certos limites entre Oriente e Ocidente. Derrida argumenta que a língua chinesa não é fonética, mas ideográfica; porém, conforme Chow, essa concepção de língua chinesa é mítica e relacionada a estereótipos populares em torno da "língua chinesa inescrutável". Consequentemente, Derrida mantém "um essencialismo retórico pelo qual o Oriente é igualado à diferença, uma diferença que, ademais, é vista na aparente autocoincidência ou forma transparente de um grafema, o ideograma" (CHOW, 2002, p. 63). De modo sintético, Derrida é culpado pela categorização e ao explicar acerca do outro, tal como a metafísica ocidental, cegamente oculta a diferença não europeia.

Essas observações e críticas agregam nuanças úteis do pensamento de Derrida. No entanto, apesar dessas deficiências, a crítica ao etnocentrismo permanece influente para o pós-colonialismo porque ele sugere que o colonialismo opera dentro da própria linguagem da filosofia. Ademais, se a *Gramatologia* contém uma cegueira persistente quanto às culturas orientais, a exploração posterior do colonialismo em *O monolinguismo do outro* aparece como uma autoconsciência mais aguda diante das dificuldades de sua própria urgência quanto à universalização filosófica. Em *O monolinguismo do outro*, Derrida, em um nível, parte para desconstruir o etnocentrismo de qualquer linguagem "soberana" e examina a alienação na linguagem experimentada por todos os falantes, incluindo aqueles que requerem a hegemonia. O universalismo desse argumento serve para enfraquecer a demanda do colonizador pelo domínio, uma vez que nos lembra que nenhum falante possui sua linguagem e cultura. A linguagem sempre suprime a alteridade, porém, sem extingui-la, e Derrida denuncia a "soberania, cuja essência é sempre colonial e que tende, repreensiva e irrepreensivelmente, reduzir a linguagem ao Um, isto é, para a hegemonia dos homogêneos" (DERRIDA, 1998, p. 39-40). A tirania da cultura colonial produz a violência material, mas ela também revela, de uma maneira condensada, a forma de opressão presente em qualquer língua e cultura. Contudo, ao mesmo tempo, a análise de Derrida aqui está claramente vinculada no contexto específico dos judeus argelinos e explora a perda da cidadania francesa pela comunidade sob o governo de Vichy, apesar de seu monolinguismo. Derrida repete o refrão "eu tenho apenas uma língua; ela não é minha" para evocar o senso de alienação dos judeus argelinos e expropriação quando o governo de Vichy forçou-os a perceber que suas cultura e linguagem não pertenciam a eles. Consequentemente, nunca será possível "habitar" ou "possuir" uma linguagem e, de fato, como nós vimos na discussão de Sartre, Derrida sinaliza que o colonizador também é alienado: "o mestre nada é. E ele não é o detentor exclusivo de nada" (DERRIDA, 1998, p. 23). Mas os judeus argelinos experimentaram esta expropriação de um modo traumático, quando o governo de Vichy demonstrou, em termos práticos, seu não pertencimento dentro da linguagem na qual, paradoxalmente, eles dispunham de pensamentos seus.

Desse modo, o texto de Derrida muda nervosamente entre o universal e o específico, entre uma reflexão conceito sobre a relação de todos os seres com a linguagem e uma discussão enraizada historicamente dos judeus argelinos durante a Segunda Guerra Mundial. Ao explorar essa mudança, ele nos leva a considerar as formas nas quais o colonizador, conquanto fundamentalmente alienado, usou sua posição para negar sua própria alienação e para concretizar aquela do outro. Ao se mover entre essas dimensões do universal e particular, porém, o texto deliberadamente propõe mais questões do que respostas: a Argélia é apenas um exemplo da dificuldade universal ou é única em sua institucionalização de uma experiência generalizada? O filósofo pode extrapolar da Argélia e teorizar sobre a relação entre linguagem e soberania, ou se trata de uma traição da singularidade da Argélia? Como os argelinos muçulmanos se encaixam na discussão de Derrida dos judeus argelinos e o colonialismo de modo mais amplo? A filosofia pós-colonial exige tanto uma experiência colonial específica que sirva como exemplo de um fenômeno conceitual mais amplo, e que aquele exemplo anuncia em si uma forma distintiva da lei que, no entanto, ajuda a elucidar.

Se Derrida discute a experiência específica dos judeus argelinos em *O monolinguismo do outro*, no entanto, é ao mesmo tempo importante que o pertencimento judaico não seja de forma alguma concebido como o nome de uma comunidade identificável e determinada. Derrida pode estar chamando atenção para as experiências de um grupo particular de pessoas, mas esse compartilhamento não implica igualdade, a determinação de um coletivo cultural resistente. Os judeus argelinos foram, ao mesmo tempo, removidos da cultura judaica, contaminados pela cultura cristã e internamente fragmentados. Em um ensaio mais recente sobre o pertencimento judaico intitulado "Abraham, l'autre" (2003), Derrida explica que se ele não tem frequentemente mencionado seu judaísmo em sua filosofia, isso ocorre porque ele pertence sem pertencer tanto à cultura judaica quanto à religião. Porém, novamente, isso levanta a questão da dinâmica entre a lei e o exemplo, uma vez que Derrida argumenta que o pertencimento judaico é definido por uma resistência ao comunitarismo pela diáspora e dispersão. Por essa razão, aquele que parece ser menos judeu é, de fato, o mais judeu. O pertencimento judaico não pode ser manifesto ou declarado de uma forma exemplar, mas essa resistência à declaração da exemplaridade é, no entanto, uma exemplar característica do pertencimento judaico. Assim, os judeus foram a comunidade que estava especificamente excluída sob o colonialismo na Argélia, mas sua especificidade incorre na ausência de qualquer demanda por especificidade. De fato, o único texto no qual Derrida explora seu próprio judaísmo é nas reflexões fragmentadas da "Circonfession" [Circunfissão] (in: BENNINGTON & DERRIDA, 1993), onde explora os traumas da morte da mãe e a circuncisão enquanto torna a identificação de uma posição de indivíduo clara impossível. O recurso de Derrida ao específico em sua reflexão sobre a situação dos judeus argelinos problematiza e dissemina simultaneamente aquela especificidade.

Ao retornar para *O monolinguismo do outro*, Derrida também problematiza aqui e move-se para um sujeito autobiográfico singular. Derrida enfraquece o gesto de neutralização filosófica ao incorporar reflexões dispersas sobre o seu próprio passado singular, assim como ao problematizar sua urgência em direção à universalização. Seja como for, essas reflexões não são produzidas por um indivíduo conhecido, mas expressam as ansiedades intermitentes de um "Eu" fragmentado e fantasmagórico que, por sua vez, teoriza sua evacuação da exegese. O texto é assombrado por traços singulares do "eu" do autor; porém, o autor nunca pode alcançá-lo e encapsulá-lo. A virada para a autobiografia é uma expressão ansiosa de resistência para a universalização da crítica pós-colonial, mas o texto também nunca encapsula completamente o "Eu" singular do enunciado. Ele é "uma narrativa do que será colocado como obstáculo no caminho desta autoexposição de mim mesmo" (DERRIDA, 1998, p. 70).

Ademais, em uma virada posterior, o trabalho começa com a seguinte confissão: "Eu tenho apenas uma língua"; mas a primeira pessoa já se distingue de qualquer voz autoral, uma vez que a citação é firmada como uma afirmação hipotética, analisada e desvelada, por sua vez, por uma voz aparentemente autoral. Em um nível, tal ação posteriormente problematiza a noção de que o "Eu" singular da *persona* de Derrida possa ser fixado na linguagem; no entanto, o "Eu" também adquire, simultaneamente, certa generalidade filosófica, e a afirmação sugere uma vez mais que todos os falantes falham ao possuir sua linguagem. O que pode ser lido como uma narrativa autobiográfica da própria experiência de Derrida de expropriação volta-se, assim, para retornar à estrutura universalista que reflete as referências autobiográficas estabelecidas para problematizar. A análise do colonialismo requer uma resistência ao universal, mas Derrida também recusa a identificação da posição de um sujeito autoral que poderia superdeterminá-lo, de modo que o texto é condenado ao movimento constante e paradoxal contra cada instância que ele adota.

Em sua curiosa e irresoluta mudança entre o universal, o específico e o singular, *O monolinguismo do outro* provocativamente questiona a prática da filosofia pós-colonial e o sinal autoconsciente que ele aprisiona. O pós-colonialismo de Derrida enfraquece a exigência errônea do colonizador de possuir sua linguagem, além de assimilar ou rejeitar o marginalizado, porém culturalmente diversos falantes daquela linguagem; e, em vez disso, revela a contingência e alienação ocultas do mestre. Tendo assinalado esta expropriação universal, porém, Derrida aponta com precisão a experiência particular dos judeus argelinos ao serem destituídos de sua cidadania e de um sentido de pertencimento a uma linguagem, conquanto ele tenha descoberto, simultaneamente, a aporia entre a necessidade de apresentar aquela experiência como única e sua exemplificação e concretização enquanto uma lei mais ampla. Ademais, ao chamar atenção para a alienação trazida por um momento histórico específico, Derrida também recusa concordar com a comunidade judaica argelina como um determinismo falso que poderia novamente tiranizar e totalizar as diferenças singulares de judeus distintos. Conquanto reveladora para uma reflexão de uma abertura comunitária do judaísmo, no entanto, a análise de Derrida em certa medida problematicamente não inclui a discussão da opressão francesa dos muçulmanos argelinos e, assim, isso levanta outras questões sobre o *status* de universal. Por fim, Derrida subverte tanto o gesto da generalização filosófica quanto o exame adicional de uma especificidade histórica em seu desejo de uma forma de individuação que recusa o posicionamento ou a localização de uma norma teorética. O "Eu" singular do próprio projeto autobiográfico de Derrida e seu próprio empreendimento de autoexploração ("Liberte meus espectros", DERRIDA, 1998, p. 73). *O monolinguismo do outro* manifesta a tensão entre a própria teoria e a necessidade de uma forma de escrita que não recai nas mesmas amarras de totalização e determinismo que o discurso colonial estabelece ao colonizado. Contudo, a singularidade de Derrida é necessariamente despersonalizada, e tem como resultado que a singularidade novamente, de modo paradoxal, torna-se universal. O texto demonstra dessa forma as exigências contraditórias do pós-colonialismo e as tensões inerentes à contemplação filosófica dos limites dos pensamentos colonial ou totalizante.

A ética e a política de Derrida

Talvez já seja aparente que a crítica de Derrida ao etnocentrismo e ao colonialismo seja empreendida em nome da ética. Ademais, Derrida sempre esteve comprometido em explorar e desenvolver a ética levinasiana não apenas mediante a desconstrução da metafísica etnocêntrica, mas também em suas próprias estratégias de leitura. A desconstrução não é apenas um engajamento com a ética levinasiana, mas ocorre em sua cuidadosa atenção ao texto do outro e ao provocar seus traços ocultos. A prática de leitura de Derrida não está precisamente preocupada em simplesmente repetir as premissas do original (isso não seria ético, uma vez que iria reduzir o texto à regra do mesmo), nem em ler os significados do texto do outro mediante imposições produzidas e impostas de fora. Em vez disso, a prática de leitura promovida por meio dos trabalhos de Derrida consiste em uma confrontação ética do discurso do outro e de um engajamento rigoroso com os significados potencialmente infinitos que se prolongam sob a superfície do escrito. O texto é concebido como um discurso no sentido levinasiano, isto é, como não sendo a comunicação de uma mensagem específica, mas um espaço de encontro e um fórum para perseguir alusões múltiplas. Essa concepção de um encontro com abertura do texto ou infinidade, com cadeias de associações que proliferam sob o artífice do trabalho, também podem ser vistas como uma exploração do dizer por trás das afirmações do dito. Se Said nomeia o conteúdo ostensivo do texto, Derrida afasta-se das possibilidades proliferadoras do dizer, ou seja, dos traços dos significados que não são controlados e determinados pela compreensão de Said. Essa prática de leitura devotada aos aspectos do texto que parecem trabalhar contra suas afirmativas aparentes é chamada de leitura *clôtural*, uma vez que ela percebe o fechamento do texto ao mesmo tempo em que busca ir além do aparente enquadramento fechado de significado. Para Simon Critchley, "uma leitura *clôtural* analisa um texto nos termos de como ele é dividido contra si mesmo, tanto ao pertencer à conceitualização logocêntrica quanto ao empreender o rompimento para além dessa conceitualização" (CRITCHLEY, 1992, p. 30). As leituras de Derrida exploram, desse modo, tanto o conteúdo primário do texto quanto os traços que o excedem.

Derrida oferece muitas leituras específicas de Lévinas, começando com o ensaio muito famoso "Violência e metafísica", publicado em *Escritura e diferença*. Porém, de modo mais importante, essa leitura explica *per se* a posição de Lévinas em *Totalidade e infinito* e opera contra a superfície do texto. Fica claro que, em um nível, Derrida está completamente persuadido pelo pensamento de Lévinas e, em uma entrevista na revista *Altérités*, ele afirma: "ante um pensamento como o de Lévinas, eu não tenho qualquer objeção. Eu estou pronto a assinar qualquer coisa que ele disser" (1986, p. 74). Contudo, Derrida avança ao explicar que isso não significa que ele pense da mesma maneira que Lévinas; e, de fato, em "Violência e metafísica", ele também explora o que pode ser concebido conforme a concepção do último sobre o dizer, os traços de significado que se prolongam por trás das proposições filosóficas manifestas por Lévinas. Em primeiro lugar, Derrida explora a rejeição da metafísica ontológica heideggeriana e sua neutralização do outro. Tendo trabalhado por meio desse engajamento com Heidegger, porém, ele avançou ao argumentar que o próprio Lévinas confia, de fato, em certa ontologia em sua compreensão da relação com o outro; isto é, a face do outro também é um corpo e um ser. Em seguida, ao interrogar a relação de Lévinas com Husserl e a insistência do último quanto à infinidade da alteridade, Derrida descobre que o "infinitamente outro" de Lévinas volta-se para si mesmo, uma vez que "ser outro que não eu mesmo não é o que ele de fato é. Portanto, não é o infinitamente outro etc." (1978, p. 185). Derrida rejeita o vocabulário de Lévinas da "cisão" ou divisão entre o eu/mesmo e o outro, uma vez que, se dividido, ele também seria de uma só vez o eu/mesmo e o outro, e a oposição entraria em colapso. A própria linguagem de Lévinas acaba por se voltar contra ele ao forçar uma ruptura ou uma oposição em desacordo com o pensamento original. A própria metafísica de Lévinas acaba por se voltar contra si ao pressupor uma fenomenologia transcendental que se posta a colapsar. Voltando à relação com Heidegger, Derrida assim argumenta que o pensamento do alemão não está, na realidade, tão distante daquele proposto por Lévinas, que o ser não é o princípio anônimo percebido em Heidegger por Lévinas e que, de fato, a ontologia comanda o respeito ao outro pelo que ele de fato é. A ontologia heideggeriana não implica uma violência ética, e o ser heideggeriano não exerce o domínio que Lévinas percebeu. Para Derrida, portanto, a ética em termos puramente levinasianos é impossível: a tentativa de Lévinas de escrever uma filosofia ética nega os preceitos éticos que ela apoia. No entanto, a própria leitura de Derrida decorre em um sentido ainda fiel à ética levinasiana, precisamente porque ele problematiza qualquer sistematização potencial e descobre o

Pós-colonialismo **167**

dizer sob a narrativa filosófica aparentemente racional. A ética emerge performativamente neste encontro de leitura em vez de fazê-lo por meio da exposição filosófica.

O monolinguismo do outro e "Violência e metafísica" sugerem, assim, que uma preocupação eticamente filosófica não sustenta propostas seguras; mas, em vez disso, ou questiona a si mesma de modo autoconsciente ou emerge em tentativas por meio da leitura. Essa tentativa filosófica da alteridade não é também uma crítica, implicando um processo de julgamento, nem um método ou um sistema, mas um tipo de desdobramento que deve permanecer incompleto. Se o dom extraordinário de Derrida deita sobre sua tentativa meticulosa de leituras tanto de si quanto do outro, sua escrita ética permanece, porém, de uma só vez removida das exigências práticas da política e da criação de uma afirmação ou posição política ativa. Seguindo o próprio Lévinas, Derrida separou, por essa razão, a política e a ética, mesmo quando ele tenha insistido que elas deveriam ser pensadas uma ao lado da outra. A ética batiza o compromisso da forma de ler sumarizada anteriormente: é o engajamento paciente com a infinidade em um discurso, além de uma confrontação aberta com a alteridade. A política requer, por outro lado, uma tomada de decisão, a criação de um ponto de partida específico e um argumento; para Derrida, ela trabalha contra a abertura necessária ao pensamento ético. Retornando à questão da contribuição de Derrida ao pós-colonialismo, percebemos que ele oferece uma crítica ética do etnocentrismo, tal como da linguagem colonial soberana, mas a percebe como um processo inteiramente distinto da criação de uma estratégia de resistência anticolonial prática. Tal coerência estratégica permanece para além dos limites desse projeto, e poderia operar contra o enfraquecimento rigoroso da metafísica e do etnocentrismo que ele concebe como as fundações do pensamento colonial. Essa ausência da estratégia política no pensamento de Derrida não significa que isso é impensável a ele, mas que é algo que exige enfrentar a ética, algo que ele considera como sua prioridade.

Muitos dos trabalhos mais politicamente orientados de Derrida explicitamente teorizam essa divisão entre a ética e a política; consequentemente, descobrem os conceitos fraturados de aporia, tais como hospitalidade e democracia que, por sua vez, podem ajudar a informar nossa compreensão sobre seu pós-colonialismo. Em *The Other Heading* [O outro título] (1992), por exemplo, a análise de Derrida da Europa e a concepção da hegemonia europeia terminam com uma série de exigências duais, um conjunto de paradoxos necessários para uma compreensão responsável da comunidade europeia, mas separadas por exigências contrastantes da ética e política. A responsabilidade requer que concebamos a memória europeia e um senso de identidade comunal, bem como que a Europa seja concebida como aberta a todos aqueles que ultrapassam suas fronteiras. Uma concepção de Europa necessita "desse imperativo duplo e contraditório", para que estejamos abertos a tudo aquilo que excede a razão sem, no entanto, permitir que a própria política se torne irracional (1992, p. 79). Assim, uma noção ética da Europa é aquela que explora sua permeabilidade e incompletude, mas alguma concepção de cultura compartilhada e, de fato, de racionalidade é indispensável ao funcionamento político da Europa. De modo mais amplo, em *The Politics of Friendship* [A política da amizade], Derrida avança ao argumentar que a democracia funciona como uma crítica ética do totalitarismo porque privilegia as diferenças entre os participantes, mas também repousa sobre uma noção política de comunidade: "não há democracia sem respeito diante da irredutível singularidade ou alteridade; mas não há democracia sem a 'comunidade de amigos' (*koína ta philōn*), sem o cálculo das maiorias, sem indivíduos identificáveis, estabilizados e representados como iguais" (1992, p. 22). Essa dualidade pode ser vista de modo a informar o pós-colonialismo de Derrida, mesmo quando ele não teoriza a aporia claramente neste contexto. Uma crítica ética anticolonial requer uma preocupação com as singularidades que excedem a lei colonial; mas, simultaneamente, o movimento de resistência política poderia fiar-se sobre a formação de uma comunidade trabalhadora. *O monolinguismo do outro* tenta engajar-se em ambos os níveis, mas a disjunção entre eles é um ponto no qual a análise luta para suavizar.

Os últimos escritos de Derrida sobre Lévinas apresentam de modo semelhante este salto. Em *Adieu to Emmanuel Levinas*, Derrida avançou ao elucidar o conceito de Lévinas de hospitalidade, e nota que, para Lévinas, a hospitalidade é incondicional e absoluta. Enquanto o conceito de hospitalidade depende da existência de barreira, ele também nega a si mesmo em sua insistência sobre a abertura absoluta e a ausência de uma necessidade pelo consenso ou comensurabilidade. Em *On Hospitality* [Sobre a hospitalidade] (2000), ademais, Derrida separa a "lei" ética da hospitalidade, a exigência incondicional que nós aceitamos e recebemos bem qualquer estrangeiro, e as "leis" da hospitalidade ou condições práticas e as normas em funcionamento. A lei da hospitalidade permite a singularidade de cada visitante, ao passo que as leis da hospitalidade são construídas como códigos operacionais e princípios práticos. Portanto, a ética exige a abertura infinita, mas a política mantém-se sobre questões concretas trazidas à baila pela lei de imigração, cidadania e a garantia de asilo. Desse modo, Derrida sugere que o conceito levinasiano de hospitalidade contém uma divisão aporética, mas que, longe de perder-se em uma ética abstrata e impraticável, Lévinas nos obriga a continuar a conceber esta ética incondicional, mesmo quando contemplamos a posição política do estranho. Ética e política são radicalmente distintas, até mesmo opostas enquanto modos de reflexão, e ainda assim devem ser conduzidas uma ao lado da outra. Novamente, essa amarra dupla dentro do conceito de hospitalidade pode servir para teorizar também a dualidade no pós-colonialismo entre a preocupação do indivíduo migrante singular e a integração potencial e necessária daquele indivíduo dentro do Estado.

A estrutura aporética do pensamento de Derrida sobre a política e a ética tem sido o objeto de grandes controvérsias. Conforme Morag Patrick (1997), Derrida ajuda a reinventar a política porque ele mostra que o pensamento político não é o mesmo, e que cada discussão discute sobre as possibilidades singulares excluídas por sua competência. Geoffrey Bennington (2000) concebe que Derrida não é um ativista, mas insiste que seu empreendimento é inscrever a alteridade no coração da reflexão política. Para Critchley (1992), de maneira diversa, o trabalho de Derrida contém um impasse e falha ao negociar o traiçoeiro caminho entre a ética e a política; e, certamente, como tenho sugerido, a tradução direta da filosofia ética em uma crítica política anticolonial não foi tentada em qualquer parte do trabalho de Derrida. No entanto, Critchley conclui seu capítulo sobre a política de Derrida ao retornar ao movimento de Lévinas, isto é, em prol de uma relação ética para a intervenção do terceiro setor, e argumenta que seu movimento estabiliza uma transição entre a relação ética e a questão de múltiplos outros, conduzindo, por sua vez, à contemplação da justiça em relação àqueles outros. Essa maneira de mudar da ética para a política exclui os políticos totalitários (para Lévinas, o nacional-socialismo; mas, para os nossos propósitos atuais, este poderia também ser a soberania colonial) e cria a fundação de uma política pautada sobre a aceitação da multiplicidade e diferença.

Não pode haver dúvidas que a contribuição de Derrida ao pós-colonialismo não é tão claramente política quanto as ofertadas por Fanon, Sartre ou Gandhi. No entanto, ela é crucial em sua consideração cuidadosa dos contrastes entre ética e política

Pós-colonialismo **171**

que podem informar o pensamento colonial. Essa separação e justaposição da ética e da política talvez nos ajudem a pensar novamente por que o chamado militante de Fanon pela descolonização na Argélia soe de modo discordante com o universalismo humanista, por exemplo. Porém, ela também nos encoraja a assistir tanto a aspectos do trabalho quanto ao tentar pensá-los conjuntamente. Lendo Fanon através de Derrida, nós podemos conceber o comunitarianismo da visão de Fanon como uma resposta prática, que incluiu simultaneamente, em outro nível, uma preocupação da multiplicidade argelina e a autocriação de cada ser singular oprimido. O próprio pensamento político de Derrida é evidentemente não territorial, assim como o de Fanon o é de modo intermitente; e, ao aparentemente priorizar a ética, ele não ajuda a teorizar as demandas por terra das mãos do opressor. A inovação de Derrida é, no entanto, sua compreensão da divisão simultaneamente e a cumplicidade entre uma concepção de algo como a política territorial e a crítica ética do totalitarismo. Não é possível, conforme Derrida, endereçar a política e a ética de modo similar, mas ao cuidar delas ao mesmo tempo em níveis distintos podemos nos aproximar de uma compreensão da complexidade e multidimensionalidade do pós-colonialismo. *O monolinguismo do outro* nos ensina que a desconstrução universalizada das demandas por um domínio linguístico revela a transgressão ética do colonialismo, mas a discussão de uma exclusão específica dos judeus argelinos opera-se em outro nível, e a relação entre esses dois níveis permanece problemática. Derrida demonstra que o pós-colonialismo não pode ser uma crítica holística; ele deve mudar continuamente e negociar entre suas divergentes exigências éticas e políticas. Porém, é esse dinamismo que previne o campo de tornar-se programático e impede a crítica de tornar-se complacente ao contemplar e envolver-se em um campo ainda traumatizado.

Homi Bhabha

O trabalho de Bhabha é talvez mais bem conhecido por seu esforço em combinar o pós-estruturalismo e o pós-colonialismo. Os ensaios de Bhabha são cheios de referências ao trabalho de Derrida, e muitos de seus conceitos-chave são tomados da filosofia deste último. O discurso colonial, por exemplo, é concebido e estruturado apesar de si pelo movimento do "suplemento", isto é, pelas cadeias de pensamento que não podem ser possuídas; e tanto a cultura do colonizador quanto a do colonizado são "desconstruídas" por meio da atenção de seus processos significativos complexos e distintos. Similarmente, Bhabha usa o conceito de "disseminação" para explorar como a construção da identidade nacional sempre cobre traços e remendos de significados culturais discrepantes produzidos pelo povo da nação heterogêneo e plural. Suas discussões do colonialismo e resistência compartilham com o trabalho de Derrida a resistência diante das oposições binárias e, além disso, a atenção meticulosa para a ambivalência subjacente a qualquer posição individual fixa e assertiva. Bhabha acrescenta à exploração de Derrida da sobreposição entre etnocentrismo e logocentrismo um engajamento adicional com as mecânicas do poder colonial e com os caminhos pelos quais as vozes das minorias dificultam os discursos hegemônicos culturais e nacionais que operam sobre eles. De fato, mais de uma vez, ele critica Derrida por observar o colonialismo apenas de maneira passageira, e por não dar atenção suficiente a sistemas de opressão específicos e determinados. Porém, a atenção mais consistente de Bhabha ao colonialismo dificilmente torna seu pensamento mais militantemente politizado, e seu foco permanece, tal como em Derrida, na esfera ética, ou ao menos na "ética política". A rigor, se uma parcela considerável do trabalho de Bhabha é descritiva das operações da cultura colonial ou imigrante, ele também frequentemente escorrega em uma prescrição e reforça a exigência ética para que nós "evitemos a política da polaridade e para que emerjamos como outros de nós mesmos" (BHABHA, 1994, p. 39). Mesmo que de modo fugaz, ele recorre a Lévinas e argumenta que a noção de proximidade ética ajuda a desfazer noções de territorialidade e pertencimento nacional.

Bhabha nasceu na pequena comunidade parse de Bombaim em 1949, e ele mais de uma vez enfatizou que sua cultura era minoritária. Contudo, tendo alcançado um diploma de graduação pela (então) Universidade de Bombaim, foi ao exterior para cursar a pós-graduação na Universidade de Oxford, ensinou em Sussex e em Chicago e ocupou a posição ilustre de professor de Literatura Inglesa e Americana em Harvard. Críticos têm argumentado que sua assimilação na academia americana e seu pertencimento junto à elite cultural, juntamente com a abstração de seu estilo de escrita, distancia-o desastrosamente dos indivíduos marginalizados e oprimidos sobre os quais ele escreve. De fato, fica claro que o profundo conhecimento de Bhabha, tal como sua filosofia abstrusa, não está preocupado com as condições que afetam o cotidiano dos colonizados ou dos povos migrantes. Porém, assim como Derrida, seu empreendimento é menos concebido como uma política pós-colonial do que como uma demonstração de como o colonialismo opera dentro do próprio discurso, tal como ao chamar a atenção para as ilusões dos modos de pensamento que proclamam conhecer e assimilar o outro. Ele descobre a ambivalência do discurso colonial, os limites do alcance da linguagem colonial sobre seus sujeitos, assim como limita o colonialismo ao focar em suas brechas e pontos cegos. Bhabha critica Said por apresentar o discurso colonial como algo fixo e por configurar o Ocidente e o Oriente ou como colonizador ou como colonizado, tal como ao reificar uma posição binária. O objetivo de Bhabha é, em vez disso, revelar a ansiedade operante nas narrativas coloniais, e ele se apoia em Foucault e Lacan de modo a analisar as neuroses que estruturam os discursos sobre o eu e o outro, além do

174   Pensamento Moderno

"estranho", que o colonizador estabelece para ocluir. A ansiedade em Freud é um estado ambivalente temporalmente, "de uma só vez, a 'recordação' de uma situação – sua memória – e sua antecipação performática ou expectativa" (BHABHA, 1996, p. 192), e Bhabha usa essa noção de uma temporalidade *borderline* para argumentar que a cultura também pode ser compreendida como algo que paira ansiosamente entre a sedimentação no passado e a futura reinvenção. Os discursos colonial e nacional repousam nervosamente sobre a noção de um passado coletivo, enquanto falham no ato de alcançar as múltiplas narrativas e práticas que produzem seu presente e futuro disjuntivos. A abordagem psicanalítica de Bhabha aqui manifesta está evidentemente muito afastada de seu empirismo; porém, essa inscrição de dúvida é bem-sucedida na produção de qualquer discurso de assimilação. Novamente, assim como em Derrida, isso nos ajuda a repensar ou conceber de modo distinto o anseio assimilador potencial da própria teoria ou filosofia: a ambivalência do discurso colonial é "um cuidado necessário contra a generalização das contingências e contornos da circunstância local, no próprio momento em que um conhecimento transnacional e 'migrante' do mundo é mais urgentemente necessário" (BHABHA, 1994, p. 214).

O capítulo de abertura da famosa coleção de ensaios de Bhabha intitulada *O local da cultura* [*The Location of Culture*] prefacia a análise subsequente do colonialismo e cultura com uma reflexão sobre a própria "teoria". Bhabha percebe a frequente crítica sobre a teoria, que é "a linguagem da elite do social e culturalmente privilegiado" (1994, p. 19) e afirma que ele está alerta diante dos perigos de assumir a autoridade na produção do conhecimento do outro. Porém, em defesa da própria noção de filosofia pós-colonial ou teoria, Bhabha avança para desafiar o arranjo de movimento duplo empreendido no trabalho de Derrida; enquanto o filósofo desconstrói a filosofia a partir

Pós-colonialismo **175**

de dentro, ou usa a linguagem do logocentrismo para desestabilizar o logocentrismo. Bhabha assim incrementa a abordagem de Derrida com um ângulo mais politizado, e recobra o argumento de John Stuart Mill, a saber, de que o conhecimento político precisa surgir por meio do diálogo, do debate e da discórdia, além de sugerir que, apesar do racionalismo de Mill, esse argumento revela uma compreensão da presença do outro operante na criação do conhecimento. O discurso teórico, de modo similar, deve atender a alteridade em seu desejo pelo conhecimento, e deve resistir tanto ao logocentrismo quanto ao essencialismo, o anseio (falso) de definir e categorizar seus objetos, mesmo quando isso requer de modo inevitável uma nova autoridade. Em sua leitura de Mill, o propósito de Bhabha é conferir à desconstrução de Derrida do logocentrismo e etnocentrismo uma ênfase sobre a ressonância de sua teorização autoconsciente para a representação política. Se tem como preocupação a linguagem e o discurso, a teoria oferece ainda, no entanto, vislumbres importantes para o conhecimento político, uma vez que ela abre espaço entre a objetiva política e a escorregadia representação. Nos termos de Bhabha, "negar um essencialismo lógico e um referente mimético para a representação política é um argumento forte e baseado em princípios contra o separatismo político de qualquer tom, além de cortar por meio do moralismo que usualmente acompanha tais exigências" (BHABHA, 1994, p. 27). Uma compreensão teórica da derrapagem entre discurso e referente opera diretamente contra tanto a assimilação colonial quanto o determinismo racista, uma vez que ambos se apoiam em classificações e divisões do eu e do outro, daquilo que está dentro e daquilo que está fora, do negro e do branco.

Bhabha então conceitualiza essa derrapagem na linguagem ao inventar sua própria teoria do terceiro espaço. O terceiro espaço não é, tal como soa, uma posição alternativa identificável diante daquelas do colonizador e do colonizado, do Oriente e do Ocidente. Em vez disso, ele nomeia a lacuna no enunciado entre o sujeito de uma proposição e o sujeito de um enunciado: isto é, entre a produção da afirmação, com todas as suas contingências contextuais, e o outro, a quem o enunciado se refere. Ele nomeia os interstícios entre o signo e o referente, o movimento derridiano de traços de significado juntamente com cadeiras de associações, e Bhabha concebe tal proposta como um local de ambivalência cultural, assim como de produtividade:

> A invenção do terceiro espaço de enunciado, que produz a estrutura de significado e referencia um processo ambivalente, destrói o espelho da representação no qual o conhecimento cultural é comumente revelado como um código integrado, aberto e em expansão. Tal intervenção desafia de modo apropriado nosso sentido de uma identidade de cultura histórica como algo homogeneizado, uma força unificadora, autenticada por um passado originário, mantida viva pela tradição nacional do povo. Em outras palavras, a disruptiva temporalidade do enunciado desloca a narrativa da nação ocidental que, como Benedict Anderson descreveu de modo tão perceptivo, é escrita de modo homogêneo e serial (BHABHA, 1994, p. 37).

Assim, conforme Bhabha, a teoria é necessária porque sua atenção diante da linguagem e representação nos permite entender apropriadamente a ambivalência da cultura, e a violência e desilusão dos chamados por pureza cultural, determinismo e separatismo. É talvez também digno de nota que a teoria em si possa conter esse tipo de ansiedade ou derrapagem, mas nós podemos usar nosso conhecimento teórico para nos tornar melhores leitoras da teoria. Bhabha argumenta posteriormente na obra que Foucault, por exemplo, pode inicialmente omitir comentários sobre o papel do colonialismo no pensamento ocidental, mas a missão colonizadora recebe referências apenas posteriormente e de modo *en passant*. Porém, este movimento por si mesmo abre "o espaço para uma nova temporalidade discursiva, outro lugar de enunciado que não permitirá que o argumento seja expandido para uma generalidade sem problematização" (BHABHA, 1994, p. 196). A lacuna no discurso de Foucault é precisamente o que permite a expansão produtiva de sua teoria.

Bhabha também notoriamente leu Fanon dessa forma, de modo a acentuar a ambivalência do discurso colonial em seu trabalho em vez de elucidar seu chamado para a ação revolucionária. O Fanon de Bhabha revela a fetichização da cultura colonial da identidade negra e localiza uma força de resistência na exploração dos interstícios culturais. Bhabha sabe que Fanon deseja ardentemente completar a transformação política, mas argumenta que seu vislumbre repousa em sua percepção da incerteza dentro dos processos de identificação e autocriação. A própria disjunção da famosa frase de Fanon "o negro nada mais é do que o homem branco" é concebida de modo a empreender a ruptura e dispersão da identidade racial, e a linguagem de Bhabha reforça esse deslocamento e ansiedade em vez do chamado por agência mais militante de Fanon. Ademais, Bhabha explora os fundamentos psicanalíticos do trabalho de Fanon. Sua análise volta-se para o enigma da questão freudiana de Fanon: o que o homem negro deseja? Bhabha examina o medo e o desejo do colonizador, além da divisão da identidade como um resultado do encontro do negro e do branco. No trabalho de Fanon, ele aplaude

> a imagem do homem pós-iluminista amarrado a, não confrontado por, seu reflexo negro, a sombra do homem colonizado, que divide sua presença, distorce seu traçado, rompe seus limites, repete sua ação a distância, perturba e divide o próprio tempo de seu ser (BHABHA, 1994, p. 44).

De modo similar, o nativo também está dividido: ele deseja tanto ocupar o lugar do colonizador quanto manter sua diferença frente a ele, assim como sua raiva para com ele. Se Lacan ensina que a identidade é construída no olhar do outro e "porta a marca de divisão no outro lugar de onde provém" (BHABHA, 1994, p. 45), então o colonizador e o colonizado de Fanon também se identificam com base nesta duplicação do eu e do outro, além da alienação que se ergue de tal ação. A estrutura aparentemente maniqueísta de Fanon é problematizada por sua duplicação e divisão ambivalente, criada pela construção do eu pela imagem do outro. Esta leitura de Fanon deliberadamente glosa sobre seu humanismo, seu existencialismo e sua militância; de fato, Bhabha abertamente confessa que seu "relembrar de Fanon" paradoxalmente requer certo esquecimento, presumivelmente dos momentos em seu trabalho onde ele recua diante daquilo que Bhabha vê como seus vislumbres mais provocativos. Essa estratégia de ler Fanon seletivamente, através das lentes da ambivalência lacaniana, talvez não surpreendentemente tenha gerado muita controvérsia, para a qual retornarei posteriormente neste capítulo. No entanto, fiel a sua própria compreensão da "teoria", o comentário de Bhabha sobre Fanon lê nas entrelinhas, extrai suas ansiedades e localiza, nas alusões de Fanon, a alienação psíquica e, na incerteza, o núcleo de sua intenção subversiva.

Muitos dos ensaios de Bhabha em *O local da cultura* propõem novas definições dos conceitos-chave pós-coloniais, e valerá a pena sumarizar os mais influentes aqui. O primeiro deles é o estereótipo, um dos tropos centrais do discurso colonial que, para Bhabha, não é apenas uma caricatura ou uma imagem fixa, mas uma ideia na qual a iteração mascara a incerteza de seu produtor. O discurso colonial deseja "fixidez", ele busca conhecer e definir o outro, mas a repetição do estereótipo trai a ausência de prova e a real precariedade daquela imagem fixa. Ao comentar sobre a busca colonial pela fixidez, Bhabha argumenta que:

O estereótipo, que é a estratégia discursiva maior, é a forma de conhecimento e identificação que vacila entre o que está sempre "no lugar", já conhecido, e algo que deve ser ansiosamente repetido [...] como se a duplicidade essencial do asiático ou a licenciosidade sexual bestial do africano não necessitasse de prova, como se nunca pudesse ser provada no discurso (BHABHA, 1994, p. 66).

O estereótipo é usado para justificar e impulsionar o projeto colonial de subjugação, mas análises posteriores da função do estereótipo revelando-o como outro indicador da ambivalência do discurso colonial. A incerteza do estereótipo é o que Bhabha acusa em Said, isto é, a negligência em sua discussão da correlação entre o orientalismo latente e manifesto que, para Bhabha, gira em torno de uma intencionalidade não problematizada. O texto de Said alude de modo rápido o simultâneo reconhecimento e repúdio da diferença cultural por meio do estereótipo. Porém, ao citá-lo, Bhabha abre a sequência de questões relativas à projeção, medo e desejo que subtendem o gesto discursivo do colonizador. Ademais, o estereótipo de Bhabha é uma fetichização, originalmente o resultado da ansiedade da castração e da diferença sexual, e ele opera de modo suave sobre aquela ansiedade ao promover uma completude ilusória. As negações de fetiche diferenciam e delimitam para restaurar uma presença original. Se para Freud o fetiche desempenha um papel importante entre a afirmação que "todos os homens têm pênis" e a ansiedade de uma falta potencial, o fetiche vacila, no contexto colonial, entre a afirmação que "todos os homens têm a mesma pele/raça/cultura" e a preocupação sobre aquilo que é experimentado como problemáticas diferenças raciais e culturais (BHABHA, 1994, p. 75). Para Bhabha, isso é lindamente demonstrado em *Pele negra, máscaras brancas* de Fanon, onde o estereótipo que nega a diferença por meio da "máscara branca" apenas divide a imagem do sujeito dele mesmo. A ética prescritiva de Bhabha emerge aqui em sua recomendação conclusiva, isto é, por um reconhecimento da diferença que precisamente a libera da fixidez do estereótipo.

Além disso, nesse processo de descobrimento da incerteza do estereótipo, Bhabha também propõe o mimetismo como um sinal da ambivalência do discurso colonial. A literatura colonial de escritores tão diversos quanto Kipling, Forster, Orwell e V.S. Naipaul é, conforme Bhabha, povoada com "homens miméticos": nativos por nascimento que adotaram os gostos, atitudes e crenças da cultura colonial. Tais homens são os frutos da missão, concebidos por Thomas Macaulay em 1835 para criar uma classe de "intérpretes" que deveriam mediar entre as autoridades coloniais e as massas que eles buscavam governar. Se em sua mimetização eles pareciam reforçar o poder do discurso colonial, Bhabha aponta, no entanto, que a mimetização de fato expõe o excesso e a expansão do colonialismo. O mimetismo não é igualdade, mas "um sujeito de uma diferença que é quase o mesmo, mas não exatamente" (BHABHA, 1994, p. 86), e o ato de imitação sempre inclui escorregadelas e traços de alteridade. Por outro lado, a mimetização parece garantir o controle e a regulação do nativo; porém, por outro, ela insere a diferença no discurso dominante do poder colonial. Os homens miméticos parecem ser "versões autorizadas da alteridade"; mas, ao imitar o colonizador apenas parcialmente, eles revelam os limites do anseio do colonizador por autorizar, regular e controlar seus súditos. Bhabha avançou para usar a compreensão de Lacan do mimetismo como uma camuflagem para reforçar como funciona de modo análogo à metonímia: ele não é "uma harmonização da repressão ou da diferença, mas uma forma de semelhança, que difere de ou defende a presença ao demonstrar em parte, de maneira metonímica" (BHABHA, 1994, p. 90). Isso é perturbador precisamente porque ele não oculta uma essência, nenhuma identidade clara, mas inscreve uma alteridade sutil e parcial em um discurso que se concebia como sendo o mesmo. A mimetização repousa nos limites daquilo que é aceitável e familiar: ela desempenha um papel relevante diante das regras do colonizador; mas, simultaneamente, trabalha contra elas. Assim como o estereótipo, ela anuncia a falsidade do discurso colonial de certeza e da autopresença, e questiona a identidade daquilo que pode ser tomado como o "original". No entanto, se para Bhabha a mimetização aproxima da zombaria e pode operar como uma força poderosa de subversão, é notável que o pensador latino-americano Octavio Paz, com quem Bhabha nunca se encontrou, tenha concebido a mimetização muito mais como um sinal de esvaziamento e autoperda; a mimetização, a dissimulação e a ironia são "tratos de um povo que treme e se disfarça na presença do senhor" (PAZ, 1967, p. 62). Bhabha concebe a mimetização como um meio potencial para desconstruir o discurso colonial; enquanto isso, em Paz, ela é um sintoma do hermetismo construído a partir do medo, da desconfiança e da suspeita ainda presentes no México muito após o fim do período colonial.

Outro conceito relacionado com Bhabha, entre os muitos celebrados, é o de hibridismo, que novamente serve para enfraquecer a posição fixa entre colonizador e colonizado, além de chamar atenção ao movimento e à importância dentro do discurso colonial. No capítulo "Sinais capitados das maravilhas", Bhabha discute a afirmativa do catequista indiano Anund Messeh de 1817, a saber, que os indianos deveriam aceitar os sacramentos e ajudar a criar uma "Índia culturalmente e linguisticamente homogênea" (BHABHA, 1994, p. 105). Porém, propondo sobre a análise da mimetização, Bhabha argumenta que o livro inglês não é aceito como uma "presença plena", que é recebida em um contexto muito afastado daquele de sua produção, alterado pela transferência:

> Como um significante de autoridade, o livro inglês adquire seu significante após o cenário traumático

182   Pensamento Moderno

da diferença colonial, cultural ou racial, e retorna aos olhos do poder de alguma imagem prévia, arcaica, ou identidade. No entanto, paradoxalmente, tal imagem não pode ser "original" – pela virtude do ato da repetição que o constrói – nem "idêntico" – pela virtude da diferença que o define (BHABHA, 1994, p. 107).

Bhabha novamente usa Derrida aqui para explorar como o contexto colonial "não ocupa um lugar simples" (DERRIDA, 1981 apud BHABHA, 1994, p. 108), conquanto ele reforce que seu esforço não envolve tanto explorar o processo de interpretação, assim como questionar a propagação do poder por meio dos textos. Ademais, o desfecho da análise aqui é evocar o processo de hibridização: a disseminação do texto foi supostamente assimilar os nativos; mas, de fato, recria a cultura colonial como hibridizada e diferente de si mesma. O hibridismo "demonstra a deformação necessária e o deslocamento de todos os sítios de discriminação e dominação" (BHABHA, 1994, p. 112); ele nomeia a expansão da cultura colonial para além de si mesma e fora de suas muito valorizadas fronteiras. O hibridismo é o efeito do anseio em direção da assimilação cultural do colonizado; porém, simultaneamente, ele subverte a autoridade e a autopresença da cultura imposta. Não se trata de uma identidade alternativa, mas um efeito que pode ser explorado, por sua vez, como um ardil contra a autoridade a partir da qual ele deriva – ao menos em parte.

O último dos conceitos reinventados por Bhabha é o de nação, que emerge como um sítio plural de significados culturais dispersos. Bhabha editou a coleção *Nação e narrativa* [*Nation and Narration*] (1990), que contém ensaios de um conjunto dos maiores filósofos do nacionalismo e traça uma preocupação crescente da construção multifacetada da nação. A introdução de Bhabha argumenta que a nação dispõe da "face de Jano" porque é pega entre a progressão e a regressão, mas também porque ela se distancia retoricamente de seu povo; ela é, assim, "uma figura de duplicidade prodigiosa" (1990, p. 3). O ensaio "DissemiNação" de Bhabha, impresso em *Nação e narrativa* e novamente em *O local da cultura*, argumenta acima de tudo que a narrativa da nação é sujeita a um atraso, que significa que a unidade imaginada da nação não pode nunca se atualizar com os discrepantes "pedaços e retalhos da significação cultural" produzidos por suas pessoas plurais. Outrossim, a narrativa da nação deve ser pensada em um *templo duplo*:

> O povo é composto por "objetos históricos" de uma pedagogia nacionalista, ofertando ao discurso uma autoridade que é baseada em uma origem histórica pré-entregue ou constituída no passado; o povo é composto também de "sujeitos" de um processo de significação que pode apagar qualquer presença prévia ou originária de um povo-nação para demonstrar os prodigiosos e vivos princípios do povo enquanto contemporâneo (BHABHA, 1994, p. 145).

Isso implica que a narrativa da nação exige enraizar-se no passado de seu próprio povo, como se estivesse a garantir uma origem compartilhada, mas também apagar aquele passado, se isso garantir ao seu povo a habilidade de narrar sua cultura em seus próprios termos. Essa dualidade é também concebida por Bhabha como uma divisão entre o pedagógico, que é a criação e a propagação de um passado compartilhado, e o performático, ou as práticas culturais autorrenovadoras e atos do povo. Novamente, o pensamento de Bhabha tem profundo débito para com Derrida, uma vez que ele concebe o performático como um "movimento suplementar" que opera dentro da escrita do pedagógico.

A teorização altamente abstrata de Bhabha e seu uso extensivo da desconstrução têm sido muito criticados por outros pensadores pós-coloniais. Muitos têm objetado seu estilo de escrita convoluto e sua falta de engajamento com os efeitos materiais do colonialismo sobre os povos colonizados. Um dos mais rigorosos críticos de Bhabha é Parry, que lamenta que o foco extensivo sobre a ambivalência no discurso colonial obscureça tanto a violência horrorosa da empresa colonial quanto a força da contrainsurgência do colonizado. A discussão dos efeitos da linguagem oculta o horror real do conflito armado, e o foco sobre a ansiedade e o misterioso dentro do discurso colonial substitui qualquer compreensão do papel de uma resistência concreta. A leitura de Bhabha de Fanon faz do último, por exemplo, um "pós-estruturalista prematuro" e tempera seu *ethos* revolucionário. Parry também concede que a subjetividade é de fato "hibridizada" ou perpassada por múltiplas identificações, mas ela argumenta que isso não significa que a situação colonial não lança comunidades umas contra as outras em um conflito profundamente antagonista. Bhabha pode estar certo ao questionar a divisão entre o colonizador e o colonizado em uma oposição binária; mas, ao fazê-lo, seu pensamento também glosa sobre as tensões reais trazidas à baila pela imposição colonial. A dificuldade com o pensamento de Bhabha, assim, é que ele "dispensa a noção de conflito, que certamente infere o antagonismo; mas, à revelia de Bhabha, ela não posiciona uma estrutura unitária e fechada simplista diante de forças adversas" (PARRY, 2004, p. 56). Além disso, Parry lê na ética de Bhabha uma "recomendação de coalisão política e alianças heterogêneas" um tanto fácil que podem ser concebidas pelo "pós-colonial privilegiado, mas que pouco significam diante do genuinamente privado de direitos" (PARRY, 2004, p. 71).

Como incremento, o conceito de hibridismo de Bhabha tem sido desafiado por mais de um crítico. Young é claramente simpático a Bhabha, mas sua obra *Desejo colonial* (1995) nos lembra, no entanto, das conotações persistentes e problemáticas do termo "híbrido". Young traça suas associações dezenovecentistas com a corrupção, diluição e degeneração, e explora as ansiedades potencialmente em processo com a perda da pureza racial. O estudo não é de nenhuma forma uma crítica a Bhabha, mas talvez um lembrete de que o termo "hibridismo" não é necessariamente uma figura celebradora para o enriquecimento cultural. De maneira mais ácida do que em Young, Antony Easthorpe argumenta que o problema com o conceito de hibridismo de Bhabha é que ele é constantemente oposto ao não hibridismo, e isso produz por si mesmo outra oposição binária infeliz. O texto de Bhabha sugere que ou é possível ter uma identidade completa ou, por outro lado, nenhuma identidade é possível; ou ainda, de modo pior, Easthorpe afirma que ele trata o hibridismo como um "significante transcendental" (1998, p. 345). Bart Moore-Gilbert (1997) percebe que, para Bhabha, todas as culturas são híbridas, mas isso significa que não é claro quão útil esse termo é para descrever especificamente a experiência pós-colonial. Os escritos de Bhabha derrapam para um universalismo que não é necessariamente produtivo para a invenção de uma estratégia política especificamente anticolonial.

Esses pontos são frequentemente ligados ao idioma psicanalítico, geralmente pouco acessível e altamente teórico de Bhabha, e com uma frustração com sua crença superestimada sobre a eficácia do papel do filósofo. Bhabha é acusado de negligenciar contextos históricos ou de atenuar experiências distintas do colonialismo; e, de fato, de falhar ao considerar o papel particular do gênero na construção de uma identidade pós-colonial. Em cada caso, a implicação é que não há espaço em seu pensamento para a especificidade ou a agência do colonizado: a política concreta e a ação são ocultadas por uma discussão das operações do discurso excessivamente generalizadas e, certas vezes, universalizadas. Essas críticas são justificadas de muitas maneiras, e é certamente verdadeiro que Bhabha tem pouco a dizer sobre os mecanismos do conflito armado. No entanto, deve ser lembrado que ele nunca defendeu que seu próprio estilo de análise deveria substituir um pós-colonialismo mais materialista, e alguém poderia conceber a teoria da ambivalência colonial como outro nível de crítica, mas não um programa holístico. Seu objetivo, como em Derrida, também é descobrir as exigências basilares que anseiam pelo conhecimento e domínio; e, no processo, ele reconhece que seu pensamento pode conter pontos cegos, momentos de incerteza e metas incompatíveis. Seus escritos não usam a forma para explorar a mesma dinâmica entre universalismo, especificidade e singularidade, tal como Derrida faz. Porém, apesar disso, a autoconsciência de Bhabha testifica uma compreensão das dificuldades de qualquer anseio por um conhecimento seguro e estável do outro em seu próprio trabalho.

Ademais, em seu engajamento com pensadores como Guha, Bhabha levanta a questão da agência nativa. Seu próprio argumento é que a agência é criada em um contexto de contingência, o que significa que, apesar de estar enraizada em um momento, ela não é totalizada por aquele processo de enraizamento. A agência insurgente responde estrategicamente a esse momento, mas tal momento também é de indeterminação. A solidariedade e a identidade coletiva podem ser inventadas em nome da emancipação, mas isso deve ocorrer com uma preocupação de contingência daqueles construtos. De fato, Bhabha percebe que o próprio conceito de agência de Guha reforça "os sinais hibridizados e sítios" (1994, p. 187); por exemplo, o do movimento Tebhaga em Bengala, em 1946 (onde os camponeses exigiram reduzir a proporção de suas colheitas que eram tomadas pelos senhores rurais). Um pensamento de agência é compatível com uma preocupação de ambivalência e hibridização, mesmo que o foco de Bhabha seja maior sobre a complexidade de sua construção do que na mecânica de seu desdobramento.

O trabalho recente de Bhabha sobre os direitos das minorias também é mais claramente político do que os ensaios de *O local da cultura*. Em sua conferência da Anistia em Oxford intitulada

"Sobre os direitos de escrita", Bhabha percebe que, em sua discussão sobre o reconhecimento da igualdade de direitos, o teórico político Charles Taylor implica, talvez de modo não consciente, que "todas as culturas merecedoras de respeito são sociedades plenas, e sua 'plenitude' é representada por uma longa, profunda e histórica continuidade". Ademais, Taylor exclui aquilo que ele chamou de "meio parcial" (BHABHA, 2003, p. 166). Esse "meio parcial" são culturas híbridas, grupos minoritários nos interstícios entre identidades nacionais; contudo, a implicação de Taylor é que estes grupos são, de algum modo, não merecedores dos mesmos direitos daqueles assimilados em uma comunidade nacional. Além disso, Bhabha alude a uma emenda ao artigo 27 do Pacto Internacional sobre Direitos Civis e Políticos, baseado em uma exclusão similar. Se, formalmente, tem-se mantido que minorias não assimiladas são dispostas como um desafio para a nação, então a emenda estabeleceu que esta não seja necessariamente a condição se o grupo for residente por um longo período. Novamente, a implicação é que grupos intersticiais estão fora, de algum modo, dos discursos sobre os direitos humanos: direitos são apenas concedidos àqueles que, "com o passar de um longo período", elevaram-se à condição de vida em nação. Bhabha avança na leitura de um poema de Adrienne Rich como um chamado de atenção para aqueles indivíduos cujas diferenças são constantemente negociadas, em vez de acordar uma essência ou soberania. Indivíduos não necessariamente pertencem a um grupo ou outro e, de fato, o indivíduo e o grupo, a singularidade e a solidariedade, não mais são opostos um ao outro. Essas novas minorias estão entre o Estado e o não Estado, e criam afiliações por vários meios. Novamente, Fanon é um outro exemplo de um pensador que propõe uma noção de cultura que requer um questionamento contínuo, e essa afirmação do movimento e negociação continua a ter ressonância em uma sociedade ainda permeada pela discriminação e pela hierarquia.

A recomendação político-ética de Bhabha aqui manifesta é pelo "direito de narrar": o direito de afirmar a reinvenção cultural de alguém e para que essa reinvenção seja reconhecida no discurso dos direitos humanos. Para a visão de Bhabha da democracia, este "direito de narrar" também é integral:

> Ele assume que há um compromisso para criar "espaços" de diversidade cultural e regional, posto que apenas com o reconhecimento de tais recursos culturais como "bem comum" poderemos garantir que nossa democracia está pautada sobre o diálogo e a conversação, por mais difícil que seja, entre os níveis desnivelados e desiguais de desenvolvimento e privilégio que existem em sociedades complexas (BHABHA, 2003, p. 181).

Aqui fica claro que o pensamento de Bhabha é muito dependente da noção de ambivalência e hibridização esquematizada em *O local da cultura*. Porém, em ensaios como esses ele oferta a essas noções uma missão política clara, mesmo que esta seja a política tal como quando é conduzida por uma política étnica em vez de uma política concreta. Bhabha se esforça agora para pensar ética e politicamente ao mesmo tempo: seus princípios fundamentais de respeito pela diferença e sua crítica na subjetividade como fraturada e em evolução são agora expressas em termos de política de direitos humanos e empreendimento de igualdade social. Permanece obscuro, no entanto, como Bhabha propõe garantir essa igualdade; mas sua atenção ao discurso dos direitos das minorias marca o início de uma transição para o político.

Por fim, é intrigante que, como Fanon, Sartre e Said, Bhabha retorna para a noção de "humano" em sua tentativa de unir política e ética. Apesar de suas críticas prévias a Said, em seu encômio ao trabalho de Said após sua morte é que Bhabha interrompe seu posterior humanismo ético, preocupado e cuidado. Novamente, não se trata do humanismo eurocêntrico rejeitado por Foucault e Derrida,

Pós-colonialismo **189**

mas um chamado por atenção mais modesto para a multiplicidade e diversidade da experiência humana e uma preocupação das tensões e conflitos que ainda governam aquela experiência. Bhabha aplaude aquilo que ele chamou de "reflexão humanista lenta" de Said, que leva em conta a constante mediação entre a parte e o todo, entre o individual e o grupo, e que "fortalece nossa resolução de fazer escolhas difíceis e deliberadas relacionadas a conhecimento e justiça, do como e do como não fazer diante da contingência, do silêncio e da mortalidade" (BHABHA, 2005, p. 376). Ademais, em seus ensaios sobre os direitos e a democracia, Bhabha repetidamente invoca a noção de humano para expressar um chamado "estratégico" para o reconhecimento de todos os sujeitos. O termo necessita de uma compreensão da negociação entre o singular e o coletivo em vez de uma insistência em qualquer enquadramento nacional redutor e fechado. Para Bhabha, "o 'humano' não é identificado com uma dada essência, seja ela natural ou sobrenatural, mas com uma prática, uma tarefa" (BHABHA, 2000, p. 3). O termo habilita-o a pensar fora dos limites de "sociedades completas" e oferece uma concepção de subjetividade em evolução e digna de respeito como um resultado dessa evolução. Essa retenção da noção de humanidade é surpreendente, portanto, em um pensador tão veementemente pós-estruturalista como Bhabha. Porém, apesar de suas falhas e riscos, o termo funciona no pós-colonialismo como um meio para pensar tanto pela emancipação política quanto pela emancipação ética. Ele é ético em seu chamado pelo respeito para o "outro" potencialmente infinito, e é político em sua exigência pela concordância de direitos, tais como a cidadania, que se baseia naquele respeito. Assim, é com esse retorno ao "humano" que Bhabha propõe construir uma ponte sobre a lacuna deixada aberta pelo trabalho de Derrida e, apesar de a implementação prática das recomendações de Bhabha permanecer tão somente rascunhada, o empreendimento desse curioso retorno é precisamente sua tentativa de articulação da ética política e de uma política ética.

Pontos-chave

• Derrida critica o etnocentrismo da metafísica ocidental e chama atenção para a exclusão do outro em trabalhos de pensadores como Saussure e Lévi-Strauss. Ele também explora a violência da imposição da linguagem colonial sobre os argelinos em *O monolinguismo do outro*. Ademais, este texto é desafiador porque levanta questões sobre a própria natureza da crítica pós-colonial. Derrida desloca-se aqui entre uma denúncia universal da soberania em qualquer linguagem, uma reflexão sobre a alienação dos judeus argelinos e ainda como uma memória pessoal.

• Derrida baseia-se explicitamente em Lévinas em sua elucidação de uma ética. A ética também é separada da política, conforme Derrida, conquanto elas necessitem ser pensadas uma ao lado da outra.

• A teoria pós-colonial de Bhabha fia-se profundamente em Derrida, uma vez que ele descontrói o domínio aparente do discurso colonial e chama atenção para o "suplemento" da diferença do nativo. Bhabha mostra como o nacionalismo é sempre sustentado por um hibridismo cultural: pelos múltiplos fragmentos de práticas culturais que evocam uma categoria unificada pós-colonial.

• Bhabha se volta para a questão dos direitos das minorias em seu último trabalho, e argumenta pela atribuição de direitos àqueles que vivem entre culturas. Ainda que seja um crítico frequente de Said, Bhabha chega ao ponto de sustentar seu humanismo como uma forma de celebrar o dinamismo e a mobilidade da identidade cultural.

6

Khatibi e Glissant
Ética pós-colonial e o retorno ao lugar

Tanto o pensador marroquino Abdelkebir Khatibi quanto o martinicano Édouard Glissant combinam o uso da filosofia desconstrutiva com a reflexão sobre a história de locais pós-coloniais específicos dentro daquilo que eles escrevem. Profundamente devedores de trabalhos de figuras como Derrida e Foucault, Khatibi e Glissant exploram a pluralidade cultural e a relacionalidade criada pelo colonialismo. Porém, recomendações por uma preocupação ética generalizada das múltiplas diferenças estão aqui unidas a um engajamento específico com efeitos do colonialismo no Magreb e no Caribe francês. Essa atenção às condições que afetam locais específicos não deve implicar, no entanto, um estudo político e empírico de um regime colonial individual, nem deve levar para uma forma enraizada de ativismo. Em vez disso, Khatibi e Glissant mostram como os tipos de aberturas éticas universais propostas por Derrida e, por extensão, Lévinas, têm ressonância particular em suas próprias regiões do mundo, enquanto resultado da presença colonial e da história fragmentada da região. Khatibi e Glissant perdem menos tempo explorando a disjunção entre o universal e o específico do que Derrida; no entanto, enraízam suas análises em locais concretos do Magreb e do Caribe mesmo quando eles derivam dessas análises para uma relacionalidade da ética mais ampla. Se, desse modo, Derrida e Bhabha afastam-se da política em suas reflexões universalizadas sobre o domínio linguístico, *différance* e ambivalência cultural, Khatibi e Glissant perseguem a abertura ética associada com aquelas reflexões, porém promovendo um novo ancoramento da ética em um contexto particular de regiões que foram rompidas e fragmentadas pela presença colonial de formas distintas. A ética desconstrutiva recebe uma ressonância geográfica mais determinada, mesmo quando essa ressonância é ligada não à ação militante, mas a caminhos para conceber a história local, que serve para promover a liberdade e dar conta da multiplicidade.

O trabalho de Khatibi é diverso e eclético, mas sua ressonância para o pós-colonialismo deriva acima de tudo da concepção do "Magreb plural" no despertar da descolonização. Khatibi explicitamente pauta-se em Derrida ao alinhar a desconstrução com a descolonização e ao argumentar que qualquer pensamento do Magreb deve levar em conta sua pluralidade e diferenças internas em vez de confiar em uma noção essencialista de um passado tradicional. A reflexão sobre o Magreb requer um *"pensée autre"* ou "outro pensamento": uma estrutura conceitual alternativa que privilegia também as múltiplas linguagens da região e sua interpenetração mútua. O trabalho de Glissant clama por uma abertura similar da identidade caribenha, conquanto Glissant vá mais longe do que Khatibi ao reforçar não apenas o bilinguismo, mas o caótico caldeirão de linguagens e culturas relacionadas ao lugar específico do Caribe diante do resto do mundo. O Caribe francês é o resultado de uma combinação particular de culturas; sua origem é a ruptura e o deslocamento do comércio escravo, e sua presença é de uma só vez francófona e complexa, mutante, a fusão crioula de culturas interligadas e identidades. No entanto, essa história específica engendra uma nova compreensão da cultura global como dinâmica e relacional, e as condições políticas do Caribe francês necessitam, ao fim e ao cabo, de um chamado ético amplo para abraçar a diversidade global. Em Glissant, essa mudança constituiu um difícil movimento dentro do *corpus*, e a ênfase deste autor na globalidade parece contradizer referências anteriores da especificidade do contexto caribenho. Sobre este assunto falta ao texto de Glissant a autoconsciência de Derrida em *O monolinguismo do outro*, e ele tem sido criticado por seu obscurecimento do político. Em seu trabalho mais recente, no entanto, Glissant aparentemente renuncia à sua meta de ativismo político, conquanto continue a usar o exemplo do caribenho como uma figura da ética globalizada, da ética estética e da renovação cultural.

Abdelkebir Khatibi

Khatibi nasceu em El-Jadida, no Marrocos, em 1938, e frequentou tanto escolas corânicas quanto francesas antes de estudar Sociologia na Sorbonne. Ele completou sua tese sobre o romance marroquino em 1969 e avançou para publicar sua autobiografia, intitulada *La Mémoire tatouée* [*A memória tatuada*] em 1971. Khatibi foi um membro da *Souffles*, uma revista literária bilíngue fundada em 1966, até ser banido em 1972; porém, continuou a escrever e ensinar, até se tornar um dos principais comentadores intelectuais marroquinos. O escopo dos escritos de Khatibi é notavelmente amplo, uma vez que ele publicou tanto romances quanto teoria, e abordou assuntos tão diversos quanto a caligrafia e a arte islâmicas, o orientalismo e o bilinguismo, assim como a política marroquina contemporânea. Sua distinção entre os pensadores pós-coloniais é que ele analisa não apenas os efeitos do colonialismo na identidade e cultura magrebinas, mas também o passado pré-colonial juntamente com as tradições e complexidade da cultura moderna árabe e islâmica. Suas reflexões sobre o Marrocos têm como resultado sua ligação não exclusiva sob a influência da francofonia; conquanto um de seus trabalhos mais conhecidos seja a exploração do "Magreb plural" e seu bilinguismo após a descolonização, sua perspectiva não é estreitamente definida pela história do colonialismo (o Marrocos foi, acima de tudo, um protetorado francês apenas por um curto período de tempo, a saber, entre 1912 e 1954). Se é um pensador pós-colonial provocativo e sofisticado, assim, ele é também uma autoridade aclamada sobre a arte islâmica e sobre a condição do Marrocos moderno tanto no contexto dos desdobramentos do colonialismo quanto a respeito dos desenvolvimentos mais internos. Seus precursores filosóficos são acadêmicos árabes e islâmicos, como Suwahardi e Ibn Arabi, assim como pensadores franceses como Victor Segalen e pós-estruturalistas tais quais Derrida e Foucault.

Apesar de seu sucesso acadêmico tanto na França quanto no Marrocos, a narrativa autobiográfica de Khatibi em *A memória tatuada* figura seu objeto como algo rasgado entre culturas e exilado na língua francesa, na qual o texto, no entanto, foi escrito. Porém, como uma grande parcela do trabalho sobre o bilinguismo, essa ruptura é figurada alternativamente como uma fonte de autoperda, alienação e como um gatilho para a criatividade e invenção. O primeiro nome de Khatibi, Abdelkebir, carrega a marca de uma ruptura violenta, uma vez que contém o eco de "Aïd el Kébir", o festival em comemoração ao sacrifício de Isaac por Abraão, e o dia de nascimento do autor. *A memória tatuada* foi aberta com a revelação de sua destruição originária, como se a *persona* narrativa carregasse a ferida da violação do Marrocos pela presença francesa. Em seguida, a *persona* autobiográfica de Khatibi reflete sobre a disjunção causada por sua educação em uma escola secular francesa, onde os valores coloniais e republicanos são gravados

Pós-colonialismo **195**

também como uma "tatuagem" ou enxertadas aquelas formas que cobrem, mas não obliteram tanto o árabe aprendido na escola corânica quanto à linguagem berbere falada no lar. Expressões de desorientação e perplexidade são crescentemente justapostas, no entanto, com celebrações de troca intercultural, como as viagens do narrador em júbilo de Paris a Berlim, Londres, Estocolmo e Córdoba. A narrativa termina com uma reflexão teórica que avança para informar seu pensamento em *Maghreb pluriel* [Magreb plural] (1983), no qual Khatibi explora a interpenetração de uma linguagem na outra dentro da expressão de um sujeito bilíngue. Se a *persona* da língua materna recua quando ele escreve ou fala em francês, ela reaparece, no entanto, na forma de traços flutuantes e fragmentos que desconcertam o ritmo do francês. O murmúrio persistente do idioma de alguém dentro dos tons de outras formam as bases da teoria da linguagem de Khatibi, tal como o produto dinâmico e constantemente mutante de suas relações com outras línguas.

Em *Magreb plural*, Khatibi usa essa concepção de relacionalidade e pluralidade linguística para propor uma compreensão alternativa do "pensar o outro" [*pensée autre*] do Magreb. Citando o chamado de Fanon para a terminação definitiva da sociedade europeia no Magreb, Khatibi argumenta que um chamado pela diferença naquela região não deve ser uma afirmação direta, mas um modo de identificação que continuamente convida a si mesma para a questão. Pensa-se que o Magreb requer uma "dupla crítica": uma que aponta as limitações da herança ocidental da região e outra que rejeita o retorno para um patrimônio arcaico, uma vez que este é muito rígido, muito teológico e patriarcal. Khatibi recomenda um "pensamento plural", uma definição do Magreb que deixe para trás a busca por raízes, por origens e por uma identidade essencial baseada na tradição, e que renove a si mesma ao explorar continuamente o desenvolvimento das múltiplas diferenças que formam o norte da África. Esse chamado por um pensamento alternativo do Magreb consiste, para Khatibi, na rejeição das três infelizes escolas que impediram seu desenvolvimento. Em primeiro lugar, Khatibi rejeita o "tradicionalismo"; nesse caso, o retorno a uma concepção rígida e imutável da doutrina teológica ou, nas palavras de Khatibi, "a metafísica reduzida à teologia" (1983, p. 24). Essa teologia endurecida não é em absoluto uma comemoração do passado da região, mas sua negação ou seu esquecimento. Em segundo lugar, Khatibi lamenta as falhas do salafismo, uma ampla escola de pensamento sunita que sustenta os primeiros dias do Islã como exemplares; ele qualifica esse movimento como "a metafísica que se torna uma doutrina". Ao mesmo tempo, Khatibi condena o uso daquela doutrina na confirmação de objetivos políticos e na pedagogia social: o salafismo é incapaz de lidar com o Magreb moderno, uma vez que ele também insiste na divisão estrita entre si mesmo e o outro (KHATIBI, 1983, p. 25). Em terceiro lugar, Khatibi revela as deficiências do racionalismo, "a metafísica que se tornou técnica" (p. 25). O ponto de Khatibi aqui é demonstrar as limitações do trabalho do pensador ideológico Abdallah Laroui, cuja obra *Idéologie árabe contemporaine* [Ideologia árabe contemporânea] insiste na separação entre os três campos, apesar de sua interpenetração no pensamento magrebino; ademais, seu historicismo e seu racionalismo resultam em uma continuidade da história muito estreita e esquemática daquela região tão problemática. De modo contrário, o "pensar o outro" do Magreb levaria em conta a desordem e a dissimetria, e "ampliaria nossa liberdade de pensamento" (KHATIBI, 1983, p. 33). Este chamado pela liberdade significa que o pensamento ou filosofia é em si mesmo trazido ao reino do conflito social e político.

Khatibi concebe esse novo pensamento do Magreb com uma referência aos trabalhos de Derrida e Foucault. Para Khatibi, a "descolonização" necessariamente implica a "desconstrução" do logocentrismo e etnocentrismo, o enfraquecimento da crença ocidental na autopresença e autossuficiência. A desconstrução de Khatibi clama que o filósofo permaneça fora dos enquadramentos assumidos, que acabe com as oposições binárias (tais como entre razão e a falta dela) e subverta a própria lógica dentro da qual ele escreve. Esse modo de pensamento é o coração da descolonização, uma vez que, nas palavras de Khatibi, "descolonizar seria o outro nome para esse outro pensamento, e descolonização, o fim silencioso da metafísica ocidental" (KHATIBI, 1983, p. 51). Ademais, Khatibi aponta as dificuldades associadas com a utilização do marxismo para teorizar a descolonização, uma vez que o pensamento de Marx ainda repousa na noção que o colonizado deve adotar um modo de pensamento que é ocidental em sua origem. Khatibi admite que Marx foi inspirador ao ajudar os países do Terceiro Mundo a conceber uma revolução, mas denuncia seu desejo por unificar o mundo por meio de um sistema global. O pensamento de Marx é, apesar de si, outra forma do conhecimento absoluto hegeliano. Posteriormente, no mesmo texto, Khatibi também percebe a insuficiência do conceito de Marx de modo de produção asiático, e argumenta que, no Magreb pré-colonial, por exemplo, a violência político-militar foi tão significante quanto a violência econômica. Assim, é o impulso autocrítico de Derrida e Foucault que Khatibi defende como uma forma libertadora de filosofia, e não a militância revolucionária de Marx. Khatibi também acrescenta ao trabalho dos pensadores anteriores o clamor pela atenção ao bilinguismo como um meio de conceitualizar uma linguagem filosófica diferente da sua própria. O conhecimento árabe, por exemplo, é constantemente influenciado e interrompido pelo conhecimento ocidental, mas essa influência passa por um processo de tradução. Desse modo, isso dramatiza a troca entre línguas, o "pensar nas línguas" de Khatibi ou pensamento que toma lugar em mais de uma língua de uma só vez.

O Magreb plural também contém um capítulo sobre o orientalismo, que consiste em uma leitura devastadora do trabalho do renomado pensador e sociológico francês Jacques Berque sobre o mundo islâmico. Khatibi percebe que Berque tenta estabelecer relações entre um árabe do presente e um árabe do passado, entre o Corão e tanto a poesia moderna quanto a clássica, e entre tecnologia, descolonização e múltiplos exemplos da cultura árabe. No entanto, ao fazer isso, ele cria um artifício unificado sustentado, conforme Khatibi, pela metafísica ocidental. Isso significa dizer que Berque identifica um ser determinado que ele proclama ser o Oriente; dá a ele uma ontologia. De tal modo, o orientalismo, propagado também por Louis Massignon, confere ao Oriente especificidades que resultam em um essencialismo afirmado. Ademais, conforme Khatibi, o orientalismo é acompanhado pelo positivismo, e também por uma forma de humanismo que, em Berque, deriva do pensamento iluminista. Contudo, além dessa confiança na metafísica, Berque avança para pautar-se na sociologia, referindo-se a costumes e práticas particulares; porém, suas descrições servem apenas para reificar e caricaturar o povo árabe. Filho de um oficial colonial na Argélia, Berque nasceu ali e posteriormente viveu no Marrocos; mas seu erro foi usar essa experiência no Marrocos para tentar falar sobre todo o mundo árabe. Ele termina ao fixar a identidade do povo árabe, enquanto, para Khatibi, "o outro não pode ser reduzido e trazido de volta à essência, seja um paraíso quente e perfumado" (1983, p. 133). Berque assume uma surpreendentemente estreita continuidade entre os árabes clássicos e modernos, e encapsula uma diversidade de tradições em um enquadramento de identidade homogênea. O orientalismo de Khatibi deve ser bilíngue, na medida em que deveria compreender uma troca entre culturas, tal como Berque também sonha; no entanto, Khatibi nos lembra que sempre permanecerá, no entanto, o traço do intraduzível. O erro de Berque foi traduzir o intraduzível em uma retórica entusiasmada que imobiliza e torna homogênea a diferença do outro, em vez de reter um sentido levinasiano de abertura e inacessibilidade potencial daquela diferença.

Khatibi constantemente desafia, por meio de seu trabalho, a uma compreensão do bilinguismo como uma troca aberta e um movimento entre linguagens no qual se prolongam, no entanto, apenas traços do intraduzível. No ensaio "Bilinguismo e literatura", impresso em *Magreb plural*, ele explora o exemplo da novela *Talismano*, do escritor tunisiano Abdelwahab Meddeb, e lê em sua expressão francesa tanto a troca intercultural quanto o inevitável silenciamento do original. A própria folha de rosto da novela inaugura esse estudo dos traços ocultos. O fonema inicial "A" do primeiro nome do autor já é uma má tradução de um som que só existe no árabe e que, em uma forma de caligrafia arcaica, significa também o "olho". O resultado da má tradução é que o trabalho é introduzido pelo efeito da execução: ele "é iniciado com um olho ausente, com cegueira, com o invisível e o ilegível" (KHATIBI, 1983, p. 182). Escrito em francês por um autor árabe, desse modo, ao mesmo tempo, ele evacua a língua materna. No entanto, Khatibi avança para argumentar que o texto de Meddeb constantemente usa a preposição *à* ("para" ou "em"), como se o acento sobre o "a" pudesse transliterar o som árabe original excluído da folha de rosto, e o ato de fazer as pazes com essa ausência. O trabalho contém o traço do nome do autor, mas esse traço constantemente sofre um processo de transformação: "ele cai sob o balanço de uma genealogia dupla, uma assinatura dupla, que são tanto efeitos literários de um presente perdido, de uma dádiva que é dividida em sua origem" (KHATIBI, 1983, p. 186). Nesse processo de tradução, Khatibi sugere que as duas linguagens sinalizam uma para a outra; mas, ao mesmo tempo, uma exclui a outra, e essa interação simultânea e recessão define a narrativa "fala nas línguas". Há um bilinguismo dentro do francês de Meddeb, que opera tanto um movimento de transformação, de separação ou de divisão. A narrativa forma um exemplo de uma linguagem existente na relação com outras linguagens que, por sua vez, interrompem seus ritmos e que repousam dormentes sob sua superfície.

Essa escrita bilíngue é uma fonte tanto de alienação quanto de regozijo. Khatibi localiza no texto de Meddeb certo hermetismo, no qual a língua se torna um tipo de edifício formal que oculta as memórias do autor que, no entanto, está em busca de traduzi-las. As memórias e traços da língua materna, concebidas também em termos psicanalíticos como a linguagem da fusão com a mãe, são traumaticamente reprimidos e ocultos, mesmo quando se dispersam sob o artifício do francês. Esses traços figuram o "corpo fragmentado" lacaniano do narrador, a desintegração de uma totalidade perdida de modo irrevogável. Na própria novela do bilinguismo de Khatibi, *Love in Two Languages* [Amor em duas línguas] (1990), no entanto, essa alienação e essa perda são constantemente justapostas com júbilo e criatividade. O amor por meio da linguagem resulta em um confronto com o incomunicável; mas é também um gatilho para o desejo e a busca pela fusão. O bilinguismo é a forma de separação, mas a forma também engendra uma forma plural e relacional da escrita para Khatibi, na qual as linguagens chocam-se entre si e provocativamente permeiam uma à outra com fragmentos de alteridade. O texto bilíngue contém silêncio e, ainda assim, no final do texto, ele dá origem a uma *"folie de la langue"* [loucura da língua], a acumulação caótica de fonemas e significantes na criação de um modo novo e plural de expressão. Essa atitude dual igualmente caracteriza o estudo de Khatibi do estrangeiro na escrita francesa (*Figures de l'étranger dans la littérature française*, de 1987), um texto no qual a análise de escritores como Segalen, Jean Genet e Roland Barthes são coroadas com um desafio da "internacionalidade literária". A figura do estrangeiro implica intraduzibilidade; mas, nos trabalhos examinados, isso também pode se tornar em um revigorante e enriquecedor encontro com a alteridade.

A tentativa de Khatibi de avançar em direção de uma celebração de relacionalidade bilíngue é, simultaneamente, um chamado estético e ético. Em um ensaio sobre Derrida e as fronteiras, por exemplo, Khatibi conclui, ao inquirir após os efeitos de uma preocupação com o caráter estrangeiro dentro das línguas: "de que forma isso é uma impropriedade, a saber, esta hibridização e este problema de identidade são favoráveis a invenções idiomáticas e estilísticas?" (KHATIBI, 1994, p. 449). Uma preocupação com a alteridade na linguagem é também uma forma de buscar novas formas de escrita, novos estilos e novas fontes de criatividade. A celebração da escrita bilíngue de Khatibi também pode ser vista como levinasiana, isto é, na demanda por atenção para uma condição ética do uso de qualquer linguagem. Todas as linguagens contêm, para Khatibi, traços de outras linguagens e, como no discurso de Lévinas, este é um lugar para o encontro por meio das diferenças – conquanto a própria compreensão não permita a redução da diferença para a igualdade. O "pensar as línguas" de Khatibi e o discurso de Lévinas são fóruns para um encontro ético com o outro que resistem ao essencialismo, ao conhecimento e à metafísica. Dessa forma, Khatibi agrega à ética levinasiana uma dimensão extra em sua exploração do bilinguismo, e oferta àquela ética uma ressonância particular no contexto da comunicação intercultural entre França e Marrocos. No entanto, há nessa exploração do bilinguismo francês e árabe após a derrocada do colonialismo uma concepção universal de relacionalidade e troca ética dentro e entre todas as linguagens.

Afastando-se do engajamento com o contexto do colonialismo e pós-colonialismo no Magreb, Khatibi também escreve sobre a caligrafia e a arte islâmica. Sua análise tem ressonância aqui, porém, porque novamente ele fornece um meio de imaginar um processo aberto de significação na linguagem, de modo a subverter a urgência de domínio e conhecimento coloniais. No comentário sobre Meddeb, Khatibi percebe que a caligrafia árabe, além de sua intraduzibilidade, é a fonte da linguagem perdida do texto. Ainda em *A ferida do nome próprio* [*La Blessure du nom propre*] (1974), Khatibi explora a riqueza da arte caligráfica, assim como as letras caligráficas flutuam entre o vazio e a plenitude. A caligrafia confere dinamismo sobre o signo, uma vez que as letras caligráficas flutuam entre a fonética, a semântica e o *design* geométrico. O signo caligráfico funciona musical, pictórica e semanticamente, e sua potencial sugestividade é aumentada e multiplicada pela operação desses diferentes níveis de sentido. Igualmente, a obra *A arte caligráfica árabe* [*L'art calligraphique árabe*] de Khatibi explora as origens da caligrafia árabe no Corão e sua ligação com a crença de que a linguagem do Corão é sagrada ou "não criada". A escrita do Corão é a palavra direta de Deus, transmitida a Maomé e transcrita, e deve ser entesourada não apenas por seu significado, mas também por sua forma. Em ambos os trabalhos, ademais, a caligrafia é concebida como uma forma de escrita que abre espaço entre o referente e a realização do trabalho de arte em seu apelo para as múltiplas formas de sentido. Essa exploração da caligrafia serve para desenvolver o retrato de Khatibi de complexidade da cultura árabe e da talvez frequentemente esquecida crença na polissemia.

Um aspecto final da escrita de Khatibi digna de menção aqui é seu estudo *O corpo oriental* [*Le Corps oriental*] (2002), no qual, de modo similar, ele descobre a pluralidade de significados associados com o corpo nas culturas árabe e islâmica. Khatibi percebe em seu comentário sobre esta impressionante coleção de pinturas e fotografias que o olhar do orientalista do pintor europeu do século XIX busca descobrir e desnudar o corpo oriental, mas, ao mesmo tempo, também busca amarrá-lo ao seu passado. De fato, Khatibi percebe que, para Delacroix, "a Antiguidade não mais está em Roma, mas no Oriente", e descrições dos corpos orientais durante esse período retornam repetidamente ao banco de figuras da odalisca, o harém, os escravos de Constantinopla e várias memórias bíblicas (2002, p. 175). A seção do orientalismo é um tanto breve, no entanto, uma vez que o principal esforço de Khatibi é explorar como o corpo é usado, interpretado, decorado e regulado de maneiras diversas no decorrer da história da cultura árabe e islâmica. De fato, não há uma, mas três palavras para o corpo em árabe: *jism* é o conceito de corpo, *badane* designa a constituição corporal e *jassad* significa a sensualidade da carne. Ademais, Khatibi explora a arte de ler o corpo por meio do "sensório" ou da carne: formas geométricas ou fisiológicas, gestos e sussurros têm conotações sugestivas que precisam ser traduzidas. O corpo é, além disso, central para a fé islâmica. Maomé é respeitado e lembrado também por sua presença corporal, e o corpo do profeta e a aceitação de sua mortalidade servem como um modelo para os muçulmanos seguirem na compreensão de suas próprias forças e fraquezas físicas. O corpo também é o foco para um conjunto sem fim de rituais e ritos: a postura durante a oração porta significado, limpeza é um valor espiritual e a circuncisão é um caminho posterior de marcar o corpo com o traço da sociedade e cultura. Novamente, Khatibi moveu-se para além do pós-colonialismo nesse trabalho, mas seu estudo intrincado é relevante aqui por sua insistência na pluralidade e polissemia em uma cultura frequentemente reduzida e malcompreendida pelo Ocidente, seu colonizador prévio.

Enquanto Khatibi não recebe a atenção que merece nos círculos pós-coloniais anglófonos, seu trabalho tem se tornado cada vez mais celebrado na França, assim como no Marrocos. Barthes famosamente produziu um breve elogio, a saber, "Ce que je dois à Khatibi" ["O que eu devo a Khatibi"], a ser usado como o prefácio para *A memória tatuada*, na qual ele celebra a invenção de Khatibi de uma "linguagem heterológica" e sugere que o pensamento francês deveria aprender a partir deste descentramento do sujeito ocidental. Porém, tem-se objetado que a própria resposta de Barthes para Khatibi é orientalista, visto que ela omite considerar as implicações específicas do colonialismo no Marrocos a favor de uma celebração um tanto vaga e sem forma da cultura oriental. Mais recentemente, Derrida dedicou *O monolinguismo do outro* tanto a Khatibi quanto a Glissant, conquanto o comentário de Derrida, de que ele é mais "franco-magrebino" do que Khatibi porque ele experimenta alienação e disjunção dentro da língua francesa, no lugar de um resultado da confrontação entre o francês e o árabe, pode ser vista como um pouco tendenciosa. Contudo, o apoio de figuras tais como Barthes e Derrida é apenas um sinal da crescente importância de Khatibi no pensamento francófono, e seu engajamento com Tzvetan Todorov e Jacques Hassoun, entre outros, em sua coleção de ensaios sobre o bilinguismo testificam posteriormente sua participação perspicaz no debate francófono. No entanto, como tenho sugerido, o pensamento de Khathibi é provocativo, visto que ele é bem-sucedido ao combinar um estudo altamente focado do Marrocos, além das culturas islâmica e árabe, com uma crítica do pensamento colonial e etnocêntrico. O conhecimento de tradições flexíveis ignoradas pelo Ocidente também é acompanhado por um chamado ético pela atenção diante da presença da alteridade em qualquer linguagem, e isso é tanto uma forma de intratabilidade levinasiana quanto o traço de outra cultura ou idioma linguístico. Esse chamado ético amplo nunca se torna universalizado a ponto de ocultar as experiências específicas dos sujeitos bilíngues marroquinos, mas manifesta, em vez disso, uma força que contesta o pernicioso determinismo do discurso colonial. Por fim, essa ética oferece uma visão particular do enriquecimento poético e da criatividade literária que transcende fronteiras e categorias, e que promete um modo de pensamento liberto dos constrangimentos tanto do corpo quanto da metafísica.

Pós-colonialismo

Édouard Glissant e o *Discurso caribenho*

Enquanto Khatibi baseia sua visão da ética pós-colonial no bilinguismo e no pluralismo da cultura marroquina, Glissant concebe a identidade caribenha e a poética da "creoulização" como uma catálise que quase pode ser lida como uma revolução cultural global. Escrevendo sobre sua Martinica natal, que permanece uma colônia francesa após ser acordado o *status* de um "departamento ultramarino" [*département d'outre mer*] em 1946, Glissant rastreia a opressão e o silenciamento do subalterno colonizado martinicano, mas o faz tendo em vista propor não apenas o ato de abraçar o bilinguismo, mas para a celebração de uma rede vasta e aberta de interações culturais operando pelo globo e resistindo a formas deterministas de pensamento propagadas pelos regimes coloniais. Assim como Khatibi, Glissant também responde às injustiças do colonialismo ao advogar um modelo alternativamente ético e cultural da relacionalidade, conquanto o foco no lugar em Glissant crucialmente envolva a denúncia específica da ruptura trazida sobre o comércio de escravos no Caribe. Em vez de permanecer atento à distinção e cumplicidade entre política e ética, no entanto, Glissant claramente move-se em sua carreira de uma ênfase sobre o primeiro para abraçar a última questão, e de suas expressões por meio da produção estética. Com efeito, as motivações políticas de seus primeiros romances ainda são perceptíveis em *Discurso caribenho* [*Caribbean Discourse*] (1989); porém, no período de *O tratado de todos* [*Traité du tout-monde*] (1997d) e *O pensamento do tremor* [*La Cohée du Lamentin*] (2005), a política é tudo, mas dispensada de sua confiança convencional sobre o territorialismo e o determinismo, que são anátemas para a ética cultural de Glissant. Enquanto Khatibi e, acima de tudo, Derrida, teorizam e mantêm a tensão entre ética e política na crítica pós-colonial, Glissant escorrega talvez mais fluentemente de uma a outra, erguendo certa dificuldade entre leitores acerca da eficácia limitada ou praticidade do último trabalho, além de suas contradições com a militância inicial. Aqui Glissant pode ser visto como sem rival; no entanto, ele o é em seu dinamismo, na expansividade de sua poética e em sua concepção de valores daquela poética, independentemente das exigências políticas da (pós-)colônia.

O pensamento de Glissant é claramente um desenvolvimento e extensão do poeta e político Césaire, cuja obra *Anotações sobre um retorno para a minha terra natal* [*Notebook of a Return to My Native Land*] (1995), um ponto de referência extraordinário e poderoso na literatura pós-colonial, constitui uma exigência incendiária do território antilhano da visão deformada do colonizador. O "retorno" realizado pelo poema de Césaire de uma só vez afirma os valores culturais da negritude e as tradições da herança negra africana, e esquematiza o exotismo francês para confrontar a doença da Martinica nas mãos de políticos e proprietários de escravos franceses. O trabalho termina com uma imagem dos escravos se erguendo e tomando o controle do navio negreiro, em um atraente gesto de desafio (CÉSAIRE, 1995, p. 131). Contudo, longe de redefinir a Martinica por meio de um novo conjunto de categorizações, o retorno de Césaire é crucialmente e ao mesmo tempo uma abertura: trata-se de uma exposição do dinamismo e da mobilidade da cultura e experiência caribenha negra. De maneira similar, o *Discurso sobre o colonialismo* (*Discourse on Colonialism*, 2000) de Césaire é outra virulenta denúncia do projeto colonial, no qual o autor explicitamente compara a desumanização engendrada pelo colonialismo aos horrores do nazismo. Gozando de maior fama, Césaire afirma agora que a colonização é uma "coisificação": o colonialismo priva os colonizados de sua humanidade, despossuindo-os de suas terras e recursos, além de esgotar o espírito e a energia das sociedades sob seu punho. Outra inspiração revolucionária para Glissant foi a obra *The Black Jacobins* [Os jacobinos negros] (1938) de C.L.R. James, que traça a revolta dos escravos de Santo Domingo, inau-

Pós-colonialismo **207**

gurada por Toussaint Louverture em 1791, seguida pela criação de um Haiti independente em 1804. Primeiramente publicado em 1938, o trabalho de James narra uma alegoria da libertação e emancipação, e tem servido como uma inspiração para muitos pensadores anticoloniais subsequentes no Caribe. Tanto James quanto Césaire são grandes influências na rejeição de Glissant da força desumanizadora do colonialismo em sua exploração da expansividade da identidade e cultura caribenhas.

As primeiras novelas de Glissant tendem a ser vistas como seus trabalhos mais militantes na busca de descrever alguma forma de agência subalterna. Porém, é em seu *Discurso caribenho* que Glissant articula sua crítica do colonialismo de uma maneira quase filosófica; é também onde ele começa a encarar a relação entre a denúncia política da escravidão e a exploração, por um lado, e a emergente "poética da relação", por outro. O texto puramente francês *Le Discours antillais* [*Discurso caribenho*] é pesado, até mesmo incômodo, volumoso, estruturado em múltiplas seções, subseções e subdivisões, como se estivesse em uma paródia da crítica estruturalista francesa e em sua pretensão ao cientificismo. Suas fundações políticas subjacentes são talvez mais claras, no entanto, na seção sobre a relação entre "História" e "histórias", na qual a História oficial com o H maiúsculo é denunciada como um fantasma do Ocidente que especificamente oculta histórias locais plurais. Ademais, Glissant argumenta que "o Caribe francês é o sítio de uma história caracterizada por rupturas e que começa com um deslocamento brutal, a saber, o comércio negreiro" (1989, p. 61). A história caribenha é brutalmente separada de suas origens como um resultado do transporte de escravos da África, e sua descontinuidade tem prevenido o povo de formar uma solidariedade nacional, como as nações africanas o fizeram, contra o poder colonial. A História oficial confia na hierarquia que privilegia a Europa a expensas dos africanos e dos americanos, mas também é estruturada por uma linearidade que não responde pelas disjunções e perdas da "não história" caribenha. Se o historiador pode criar uma continuidade da História da Martinica, traçando um esquema iniciando pelo comércio negreiro, passando pelo sistema de *plantations* e o surgimento de uma elite, até a assimilação e, mais recentemente, para aquilo que Glissant determina como "esquecimento", então mesmo a continuidade é estruturada pelas mudanças trazidas pelo francês: elas são uma função da história de outro alguém.

A não história da Martinica passa a ser a base para a análise econômica prévia de Glissant no livro. O colonialismo e a escravidão trazem a "expropriação" não apenas da história local, mas também da terra e de seus recursos; mas Glissant também argumenta que falta ao colonizador na Martinica e Guadalupe o controle do mercado, e executa uma economia da troca: "ele explora em uma base diária" (GLISSANT, 1989, p. 38). Isso significa dizer que a economia martinicana é estreitamente integrada na economia francesa, dificultando que o colonizado se rebele. Glissant igualmente afirma que essa estrutura engendra uma falta de responsabilidade coletiva, e as consequências disso incluem, por sua vez, uma falta de investimento global, nenhuma acumulação de capital e uma tendência em direção à subprodutividade. Essa exposição da falta de agência local espelha simultaneamente o retrato da letargia, passividade e estagnação encontrada na obra *Anotações sobre um retorno para a minha terra natal* de Césaire. As formas de resistência que ocorreram na Martinica são também, conforme Glissant, do tipo que não podem levar à derrubada nacional do regime colonial. A "economia da sobrevivência" implica que o trabalho é capaz de carpir um terreno que garante o sustento de sua família, mas que isso não o leva a qualquer forma de progresso coletivo. Um modo de resistência mais violento é o dos *maroons* – escravos fugidos que iniciaram suas próprias plantações em novos lotes de terra; porém, novamente, o isolamento dos *maroons* significa que era difícil que sua rebelião assumisse uma força e um significado coletivos. Os *maroons* intelectuais, uma classe feita de "mulatos" e filhos de agricultores que se beneficiaram ao menos da educação primária, estavam assim compromissados por sua confiança na educação francesa; de fato, "eles rapidamente se tornaram o veículo do pensamento oficial" (GLISSANT, 1997e, p. 119). O que falta aos martinicanos é, assim, um projeto distinto e nacionalista que possa garantir a recuperação da posse de seu território.

Glissant propõe uma nova forma de contestação da noção de *antillanité*, uma visão alternativa da identidade coletiva caribenha que irá definir a história e cultura em termos que não são estruturados pelos mitos e ideologia ocidentais. Isso é admitidamente diferente de providenciar, ao fim e ao cabo, a base para uma revolução nacional, mas Glissant a utiliza como um ponto de partida para a invenção de uma forma inovadora de pensamento histórico designado para recuperar o povo local de consignar-se a "não história" e lutar contra a estagnação e passividade diagnosticada também por Césaire. Até a departamentalização em 1946, Glissant argumenta que "o povo do Caribe francês era encorajado, portanto, a negar a si mesmo como uma coletividade, de modo a empreender uma qualidade individual ilusória" (GLISSANT, 1989, p. 7), e determina o reimaginar daquela identidade coletiva em termos que resistem à extensiva universalização do pensamento europeu. Ao rascunhar esse novo conceito de *antillanité*, no entanto, Glissant rejeita, simultaneamente, o uso de Césaire da noção de "*retour*" ou "reversão", uma vez que ele identifica dentro deste termo uma confiança cúmplice em uma identidade centrada e determinista novamente atrelada ao pensamento colonial. O retorno de Césaire indubitavelmente recusa esse identitarismo, que é rígido em sua celebração da expansividade da identidade negra e em sua exploração da relação ativa entre o arquipélago e o resto do mundo, tanto em termos topográficos quanto políticos e culturais; mas o argumento de Glissant é, no entanto, que o *conceito* de retorno assume a estabilidade de retorno para si mesmo. De fato, "a reversão é a obsessão com uma origem única: alguém não pode alterar o estado absoluto do ser" (GLISSANT, 1989, p. 16). Por outro lado, desse modo, Glissant recomenda a invenção da *antillanité* por meio do *"détour"* ou "desvio"; o recurso da cultura que não é diretamente oposto contra um inimigo, mas que precisa conceber sua resistência de forma sub-reptícia. O *détour* não pode confiar na construção de uma identidade alternativa coerente, mas toma a forma, em vez disso, de "um entrelaçamento de forças negativas que avançam sem desafios" (GLISSANT, 1989, p. 19). Essa é também uma estratégia ou momento que deve levar ao seu próprio *dépassement* ou desenvolvimento; seu sucesso determina que ele transcenda, por fim, seus próprios confinamentos.

O primeiro exemplo de estratégia de *détour* (desvio) é o uso da língua crioula. Ao empregá-la, o escravo ou trabalhador abraça a linguagem simplificada imposta a ele pelo seu senhor, e ele inverte e se apropria dele, de modo que isso simboliza sua diferença e resistência. Nos termos de Glissant, "você quer me reduzir a um balbuciante infantil, e eu farei deste balbuciar sistemático: vejamos se você pode extrair algum sentido dele" (GLISSANT, 1989, p. 20). O crioulo torna-se um logro usado pelo escravo para alienar o proprietário de escravos e reclamar o idioma como seu. Enquanto para pensadores e escritores posteriores como Patrick Chamoiseau e Raphaël Confiant, a *créolité* batiza uma cultura a ser afirmada e mantida; no entanto, a concepção do uso do crioulo por Glissant como uma estratégia de *détour* requer que seja ultrapassada, por sua vez, para que leve a algo novo. O fervor revolucionário de Fanon e a linguagem poética de Césaire trouxeram uma mudança concreta: eles as usaram como uma estratégia de *détour*, de modo a enfrentar o mundo diferentemente e, com efeito, conforme Glis-

Pós-colonialismo **211**

sant, eles também compreenderam que o *détour* deve, em certo nível, ser misturado com outro retorno – não à origem, mas "ao ponto de emaranhamento" (GLISSANT, 1989, p. 26). Agarrar-se ao crioulo poderia fazer com que a cultura martinicana se estagnasse, e Glissant teme que esse *pigdin* não é a linguagem com a qual os martinicanos podem expressam sua criatividade. Glissant tem sido criticado por falhar em ver o rico potencial da cultura e linguagem crioulas, mas esse é, no entanto, o argumento do *Discurso caribenho*: não se trata da *créolité*, mas da exploração de um ponto amplo de emaranhamento que servirá como foco para a *antillanité*. Isso também significa que Glissant recomenda o contínuo e imprevisível *processo* de crioulização por meio do abraço da interação e troca, em vez do estabelecimento de uma identidade crioula específica.

Essa busca pelo "ponto de emaranhamento" no coração da *antillanité* leva para a próxima elaboração da "poética da relação": uma exploração da identidade caribenha que celebra sua justaposição e mistura de diversas influências e práticas culturais. Isso não é apenas uma *métissage* (mestiçagem), a simples mistura do negro e do branco, mas uma interação mais complexa de crioulização que produz, por sua vez, o imprevisível. Essa relacionalidade dinâmica reclama a transculturação celebrada pelo pensador cubano Fernando Ortiz que, em vez de descrever a adoção de uma nova cultura implicada pela "aculturação", reforça "o fenômeno altamente variado que ocorreu em Cuba, como o resultado de transmutações extremamente complexas da cultura que tomaram lugar aqui" (ORTIZ, 1995, p. 97). Similarmente, a poética da relação promove a "diversidade" em vez da "igualdade", e essa concepção de diversidade não produz uma nova fusão, mas "significa o desejo do espírito humano por um relacionamento intercultural, sem transcendência universalista" (GLISSANT, 1989, p. 98). Enquanto a igualdade privilegia o ser, a diversidade inaugura a relacionalidade, e onde a igualdade impulsiona o projeto expansionista europeu, a diversidade emerge na resistência do povo. Em termos de reminiscência do trabalho de Lévinas, Glissant oferece aqui uma crítica ética do totalitarismo basilar do universalismo europeu e argumenta que mesmo o discurso francês dos direitos humanos nasceu dessa "saturação da igualdade", bloqueando as necessidades da diversidade. É na literatura e na poética que Glissant sugere que a ética da diversidade sobreviva e, como veremos, é esse investimento na literariedade e estética que virá a dominar o pensamento posterior de Glissant.

A crença de Glissant no poder da literatura não implica, porém, um privilégio da palavra escrita. De fato, a cultura relacional que ele busca revigorar é algo que celebra a história oral, e a forma oral para Glissant empreende a mutabilidade e o dinamismo encapsulado pelo diverso. Glissant chega ao ponto de atestar que "o escrito é a influência universalizante da igualdade, enquanto o oral deveria ser a manifestação organizada da diversidade" (GLISSANT, 1989, p. 100). No entanto, formas impressas são, conquanto potencialmente próteas em significado, fixadas na página, enquanto a forma oral permite que o orador adapte ou revise o que ele narra; a oralidade deixa espaço para digressão, omissão e recriação. A poética glissantina recomenda, portanto, a inserção do oral na forma escrita, e a inscrição do dinamismo da língua falada no literário. Novamente, a celebração de Glissant da cultura oral não leva ao privilégio da *créolité* ou, com efeito, do folclore aqui. No entanto, se Glissant concebe um papel para a cultura popular, esta será uma afirmação estratégica levando à sua própria transcendência necessária. A poética da relação defende a interação dinâmica e mutante do oral e do escrito, e não apenas retenção e afirmação de uma tradição existente de contar histórias.

Além disso, o diverso é expresso não apenas no uso da língua crioula ou na cultura oral, mas por meio do multilinguismo. Se

Pós-colonialismo   **213**

a concepção de bilinguismo de Khatibi serviu para ressaltar relacionalidade linguística e dinamismo, Glissant foi além de Khatibi e exaltou a interpenetração de qualquer língua com múltiplos idiomas mutantes. Glissant reescreve a distinção de Saussure entre "linguagem", compreendendo o sistema de linguagem, e "discurso", denotando instâncias particulares do uso da linguagem, de modo a criticar o hermetismo assumido do primeiro e enfatizar a criatividade variada empreendida pelo último. Percebendo que o multilinguismo tem frequentemente recaído na crença da separação hierárquica entre as línguas no decorrer da história, Glissant sugere, em vez disso, que o próprio conceito de linguagem ou *langue* pode ser aberto pelo exame das invenções criativas de línguas particulares ou *langages*. Para Glissant, "a linguagem [*la langue*] cria a relação, instâncias particulares da língua [*le langage*] criam a diferença, e ambas são igualmente preciosas" (GLISSANT, 1997e, p. 552). É por meio da inflexão de seu francês escrito com os ritmos e idiomas de seu crioulo falado, por exemplo, que Glissant cria sua própria linguagem simbiótica, e é com esses tipos de *linguagens* singulares, porém multivalentes, que o universalismo e a padronização associada com o francês e instituída por meio do colonialismo podem ser minados.

O *Discurso caribenho* sugere que esse dinamismo contestatório pode ser criado por meio da mistura entre o francês e o crioulo, ou do oral e do escrito. As últimas seções do texto francês adicionalmente introduzem a noção de "delírio verbal" como um meio de descrever "as manifestações desviantes [...] que limitam a si mesmas para a prática de línguas particulares (escrita ou falada)" (GLISSANT, 1989, p. 625), conquanto estas, por sua própria natureza, não possam ser tomadas como exemplares. Seja como for, Glissant esquematiza algumas formas desse "delírio verbal" com certa ironia autoconsciente, notando, por exemplo, o uso da repetição, das fórmulas, da evidência, das estruturas que procedem pela proliferação em vez da sequência e, por fim, a visão de si mesmo como determinada pela visão transcendente do outro. Porém, em maior grau, esse desafio é a disfunção que pode subverter as normas da língua francesa, mas que irão eventualmente ser ultrapassadas por uma relacionalidade mais expansiva e criativa. Glissant explora em seguida o teatro como um meio para a apreensão da consciência, que pode passar por uma fase de folclore, mas cujo dinamismo deve também buscar ir além do folclore. Contudo, de maneira crucial, essas estratégias são concebidas como formas de contestação que podem levar à libertação nacional e, apesar de privilegiar a poética, o texto mantém algo da visão marxista de reintegração de posse. Ao fim do estudo, Glissant retorna para a "poética da relação" como a forma que irá explorar tanto a realidade complexa da cultura martinicana quanto a diversidade e dinamismo de todas as culturas do mundo; porém, as páginas finais desafiam, ainda assim, o chamado pela independência da Martinica a partir dessa revolução na mentalidade cultural. A crioulização, concebida juntamente com as seções mais azedas de Glissant sobre a desigualdade política e econômica, é desafiada aqui como uma ferramenta estratégica que conduzirá à libertação nacional.

A poética de Glissant

Além do *Discurso caribenho* e das novelas, Glissant produziu uma série de ensaios ou reflexões, agora publicadas pela Gallimard como uma série intitulada *Poétique* [*Poética*] e numerada sequencialmente. Há um alto nível de repetição e reescrita por meio da série e, de fato, *A poética da relação* (1997c) é também explicitamente "um eco reconstituído ou uma espiral do recontar" do *Discurso caribenho* (GLISSANT, 1997b, p. 16), assim como de *L'Intention poétique* [*A intenção poética*] (originalmente publicado em 1969, mas reeditado como *Poétique II*; 1997b). A estrutura espiral é evidentemente em si mesma concebida como uma alternativa para a linearidade da história oficial ou europeia; de fato, os volumes individuais são por si mesmos uma mistura híbrida subversiva de literatura, filosofia e linguagem política intermitente, estruturada não por um argumento linear, mas por fragmentos sobrepostos. Os últimos textos da série *Poétique* também são notadamente diferentes do *Discurso caribenho*, seja por privilegiarem a estética em vez da política, seja em sua forma altamente literária. *A poética da relação* nos conta que a relação não apenas "amarra" e "retransmite", mas também "reconta", sugerindo que isso acontece por meio da criação e transferência de narrativas. A crioulização defendida no *Discurso caribenho* é agora o produto de uma forma aberta de contar história, onde seções de narrativas são "retransmitidas" de um narrador para o próximo. É também surpreendente que a abertura de *A poética da relação* se expanda sobre a discussão filosófica do comércio negreiro como a inauguração de uma não história, este tempo por meio de uma evocação intensamente poética do abismo através do qual os navios negreiros navegavam por sua jornada até o Caribe. No entanto, a descrição desse exílio originário aqui alça um novo conceito, a saber, de *errance* ou errância, sugerindo não tanto a perda, mas o ato de errar e a descoberta. A imagem inicial do transporte de escravos, deste modo, não leva à alienação, mas à criação e narração do "conhecimento compartilhado".

Além disso, a poética daquela relacionalidade é concebida usando um novo conjunto de imagens, derivadas de Deleuze e de *Mil platôs* (1988) de Félix Guattari, opondo a estrutura enraizada do rizoma; e, em vez disso, produzindo em torno da rejeição de Derrida das origens, tal como exposto em *Gramatologia*. Glissant se afasta do vocabulário da estratégia política e logra a favor de um abraço de coração aberto do "pensamento rizomático": um modelo de identidade cultural e troca pautada sobre as conexões em vez de opor uma origem individual e monológica. Parafraseando Deleuze e Guattari, Glissant denuncia as estruturas enraizadas como redutivas, e até mesmo totalitárias, enquanto celebra a entrelaçada rede de caules e raízes que constituem a estrutura rizomática:

> A raiz é única, um suprimento que toma tudo sobre si e que mata tudo ao seu redor. Em oposição a isso, eles propõem o rizoma, um sistema de raízes em rede, uma rede que se espalha no solo ou no ar, sem enxerto predatório que o tome de modo permanente (GLISSANT, 1997c, p. 11).

Se a estrutura de raiz descreve uma identidade firmemente plantada no solo, relacionada com uma origem identificável e imutável o rizoma, um termo originalmente usado para batizar aqueles tipos de planta cujas raízes formam uma rede complexa, evoca um modo plural e interativo de individualização e autocriação. Ele também inaugura a conceituação do ser não como um produto concluído, mas como um processo ou, de fato, como um "traço" singular. Qualquer identidade específica é necessariamente agora temperada e aberta por suas conexões com outras partes da estrutura rizomática. Apesar das origens biológicas do conceito de rizoma, no entanto, o uso de Glissant é acima de tudo como uma metáfora criativa, como um descritor poético da relacionalidade caribenha ou do "pensamento nômade". O rizoma torna-se uma figura de resistência ao pensamento colonial, e seu privilégio do monolinguismo, territorialidade e determinismo cultural.

Talvez não seja surpreendente, após essa abertura poética, que *A poética da relação* de Glissant proceda ao explorar exemplos literários do pensamento rizomático. Glissant percebe que os próprios textos fundacionais da comunidade, *A Ilíada*, *A Odisseia*, as *Chansons de geste* e as Épicas africanas, são frequentemente textos do exílio ou até mesmo da *errância*. Nesses trabalhos, a posse do território é questionada, no qual a consciência coletiva é criada por meio da exploração aberta da viagem e migração em vez do estabelecimento de fronteiras. Ademais, Glissant cita a poética de Baudelaire, e argumenta que, ao explorar a consciência interna do poeta, Baudelaire revela que o eu íntimo é vasto e expansivo. A *persona* poética descobre, conforme Glissant, que "a alegada estabilidade do conhecimento não leva a lugar nenhum" (GLISSANT, 1997c, p. 24). Se a poesia de Baudelaire permanece dentro dos confinamentos da língua francesa, porém, o famoso pronunciamento de Rimbaud que "eu sou um outro" torna-se, para Glissant, a afirmação arquetípica da poética da relação. Rimbaud busca não apenas ampliar seu conhecimento de si mesmo, mas transformar aquele eu, transcender e romper a tradição e herança. O trabalho de Segalen é então citado como um exemplo adicional de uma estética que abraça o diverso e, como Khatibi, Glissant reconhece a importância da concepção de Segalen de uma moral ou relação ética com o outro. Por outro lado, Glissant cita o trabalho de Saint-Jean Perse, uma vez que ele opera o movimento reverso de retornar da periferia (de sua terra natal, Guadalupe) para o centro. De modo mais importante, a poética da relação pode ser localizada por meio da história tanto francesa quanto do mundo da literatura e, ao mesmo tempo, adota diferentes formas quando rascunhada por diferentes poetas. Precisamente, a poética da relação não é um modo de escrever que pode ser fixado e determinado, mas nomeia mais amplamente, como a pressionar as fronteiras, contra o territorialismo e contra as formas monádicas de identidade. De fato, Perse, um dos escritores sobre os quais Glissant permanece por mais tempo, é explorado não apenas por privilegiar o Caribe sobre a Europa, mas porque seus escritos investem em e desejam ambos os mundos. Talvez de modo mais problemático, Glissant também cita a migração de Fanon da Martinica para a França, e dali para a Argélia, como um exemplo de relação, conquanto, naturalmente, isso omita o próprio privilégio de Fanon de uma identidade nacional a serviço da descolonização na Argélia.

Um exemplo adicional desse movimento em relação à poética da relação pode ser encontrado na arte barroca. Para Glissant, "a arte barroca foi uma reação contra a pretensão do racionalismo de penetrar os mistérios do conhecido com um movimento uniforme e conclusivo" (GLISSANT, 1997c, p. 77). A arte barroca goza da proliferação e expansão das formas estéticas: ela se afasta da exigência pela uniformidade e evita a transparência. A celebração de Glissant da *métissage* (mestiçagem) da arte barroca recobra o trabalho do escritor e pensador cubano Alejo Carpentier, que evoca a riqueza do "realismo mágico" e do barroco na América Latina. Para Carpentier, o barroco é, com efeito, "a arte em movimento, arte pulsante, uma arte que se move para fora e longe daquela do centro, que de alguma forma rompe através de suas bordas" (CARPENTIER, 1995, p. 93). Ela é também uma forma de arte que se ergue especificamente do rápido encontro de culturas, tais como na América Latina, como o resultado do colonialismo português e espanhol. A *métissage* pós-colonial, para Carpentier, conduz a formas dinâmicas de transformação artística.

Ademais, a arte barroca e a poética da relação de modo mais geral recusam propor formas inequívocas e monológicas de significado, mas afirmam o valor da opacidade. Glissant recomenda formas de artes que não oferecem de volta ao Ocidente seu próprio reflexo transparente, mas que dão voz ao não familiar e ao desconhecido. Ao aderir a modos de escrita que permanecem ancorados dentro da forma padronizada do francês, e que não exploram o contato entre o francês e outras línguas, irá prevenir a cultura de desenvolver e aprimorar-se de formas novas e variadas. Como resultado, Glissant avança para argumentar que a promoção da *francophonie* como um meio de proteger a linguagem e impor uma forma padronizada do francês sobre o resto do mundo repete o gesto colonial de silenciar outras vozes. A *francophonie* para Glissant deve estar preocupada, pelo contrário, com a evolução da linguagem e sua habilidade de transmitir de diversas culturas e povos. Ademais, o francês tem sido associado com mitos de clareza e lógica desde o século XVIII; ele tem sido concebido potencialmente como uma ferramenta universal como uma forma de expressão capaz de emprestar a racionalidade para todos os seus falantes. De outra feita, Glissant não recomenda o direito do colonizador de falar sua própria língua; mas, em vez disso, um princípio de comunicação e interação entre linguagens. A opacidade, assim, não é "o encerramento dentro de uma autarquia impenetrável, mas a subsistência dentro de uma singularidade irredutível"; ele não nomeia a afirmação de um idioma fechado em si mesmo, mas a retenção do singular, porém complexo linguisticamente ou das formas relacionais de expressão (GLISSANT, 1997c, p. 190). Trata-se de um signo de confluência e intercâmbio em vez de isolamento.

Um dos mais notáveis desenvolvimentos em *A poética da relação* e, de fato, dos últimos volumes da série *Poétique* é a ênfase crescente sobre sua relacionalidade como novas formas de totalidade. Glissant repetidamente critica o antigo universalismo eurocêntrico que impõe seus próprios valores restritivos e sua identidade cultural sobre as colônias. Esse universalismo é enganador: ele mascara sua própria particularidade sob o mito da assimilação. A totalidade, por outro lado, é a vasta rede de relações e interações inclusivas empreendida na poética de Glissant; não se trata de uma generalização monolítica, mas nomeia o todo que é formado por uma rede diversa e pulsante de conexões. O pensamento de Glissant mantém um hegelianismo latente em seu desafio da dialética que poderia abraçar ou até mesmo absorver (sem advertência) as surpresas e justaposições que ele recomenda. A dialética não é totalitária, não é absoluta, mas nomeia, porém, uma força global de movimento e mistura. Já em *A poética da relação*, Glissant também concebe a totalidade da relação como o *chaos-monde*, não como uma fusão ou confusão, mas a combinação caótica e imprevisível de movimentos e interações que toma lugar em todo o mundo. Extraindo ocasionalmente de forma espúria com base na teoria da ciência do caos, Glissant emprega o modelo do caos para descrever a contingência e a energia entrópica da poética da relação e para enfatizar sua potencialidade extensiva; porém, com efeitos imprevisíveis.

Eu sugeri no início que o pensamento de Glissant se desloca cada vez mais para longe do foco sobre a especificidade do Caribe, e certamente o conceito de *chaos-monde* pode ser percebido como o causador desta renúncia de uma poética especificada e enraizada no local. *A poética da relação* é o terceiro volume da série reeditada da Editora Gallimard, e os volumes IV e V, *Traité du tout-monde* e *La Cohée du Lamentin*, claramente desenvolvem este abraço da totalidade a expensas da adesão prévia ao lugar. No *Traité du tout-monde*, Glissant avança na elaboração e até mesmo esquematiza o pensamento do *chaos-monde* ou o *"tout-monde"* como o encontro, a interferência mútua, a harmonia ou a falta dela entre culturas; e este novo processo é caracterizado pela velocidade, pela imprevisibilidade, pela autoconsciência e pela valorização mútua das culturas. Em *La Cohée du Lamentin*, o vocabulário da totalidade é acompanhado por aquele da *mondialité* ou globalidade, distinto do neoimperialismo da "globalização" e implantado para evocar a diversidade e relacionalidade pelo planeta:

> Esta globalidade projeta em uma aventura sem precedentes, que é dada a todos nós para viver hoje; e ao mundo, que, pela primeira vez, de modo tão verdadeiro e de maneira tão imediata, súbita, concebe a si mesmo como múltiplos e um, e inextricável (GLISSANT, 2005 p. 15).

Ademais, Glissant descreve a totalidade das relações como trêmula; isso evoca tanto o tremor das pessoas diante do desastre quanto o movimento ruidoso produzido por migração, viagem e trocas culturais. O conceito de tremor de Glissant privilegia a agitação as formas da produção artística sobre sistemas fixos, sobre a tradição e o determinismo, e acrescenta às discussões anteriores sobre relacionalidade a implicação de uma mobilidade infinita, às vezes imperceptível. O título de Glissant, *La Cohée du Lamentin*, faz referência ao seu local de nascimento na Martinica, e ainda assim qualquer referência específica à Martinica ou ao Caribe em seu trabalho é logo subordinada ao turbilhão desse tremor, de modo que o arquipélago nada mais é do que a figura privilegiada do movimento global e da relacionalidade. Glissant especificamente percebe que o perigo de evocar o Caribe como um sítio único de *métissage* é precisamente a ocultação potencial de formas de interação que tomam lugar através do mundo.

No entanto, é essa efetiva dissolução da especificidade caribenha que tem produzido problemas a alguns dos críticos de Glissant. Peter Hallward argumenta que o investimento na especificidade da Martinica e a construção de uma agência subalterna no trabalho anterior de Glissant são completamente superados nos textos posteriores por uma reflexão sobre a autodiferenciação singular. Seres estão em constante evolução, a totalidade é constante e interações entre grupos particulares são dissolvidas nesse todo abrangente. O *détour*, a opacidade e foco no lugar acabam servindo apenas a serviço de sua própria extinção pela força totalizante do *chaos-monde* ou globalidade. Com efeito, qualquer afirmação de opacidade toma lugar no diálogo com outras culturas, e a especificidade que tem sido representada pela opacidade é diluída e transformada por meio daquele diálogo. Qualquer concepção persistente de agência nacional no *Discurso caribenho* é agora desabilitada por uma força de totalização singular e ampla e, se referências fugidias à especificidade podem ainda ser encontradas em *A poética da relação*, isso "tem pouco a ver com as relações com e entre tais particularidades" (HALLWARD, 2001, p. 123). Hallward percebe no particular que a mudança na reação de Glissant para Perse do *Discurso caribenho* para *A poética da relação* empreende tal mudança problemática; de modo que, no trabalho prévio, Perse foi condenado por não oferecer suficientemente uma visão específica do Caribe, enquanto em *A poética da relação* ele é louvado por sua *performance* da relacionalidade. Por fim, para Hallward, o resultado desta mudança é a rejeição desastrosa dos próprios conceitos que fundaram as bases políticas do *Discurso caribenho*: "não pode haver restituição de posse nacional, posto que a desapropriação é agora a condição (e oportunidade) da realidade criativa *per se*" (HALLWARD, 2001, p. 124-125).

Hallward pode estar correto em seu diagnóstico do desengajamento inicial de Glissant da política; com efeito, a defesa da eficácia política de Glissant oferecida por críticas mais positivas, tais como a de Michael Dash, pode ser vista como um pouco frágil. O chamado pela libertação da Martinica, ainda presente no *Discurso caribenho*, era claro, no entanto, mesmo quando atado a logros e estratégias que foram concebidas apenas no interesse de sua eventual superação; e as sementes da "globalidade" deitam naquele investimento precoce no *dépassement* ou desenvolvimento. Ademais, se a política e a poética em alguma extensão divergem no trabalho de Glissant, então isso pode servir ao propósito preciso de criar um espaço para as formas de produção cultural não limitadas pela militância. Em *A poética da relação*, Glissant argumenta em prol da estética libertadora, e conquanto isso esteja claramente relacionado à denúncia do pensamento colonial, as formas poéticas recomendadas por Glissant não devem servir de um movimento anticolonial específico. Assim com Hallward, Bongie articula as dificuldades do desengajamento político de Glissant em seu ensaio "Édouard Glissant: lidando com a glo-

Pós-colonialismo **223**

balidade" (2008), e ainda assim é talvez útil que Bongie conclua, no entanto, ao conceder que:

> O trabalho tardio de Glissant fornece um lembrete valioso da distância entre cultura e política, mesmo que sua compostura serena não ajude, mas crie uma nostalgia para os "futuros brutos" que uma política resistente, uma política anticolonial capaz não apenas de divergir, mas de combater as aspirações imperiais dos proponentes valentões do império; não ajuda, mas continua a prever (BONGIE, 2009).

Desse ponto de vista, pode-se argumentar que Glissant é pouco usualmente corajoso entre os pensadores pós-coloniais no tocante a não promover uma "cultura política" banal, mas conceber um papel para a estética como um sítio de experimentação não necessariamente ligado às demandas concretas da independência política. A poética da relação insiste na libertação do imaginário antes da derrocada da opressão política.

Por fim, a divisão no trabalho de Glissant pode ser vista ao recobrar o cisma das reflexões de Derrida sobre política e estética, conquanto não haja dúvidas que Derrida mantenha, de modo majoritário, uma autopreocupação e um rigor que faltam na utopia cultural de Glissant. Apesar de separar as exigências da ética e da política, ademais, Derrida argumenta, porém, pela necessidade do pensamento lado a lado, por mais desconfortável e difícil que o processo possa ser. A celebração da poética de Glissant é também amplamente ética, e sua reminiscência derivada do pensamento derridiano em sua negação das origens, do territorialismo e das fronteiras, além de sua exploração da autodiferenciação singular como sendo um "traço". Não obstante, se o trabalho de Glissant recobra aquele de Derrida, ele também investe muito mais no papel não apenas da ética, mas da poética ou da estética, e é talvez no turbilhão criativo e evocativo do texto que ele também perde o toque com o político. A defesa da opacidade de Glissant é também uma reminiscência da última afirmação de Bhabha dos direitos das culturas minoritárias, especialmente quando concebidas por críticos como Britton, a saber, como "um valor ético e um direito político" (1999, p. 25). Quando concebida meramente como parte do infinito trêmulo da poética da relação, no entanto, a opacidade perde sua força política e torna-se mais um foco da energética, porém desenraizada experimentação cultural. Com efeito, nas recentes reflexões sobre a estética coligidas no volume *Une nouvelle région du monde* [*Uma nova região do mundo*] (2006), Glissant explicitamente defende o papel da estética antes da ética e da política, e o dinamismo da relação é associado com a estética de modo belo. Assim, de modo evidente, Glissant movimenta-se de uma só vez, ética e politicamente, do apaixonado tratado do *Discurso caribenho* para uma visão mais literária e estética da relacionalidade cultural infinita, e a ambiciosa varredura posterior indubitavelmente enfraquece sua ressonância política no lugar em que ela foi engendrada. Ainda assim, esse estágio posterior permanece provocativo e enriquecedor, talvez precisamente porque ele imagina uma estética e ética cultural que libera a produção artística das exigências de um engajamento político imediato, e sugere que a poética tem um papel distinto daquele dos movimentos independentistas concretos. Glissant advoga, desse modo, por uma forma de experimentação literária e linguística que responde à pós-colonialidade e parte para liberar o pensamento da metafísica imperialista; porém, isso ocorre de modo não subserviente ao objetivo de uma mudança de regime. O *Discurso caribenho* oferece uma visão da crítica ética e política enraizada nas experiências da Martinica. *A poética da relação* e os trabalhos seguintes, porém, são provocativos acima de tudo como um resultado de sua desafiante busca por uma estética pós-colonial sem precedentes.

Pontos-chave

• Khatibi alia a descolonização à desconstrução, e recomenda (com Derrida) a afirmação do *pensée autre* (outro pensamento), que poderia atender as diferenças culturais. Ele também desenvolve uma teoria do bilinguismo que explora tanto os efeitos alienantes quanto o potencial criativo da escrita em duas linguagens.

• A teoria pós-colonial geral do bilinguismo de Khatibi é acompanhada de uma detalhada exploração das culturas marroquinas, árabe e islâmica. Ele critica Berque por conceber a cultura árabe em termos generalizados, e investiga a arte caligráfica como uma forma de representação que abre a relação entre o signo e o referente de formas desafiadoras e éticas.

• O *Discurso caribenho* de Glissant é um chamado pela libertação da Martinica, assim como para a celebração da relacionalidade cultural não relacionada ao *pensée autre* de Khatibi. Glissant apresenta a cultura caribenha ou *antillanité* como múltipla e diversa, e afirma o potencial criador do *détour* ou desvio em vez de um retorno direto para as raízes.

• O último trabalho de Glissant é menos político do que o *Discurso caribenho*, e concentra-se sobre a produtividade cultural e estética da *antillanité* como um sítio de relacionalidade. Glissant também incorpora o caribenho ao *chaos-monde*, uma rede sussurrante e trêmula de múltiplas conexões capazes de trazer inovação cultural e mudança. Esse divórcio entre cultura e política é um sinal útil dos papéis distintos desempenhados por cada um na crítica pós-colonial.

7

Ética com política?
Spivak, Mudimbe, Mbembe

O trabalho da maioria dos pensadores pós-coloniais discutido neste livro tem tanto implicações éticas quanto políticas, ainda que tenda a privilegiar uma abordagem sobre a outra. A militância de Fanon e Sartre é sustentada por um chamado ético pela liberdade e pela autoinvenção subjetiva, mas o primeiro objetivo deles é a descolonização da Argélia; enquanto pensadores como Derrida e Bhabha, em sua preocupação ética da intratabilidade do outro, inicialmente fornecem as bases para a liberdade política. Ademais, alguém pode detectar na trajetória evolutiva de Glissant, e no movimento de Said entre políticos palestinos, Islã e crítica literária, uma distinção entre escrever algo que é primeiro e acima de tudo político, e aquilo que insiste, acima de tudo, em uma agenda ética ou cultural. Spivak, Mudimbe e Achille Mbembe, no entanto, engajaram-se mais explicitamente por meio de seus livros com a teoria política marxista e com uma forma de pensamento ético derivado da desconstrução. Particularmente, no trabalho de Spivak, essa dualidade pode levar à contradição, uma vez que, às vezes, ela clama por uma compreensão renovada da agência política subalterna, enquanto para outros o subalterno é uma figura mais intratável, significando a resistência do outro a formas concretas de representação. Tais contradições nunca são plenamente resolvidas no trabalho de Spivak, conquanto ela alcance a noção de "essencialismo estratégico", em um esforço de argumentar que demandas específicas por agência possam descansar na afirmação da identidade, mas que a identidade não necessariamente adquire permanência ou uma "verdade". No entanto, o ecletismo de Spivak, Mudimbe e Mbembe sugere, por fim, que enquanto o político e o estético de fato requerem modos de pensamento distintos, esses diferentes modos são necessários para uma compreensão do pós-colonialismo e, de fato, para o desafio de mantê-los operando sem ceder diante das deficiências associadas com o uso programático de ambos. Esses três pensadores são tratados de modo conjunto aqui, assim, porque apesar das diferenças em seus focos – Mudimbe e Mbembe escrevem especificamente sobre a África colonial e pós-colonial – eles também extraem de uma só vez do marxismo e da ética pós-estruturalista e, ao fazê-lo, demonstram a inevitável polivalência da reflexão filosófica pós-colonial.

Gayatri Spivak

Spivak cresceu em Calcutá, onde obteve sua graduação em língua inglesa; dirigiu-se para Cornell com o objetivo de concluir seus estudos, onde também ensinou em Iowa, nos Estados Unidos. Atualmente leciona na Universidade de Colúmbia em Nova York, e conquanto precocemente em sua carreira ela talvez tenha sido mais conhecida como a tradutora da obra *Gramatologia* de Derrida, e seus textos prolíficos sobre o pós-colonialismo a levaram mais recentemente a tornar-se uma das pensadoras mais citadas no campo. O trabalho de Spivak amplamente estabelece o resgate do "subalterno", tanto das estruturas do imperialismo e da opressão neoimperialista quanto do voraz punho dos acadêmicos ocidentais, cujo discurso recentemente tem ocultado e subjugado o outro não ocidental. Desse modo, seu pensamento é claramente alinhado com aquele do Coletivo de Estudos Subalternos, e ela regularmente contribuiu com artigos para a revista do grupo, conquanto tenha sido tratada separadamente aqui porque seu trabalho ultrapassa seus limites de várias formas.

Em primeiro lugar, Spivak deriva apenas das teorias da exploração econômica de Marx e da análise da cumplicidade entre poder e conhecimento de Foucault; mas também das explorações de Derrida do outro inacessível e singular na linguagem. Em segundo lugar, o trabalho de Spivak é distintivo por seu foco no gênero: quando escreve sobre a opressão do subalterno, examina especificamente a dupla subjugação da mulher pelo imperialismo e pelo patriarcado. Já foi objetado mais de uma vez que uma falha significante nos estudos pós-coloniais é a falta de atenção particular à opressão feminina ofertada por sua maior representatividade, e talvez seja verdadeiro que Spivak seja uma das poucas vozes renovadas neste campo que consistentemente analisa o sofrimento das mulheres subalternas. Enquanto Bhabha raramente mencione o gênero em qualquer parte de seu trabalho, Spivak concebe sua crítica pós-colonial como necessariamente sempre feminista. Em terceiro lugar, o trabalho de Spivak é inusual em sua constância; às vezes até mesmo excessivo, autoconsciente e confessional diante da perpétua ansiedade sobre seu próprio trabalho, que repetidamente serve para alertar o leitor sobre as lacunas e obstáculos que estorvam o processo de formar uma crítica pós-colonial. Para muitos críticos, essas dúvidas internas beiram um narcisismo esquisito que se coloca no caminho de Spivak em sua tentativa de lidar com a mecânica real da opressão colonial, e certamente, de tempos em tempos, seu trabalho transparece estar muito preocupado com o eu e com a função da "teoria" em vez do outro. Porém, a autoconsciência de Spivak é altamente provocativa, uma vez que, assim como em

Derrida, isso nos força a perguntar a questão fundamental sobre o que a filosofia pós-colonial é e faz. Essas implicações da ansiedade de Spivak serão discutidas no final desta seção.

Um dos desdobramentos principais do trabalho de Spivak, assim, é sua defesa do trabalho de Marx, visto que ela argumenta sobre seu caráter único e provocativo como o resultado de sua exegese revolucionária do capitalismo global. Ela lê Marx por sua compreensão política e econômica generalizada do capital e sobre como ele funciona através do globo, e avança para usar alguns de seus conceitos para explorar as mecânicas da opressão pós-colonial ou neoimperialista. Ademais, de forma pouco usual, Spivak simultaneamente foca nas complexidades do texto de Marx e se esforça contra as leituras que concebem seu pensamento como determinista e redutivo. Um de seus mais famosos ensaios sobre Marx, "Especulações dispersas sobre a questão do valor" (1996b), por exemplo, explora a construção escorregadia da noção de valor em Marx, e também expande a crítica de Marx sobre a classe governante burguesa, de modo a questionar as desigualdades subentendidas no próprio trabalho acadêmico no qual ela mesma está engajada. Spivak inicia ao levantar a questão de como conceber o sujeito de modo que ele não seja nem o todo "materialista", nem inteiramente "idealista". De modo a responder isso, ela avança para identificar a flexibilidade potencial e abertura nos escritos de Marx sobre o valor e reforça a "textualidade" de sua escrita materialista. Spivak mostra assim que o valor é concebido em Marx como uma representação e, acima de tudo, como um diferencial: "o que é representado ou representa a si mesmo na *commodity* diferencial é o valor" (SPIVAK, 1996b, p. 114). Ainda que tenha estabelecido isso, ela em seguida demonstra que, ao relacionar o trabalho ao valor e dinheiro mediante a representação, o pensamento de Marx mascara diversas descontinuidades, tais como o fato de o dinheiro ser "separado de seu próprio ser como *commodity*", ou que o dinheiro é um tipo de "momento fugidio que facilita a troca entre duas *commodities*" (SPIVAK, 1996b, p. 115). Como resultado, Spivak argumenta acerca do esquema de Marx sobre a relação entre valor, dinheiro e capital que "a cada passo da dialética algo parece levar para uma franqueza da textualidade: indiferença, inadequação, ruptura" (SPIVAK, 1996b, p. 116). O processo de representação inerente no modelo de Marx mascara a ambivalência ou o escorregão. Spivak também aponta a ambiguidade da noção de valor de uso, sugerindo que ele está tanto dentro quanto fora do sistema de determinação de valor, visto que ele não é parte do circuito das trocas e, ainda assim, a noção de valor de troca repousa, porém, na noção de uso. Essa leitura de Marx é "textualista", de modo a explorar as confusões ocultas no texto de Marx e celebrar sua pertinência.

As "Especulações dispersas sobre a questão do valor" de Spivak problematizam a noção de valor de Marx, de modo a rejeitar as acusações de que seu pensamento é determinista; mas ela também avança ao usá-lo de modo a mostrar que a literatura acadêmica também apoia a divisão internacional do trabalho. Desenvolvimentos nas telecomunicações entrincheiram mais essa divisão, tal como a opressão das mulheres; Spivak argumenta que qualquer teoria do valor precisa levar em conta a exploração impulsionada em nome da produção de tecnologias nas quais nós confiamos. Além disso, Spivak reforça que a noção de valor materialista de Marx deve ser usada para compreender processos de formação de cânones, e ela sugere que seria frutífero "perseguir a avaliação de gestos pene-trantes e tácitos que aceitam a história das formações de estilo na literatura canônica da Europa Ocidental como a avaliação do estilo enquanto tal" (SPIVAK, 1996b, p. 129). Não apenas o pensamento de Marx é mais complexo em sua formulação textual do que tinha sido previamente reconhecido, mas sua ressonância é também de alcance mais amplo do que o esperado, como é testificado pelas aplicações de Spivak das noções de valor e a divisão do trabalho para a esfera do estudo acadêmico e literário.

Se Spivak encontra uma flexibilidade ou ambivalência na escrita de Marx, utilizando-a em sua compreensão da divisão internacional do trabalho com uma preocupação do caráter escorregadio de seus conceitos fundadores, ela critica, porém, a leitura de Derrida de Marx por sua excessiva confusão em torno da noção de valor. Em "Especulações dispersas sobre a questão do valor", Spivak percebe que Derrida concebe o capital como "portador do interesse do capital comercial" em vez do capital industrial, e o resultado é que a mais-valia torna-se para ele "a superadequação do capital em vez de um predicado 'materialista' do sujeito como superadequado a si mesmo" (SPIVAK, 1996b, p. 119). A leitura de Derrida, desse modo, posiciona o sujeito como um "idealista", como consciente e insuficientemente materialista. Ademais, em seu ensaio "Limites e introduções de Marx em Derrida" (1993), Spivak concebe que há lições políticas valiosas a serem aprendidas em Derrida; porém, ela sugere que a leitura de Derrida em *O outro cabeçalho*, a saber, da polissemia no uso de Paul Valéry do termo "capital", apresenta uma compreensão inadequada do conceito de Marx. Novamente, Derrida também compreende mal a noção de mais-valia, como um significante abstrato de um infinito excesso de valor em vez de uma diferença específica entre valor de labor e valor de troca. Por fim, em "Escritor-fantasma" (1995), em um engajamento cuidadoso de Spivak com *Espectros de Marx* (1994) de Derrida, ela continua a reconhecer seu débito para com Derrida e endossar sua ética, enquanto desenvolve observações prévias sobre como ele falha em lidar com o sofrimento das mulheres como um resultado da divisão internacional do trabalho. Spivak também reclama quando ele aponta as dez pragas do mundo moderno, uma vez que ele borra tipos distintos de valor e falha em compreender "a conexão entre o capitalismo industrial, o colonialismo e os assim chamados capitalismo pós-industrial, neocolonialismo, capitalismo eletrônico e a atual financeirização do globo, além do concomitante fenômeno da migração e do desastre ecológico" (SPIVAK, 1995, p. 68). De modo mais perturbador, a conclusão da leitura de Derrida sobre Marx, conforme Spivak, é que o subalterno não tem lugar nele.

A inovação das leituras de Spivak sobre Marx é sua ênfase nas indeterminações textuais, e é talvez irônico que ela use uma estratégia desconstrutiva enquanto critica o próprio uso de Marx por parte de Derrida. Sua escrita sobre Marx testifica uma extraordinária amalgamação de apoio por sua análise altamente materialista e econômica, juntamente com a exploração de uma indeterminação linguística que caracteriza, no entanto, aquelas análises. O ensaio de Spivak intitulado "Podem os subalternos falar?" é discutivelmente seu trabalho escrito mais citado, e é também ali que ela demonstra mais abertamente sua filiação tanto a Marx quanto a Derrida. Em um nível, Spivak novamente baseia-se em Marx – dessa vez de modo a explorar a diferença, tal como o problemático conflito de duas formas de representação. A expressão alemã *"Darstellen"* designa "a retórica como um tropo" ou o processo de representação no sentido de uma descrição, enquanto *"Vertreten"* nomeia "a retórica como persuasão" ou uma forma mais política de representação. *Vertreten* envolve a substituição ou o "falando por". Spivak cita o comentário de Marx em *Dezoito brumário de Luís Bonaparte*, onde "os pequenos proprietários camponeses 'não podem representar a si mesmos, eles devem ser representados'" (1988, p. 276-277), e percebe que enquanto Marx especificamente usa o termo *Vertreten*, ele expõe as formas nas quais esta forma de representação política é omitida na representação como descrição. Enquanto os camponeses descritos não têm voz política, eles também são ocultos pelas formas de descrição ou compreensão impostas a eles por um olhar externo.

O propósito desta leitura "textualista" adicional de Marx é demonstrar como os filósofos franceses, como Foucault, Deleuze e Guattari, são culpados involuntariamente por esta mesma escorregadela. Spivak demonstra, por exemplo, que ao estabelecer que não há lugar para a representação, apenas para a ação, Deleuze também acaba por borrar a *Darstellen* e a *Vertreten*, e deixa o sujeito subalterno sem voz. Ela censura esses filósofos autoconscientes alheios por falhar em pensar por meio dos dois sentidos de representação, e afirma que "eles devem perceber como a encenação do mundo em representação – sua cena de escrita, seu *Darstellung* – dissimula a escolha e a necessidade por 'heróis', procuradores parentais, agentes de poder – *Vertretung*" (SPIVAK, 1988, p. 279). Os políticos marxistas são aqui inscritos no coração do trabalho intelectual francês, e Spivak reclama que novamente a própria academia apoia e entrincheira a divisão internacional do trabalho em sua própria ignorância dos pilares econômicos das afirmações filosóficas que produz. Foucault, Deleuze e Guattari, e naturalmente o Coletivo de Estudos Subalternos, precisam refletir sobre a sua própria prática e perguntar "podem os subalternos falar?", ou então seu trabalho também priva os oprimidos de deter uma voz? Esse lapso é o mais surpreendente no trabalho dos pensadores que, contudo, tocaram os problemas do Terceiro Mundo e, de fato, Spivak lê a omissão de Foucault da narrativa do imperialismo em suas discussões das instituições de poder como um exemplo adicional de seu silenciamento.

Desenvolvendo a linha política para o ensaio, Spivak em seguida usa o exemplo da prática hindu do *sati* (a autoimolação de viúvas) para demonstrar os efeitos práticos desta omissão no processo de representação. Por um lado, os oficiais coloniais que buscavam abolir a prática do *sati* podem ser lidos como um caso de "homem branco salvando mulheres morenas dos homens morenos" enquanto, por outro lado, a resposta de um indiano nativista seria que "a mulher realmente desejava morrer" (SPIVAK, 1988, p. 297). As duas posições servem para legitimar uma a outra, mas ambas excluem a voz e a agência das mulheres. Os relatórios policiais, incluindo os registros da Companhia das Índias Orientais, são, conforme Spivak, tanto ignorantes quanto fragmentados, e a atitude imperialista quanto à prática sugere que a mulher é concebida como um "objeto de proteção por sua própria gente" (SPIVAK, 1988, p. 299). Ademais, a lei hindu sobre o *sati*, tal como está formulada no *Dharmaśāstra* e no *Rig-Veda*, é modelada, a rigor, nas leis sobre o suicídio criadas por homens. Conforme o *Dharmaśāstra*, o suicídio é usualmente repreensível, mas há dois tipos de suicídio que são permissíveis: o primeiro, quando ele desponta do "conhecimento da verdade", quando "o sujeito conhecedor compreende a insubstancialidade ou meramente a fenomenalidade (que pode ser o mesmo que a não fenomenalidade) de sua identidade" (SPIVAK, 1988, p. 299). A segunda forma de suicídio que é permitida é quando este é realizado em um local particular de peregrinação. Permite-se que as mulheres matem a si mesmas, portanto, se elas imitam tais leis que foram originalmente destinadas aos homens. Isso significa que a mulher pode "atuar" pela insubstancialidade de seu marido, ou pode imolar a si mesma no local específico da pira funeral de seu marido.

Parte do esforço de Spivak nesta análise é traçar a ausência de representação política das mulheres tanto nas discussões coloniais quanto nas discussões nativas sobre o *sati*. No entanto, é significativo que o argumento de Spivak repousa, de fato, em sua compreensão dos escorregões sutis no processo de representação aparentado aos tipos de preocupação ética subentendidos no trabalho de Derrida. Spivak mostra que as duas formas de suicídio sancionadas para viúvas borram a fronteira entre imitação e intenção, e é nesse ato de borrar que a voz das mulheres permanece oculta. Primeiro, ao imolar a si mesma sobre a pira funeral do marido, a viúva empreende um tipo de suicídio substitutivo: ela mata a si mesma ao tomar o lugar do marido. Em segundo lugar, quando concebida em relação ao suicídio sancionado do sujeito que conhece sua própria insubstancialidade, a viúva suicida pode ser percebida como um ato secundário de imitação. Spivak percebe que o *Dharmaśāstra* estabelece uma exceção aqui tanto em sua permissão do suicídio feminino quanto em sua atribuição de agência para as viúvas (que são relegadas permanentemente a um *status* passivo e pré-marital), de modo a justificar sua autoimolação. Ainda conforme Spivak, essa agência é frágil, visto que ela manifesta a si mesma, como exposto pela autora, no segundo nível, a saber, na atuação feminina de atuar pela fenomenalidade de seu marido e ao tomar seu lugar na pira funerária. A intenção e a imitação têm suas fronteiras borradas, com uma *performance* mimética, e isso ocorre como um resultado *per se* não identificável e não localizável. A intenção da viúva é apenas um modelo ou uma cópia, na qual é impossível localizar, em última análise, qualquer intenção autêntica individual. A agência é um potencial perdido aqui, o cintilar de uma potencialidade, mas é também dissolvida porque a suposta escolha livre é apenas uma imitação de um código criado para homens, a ser usado em outros contextos.

A identificação de Spivak da fronteira borrada entre intenção e imitação claramente recobra a compreensão de Derrida da iterabilidade, exposta no ensaio "Assinatura, evento, contexto" em *Margens da filosofia*, como a possibilidade que uma afirmação, quando repetida, possa significar algo diferente da intenção original. A atenção de Spivak para essa potencial, porém oculta mudança de significado no ato mimético de autoimolação das mulheres, é também próximo do chamado ético de Derrida por uma consciência das singularidades que excede tanto a soberania de toda linguagem quanto o anseio do colonizador por um conhecimento determinista. Ademais, anteriormente, no mesmo ensaio, Spivak já havia estabelecido a utilidade do trabalho de Derrida para esse tipo de reflexão pós-colonial. Lendo *Gramatologia*, Spivak mostra como o texto de Derrida descobre a tendência do sujeito *europeu* "de constituir o outro como marginal ao etnocentrismo, além de localizá-lo como o problema com todo logocêntrico e, portanto, também com todos os esforços gramatológicos" (SPIVAK, 1988, p. 293). Como no discurso colonial sobre o *sati*, a voz dos subalternos escorrega para fora do enquadramento conceitual europeu. Para além disso: Spivak usa Derrida para conceber o outro aqui não tanto para denotar um sujeito específico e identificável como não europeu, mas como "aquele vazio inacessível circunscrito por um texto interpretável" (SPIVAK, 1988, p. 294). Derrida não invoca, como resultado, "deixar que o outro fale por si mesmo", mas apela ao *tout autre* ou "bem diferente", isto é, uma presença singular e intratável próxima, em termos conceituais, da infinidade de Lévinas. Uma concepção ética de um subalterno como esse "vazio inacessível" em vez de um sujeito com posição específica previne o filósofo pós-colonial de superdeterminá-lo ou de falar em seu lugar, e esta precaução é privilegiada sobre o empreendimento da agência política. Se, assim, por um lado Spivak usa o marxismo para criticar a política da representação do sujeito subalterno específico, ela também, por outro, cita Derrida de modo a enfatizar nossa obrigação ética para com a intratabilidade singular do subalterno.

O texto "Podem os subalternos falar?" de Spivak foi posteriormente reescrito e publicado novamente em sua monumental obra *Uma crítica da razão pós-colonial* (1999). No entanto, e talvez de modo mais significativo, a versão posterior é ainda mais autoconsciente sobre a ética da própria escrita do teórico. Ela omite um conjunto de seções na nova versão, tais como seus comentários próximos do início da discussão do *sati*, reforçando o

Pós-colonialismo **237**

relacionamento entre a recuperação da informação na antropologia, ciências políticas, história e sociologia, por um lado, e seu próprio desafio de construção de uma posição de sujeito que sustenta tal trabalho, por outro. O parágrafo que contém esta afirmação está ausente na versão impressa de *Uma crítica da razão pós-colonial*, sugerindo que ela não deseja mais produzir reivindicações fortes como sua estratégia. Essa versão posterior é claramente mais dúbia sobre sua ressonância mais ampla e maior impacto que o texto anterior. Além disso, e de modo mais ambivalente, a versão revisada é menos perspicaz e contém mais discussão sobre sua própria prática, tal como mais ambivalência. Aqui, Spivak precede sua análise do *Dharmaśāstra*, com a observação que o sujeito colonial normaliza a noção de "mulher" nesse contexto e evita a questão da psicobiografia; e ela avança ao perguntar "o que é fazer a questão da psicobiografia?" (1999, p. 291). A questão permanece sem resposta, mas indica a impossibilidade de contar a história biográfica da mulher subalterna, além de introduzir um nível adicional de inquietação metodológica, ausente na versão prévia.

Ademais, na segunda versão, Spivak insere uma seção extra, na qual desenvolve a ressonância do conceito de Jean-François Lyotard, a saber, do *diferente* como um significante do impasse ou bloco entre duas posições incompatíveis, e a expansão dessa análise indica uma atitude menos dogmática ao silenciamento do subalterno. Spivak descreve a aporia entre a admiração patriarcal de livre-vontade das mulheres e a retórica da benevolência colonial, citando Lyotard detalhadamente, e ressalta que essas são duas perspectivas entre as quais não há um espaço comum, isto é, não há termos a negociar. Porém, para Spivak, a resposta da viúva repousa no espaço entre esses dois polos, o espaço deixado aberto pelo diferente. Spivak avança ao sublinhar a impossibilidade para a mulher de superar esse diferente, mas indica que sua análise irá terminar com uma reflexão sobre "um momento idiomático na escritura do corpo feminino", que permanecerá no espaço do diferente, mas que não é, no entanto, o mesmo como uma execução total ou um silenciamento. Mesmo que esse espaço torne impossível a negociação, a terminologia do espaço conota uma fissura que pode ser analisada, em vez de uma execução total ou da ignorância.

Esse campo de análise potencial refere-se à discussão de Spivak sobre o suicídio de Bhubaneswari Bhaduri, uma jovem garota que se enforcou aos 16 ou 17 anos porque ela estava envolvida em um conflito armado pela independência da Índia; contudo, ela não desejava cometer um assassinato. Ela se matou enquanto menstruava, e assim estava claro que não teria ocorrido por causa de uma gravidez proveniente de um romance ilícito, e Spivak mostra como relatórios e narrativas da história novamente glosam sobre suas reais motivações. Na versão anterior, Spivak conclui a discussão com uma sóbria afirmação: "o subalterno não pode falar". Porém, na versão revisada, ela admite que se tratava de uma afirmação desaconselhável, posto que, naturalmente, nessa certeza era silenciado o mesmo outro cuja voz ela estava tentando resgatar. O objetivo não era reforçar a execução da voz do subalterno, tal como problematizar o esforço de responder em seu lugar. Na versão posterior do ensaio, desse modo, Spivak tenta não enfatizar a conclusão do discurso de Bhaduri, mas deixar o texto aberto o suficiente para revelar a ambiguidade de seu gesto, de permitir que a incerteza do ato emerja através das linhas de sua própria leitura, em vez de falar no lugar do outro.

Dessa forma, no tempo de *Uma crítica da razão pós-colonial*, Spivak emerge como uma pensadora cuidadosa de si mesma e também dos outros, e conquanto ela ainda transite de maneira errática entre suas afiliações com Marx e Derrida, muito de seu trabalho consiste em tentativas de leituras sobre tanto a injustiça política quanto a injustiça ética. A versão revisada de "Podem os subalternos falar?" é impressa em uma seção sobre "História", e articula-se, como eu sugiro, em um engajamento cuidadoso com arquivos sobre o *sati*, com o objetivo tanto de desenterrar formas passadas de opressão política quanto a conspiração destas com o silenciamento antiético. Além da adição de uma seção de "História", *Uma crítica da razão pós-colonial* inclui também um capítulo sobre "Filosofia", que compreende leituras sutis de detalhes particulares em Kant, Hegel e Marx. Spivak rastreia a posição problemática do "informante nativo" e, novamente, move-se de uma crítica ética da cegueira de Kant e Hegel para o outro do Terceiro Mundo, além de uma regeneração de Marx – conquanto isso novamente seja pautado no latente "textualismo" de seus escritos. Em primeiro lugar, Spivak analisa o tratamento de Kant para o conceito de "homem" em três críticas, e percebe que "o new hollander [nativo australiano] ou o homem da Terra do Fogo não pode ser o sujeito do discurso ou do julgamento no mundo da crítica" (SPIVAK, 1999, p. 26). Essa falha em conceber o outro ou o "nativo informante" como um humano é exemplar para as próprias formas da exclusão pós-colonial contra a qual o trabalho de Spivak incansavelmente lança críticas. Igualmente, a estética hegeliana contém comentários sobre o *Bhagavad Gita*; porém, conquanto as declarações de Hegel sejam benevolentes, "elas ainda apontam, por fim, para a dádiva irracional por propor formas [*verstandlose Gestaltungsgabe*] e uma ausência do impulso para a história" (SPIVAK, 1999, p. 44). Spivak, portanto, avança para mostrar que, de fato, a representação do tempo do *Bhagavad Gita* não segue o modelo hegeliano: "'Hegel' e o '*Gita*' podem ser lidos como duas versões um tanto distintas da manipulação da questão da história em prol de um interesse político mediante a aparente divulgação da lei" (SPIVAK, 1999, p. 58). Por fim, Spivak retorna a Marx e percebe que, apesar do aparente êxtase e da generalização do conceito de modo de produção asiática, ela funciona como uma útil figura não empírica para a diferença em Marx.

O restante de *Uma crítica da razão pós-colonial* continua a traçar a representação problemática do "nativo informante" e ressalta em particular a ocultação do subalterno feminino. Uma seção sobre a "Literatura", composta majoritariamente de ensaios publicados anteriormente, explora a dupla subjugação da mulher do Terceiro Mundo e, novamente, a ênfase textual dessa seção sugere um chamado para a atenção ética diante da violência de formas imperialistas de representação e silenciamento. Spivak inicia ao discutir a obra *Jane Eyre* de Charlotte Brontë, na qual a figura de Bertha Mason, a crioula branca jamaicana, é descrita em termos que borram os limites entre o humano e o animal; de fato, Jane faz referência de tempos em tempos ao seu desejo de libertar as mulheres do Terceiro Mundo de sua ignorância e servidão. Spivak também discute uma passagem na qual o Senhor Rochester reconta o retorno para a Europa a partir das Índias Ocidentais como uma injunção divina, e o sítio da conquista imperialista é concebido como o inferno. Na reescrita de *Jane Eyre* de Jean Rhys, *Wide Sargasso Sea*, no entanto, a humanidade de Bertha Mason é deixada de modo intacto, e Spivak também se baseia no uso de metáforas de Rhys do espelhamento para argumentar que o texto descreve o sujeito colonial confrontado com a imagem de si como o outro. Ela percebe, ademais, que o outro colonizado do texto é menos Bertha/Antoinette do que o escravo negro de lavoura Christophine, uma figura deliberadamente marginalizada, e ainda assim a única capaz de julgar e analisar Rochester. O próximo exemplo de Spivak é a obra *Frankenstein* de Mary Shelley, um texto não explicitamente preocupado com o imperialismo; porém, de modo que "o mestre apenas tem uma história" (SPIVAK, 1999, p. 140). Por fim, a história de Mahasweta Devi "Pterodáctilo, Pirtha e Puran Suhay" muda a discussão para o contexto pós-colonial. Spivak argumenta que o trabalho deliberadamente constrói o colonizado como subalterno em vez de torná-lo um cidadão, e figura o pterodátilo, que "pode ser a alma dos ancestrais", como uma impossibilidade cujo retrato é separado estruturalmente do mesmo quadro da história. Tal condição deliberadamente imita a marginalização da história local pelos discursos coloniais dominantes.

O capítulo de Spivak sobre a "Literatura" também contém leituras de três "textos" masculinos, incluindo textos literários de Baudelaire, Kipling e um texto da Companhia das Índias Orientais, de modo a oferecer evidências adicionais da ideologia imperialista mesmo dentro da escrita que é concebida como opositora. Estes são contrapostos, assim, com a exploração *Foe [Inimigo]* de J.M. Coetzee, no qual o "nativo" é, desta vez, também um agente. Não há espaço aqui para discutir cada uma dessas leituras, por sua vez; no entanto, a estratégia de Spivak é novamente descobrir as formas nas quais o subalterno é não só subjugado politicamente, mas também marginalizado de modo antiético dentro do discurso literário. A seção final de *Uma crítica da razão pós-colonial* gira levemente e de modo pouco livre em torno da "Cultura", e contém uma discussão do conceito de pós-modernismo e do capitalismo tardio de Frederic Jameson. Spivak percebe que a teoria de Jameson de uma só vez tenta obliterar a noção de posição segura do sujeito e continua paradoxalmente a repousar sobre a sua presença. Essa contradição emerge em parte do uso de Derrida por Jameson, visto que, de modo a descentrar o sujeito, a desconstrução também deve reter a noção de sujeito centrado. Spivak também invoca diversos exemplos da indústria da moda, incluindo *O império dos signos* (1983) de Barthes, para descobrir a afirmação repetida de um "eu" europeu neutralizado que exclui o informante nativo:

> Através do livro, meu ponto tem sido que a posição do sujeito desse Eu é historicamente construída e produzida de modo que ele possa se tornar transparente de modo arbitrário (mesmo quando pertence à elite indí-

gena pós-colonial tornada diaspórica, como a presente escritora (SPIVAK, 1983, p. 343).

A cultura do informante nativo, porém, é "sempre fugidia"; sua constante autossingularização alude os discursos europeus que repetidamente, contudo infrutiferamente, tentam apanhá-la. O caráter distinto da maior parte do trabalho de Spivak, ademais, deriva da consciência de sua própria cumplicidade com os discursos que ela tenta minar. Constantemente vigilante sobre a sua própria posição, Spivak caracteriza sua teoria não como uma fonte de conhecimento, mas como uma forma de ansiedade autorreflexiva, a oferta acima de um conjunto de proposições, seguida por um imediato questionamento ou retirada. Ela critica a posição assumida entre o positivismo ou essencialismo e Teoria, e sugere que esta mesma divisão faz da Teoria uma categoria distinta artificialmente na qual, novamente, "a posição de investigador permanece inquestionada" (SPIVAK, 1983, p. 283). A "Teoria" com "t" maiúsculo significa uma grande narrativa ou um discurso do mestre, é minada a favor das "leituras implausíveis e impertinentes" próprias de Spivak, sua "angulação obtusa" constantemente em disputa com ela mesma. Spivak também apimenta seu trabalho com reflexões autobiográficas, parcialmente de modo a confessar as limitações de sua visão, além de sua parcialidade potencial ou cegueira, conquanto seja significante que mesmo esses elementos estão usualmente flutuando e são frequentemente irônicos e autocontraditórios. Spivak deseja tanto enfatizar que seu discurso é necessariamente subjetivo ou incompleto quanto evitar cair na armadilha do narcisismo ao alterar ou, de fato, retrair rapidamente sua voz autobiográfica antes que ela se cristalize em uma posição-sujeito identitária estabelecida. Igualmente, sua constante revisão e reescrita de seu trabalho sugere que ela não concebe seus argumentos como finitos e imutáveis. Sua prosa é frequentemente criticada por seu caráter convoluto, mas a dificuldade de

Spivak baseia-se em sua habilidade constante de refinar, explorar e interrogar seus próprios argumentos, tal como de seu desejo de apresentar seus pontos como parte de uma evolução, de um debate interno. Todas essas características de escrita empreendem uma resistência ética ao domínio e uma abertura às alteridades que a crítica não pode capturar.

Porém, o sucesso da escrita de Spivak permanece sujeito a alguma controvérsia. Em *White Mythologies* (1990), Young discute a pergunta de Spivak dos discursos ocidentais sobre o Terceiro Mundo e percebe sua vigilância para com os caminhos nos quais seu próprio discurso arrisca perpetuar as estruturas que ela critica; porém, afirma que, simultaneamente, ela mantém uma posição marxista clássica. Por outro lado, no entanto, Eagleton lamenta que Spivak perca muito tempo examinando a má-fé de sua própria escrita, visto que ela falha em discursar as mecânicas políticas da opressão colonial. Ademais, Parry famosamente objeta que Spivak exagere a importância do trabalho da intelectual feminina pós--colonial, e que suas críticas intermináveis da instituição ocidental ainda não deixam lugar para a voz do subalterno. Por fim, e apesar de si mesma, "Spivak, em seus próprios textos, restringe severamente (elimina?) o espaço no qual o colonizado pode ser inscrito novamente na sociedade" (PARRY, 2004, p. 23). Ademais, talvez de modo mais nuançado, Hallward critica o conceito de subalterno de Spivak por posicionar sua voz como singular e inacessível, e por falhar em pensar através dos meios pelos quais ela possa consolidar sua identidade e voz. Para Hallward, "o subalterno, em outras palavras, é teoricamente intocável, aquele que está por completo para além de qualquer relação: a tentativa de 'referir-se' ao subalterno define aquilo que Spivak irá apropriadamente nomear como uma singularidade ética impossível" (2001, p. 30).

Contra Young, assim, essas críticas implicam que a ética autoconsciente de Spivak produz efeitos negativos, e que sua conceituação desconstrutiva do subalterno intratável é politicamente sem efeito. Apesar disso, em último plano, a própria Spivak nivela muitas das mesmas objeções no trabalho de Derrida; e enquanto seu apêndice para *Uma crítica da razão pós-colonial* sugira que há formas nas quais o pensamento derridiano possa voltar a ser útil para grupos culturalmente marginalizados, "a possibilidade de essas conexões permanecerem dúbias juntamente com o modo 'de configuração para o trabalho' conserva-se presa dentro das práticas descritivas e/ou formalizadoras do cálculo acadêmico ou disciplinar" (SPIVAK, 1999, p. 429). Pode parecer que Spivak persiste em desejar combinar o uso da ética desconstrutiva, aprendida com Derrida, com um objetivo mais pragmático, empírico e econômico. Sua atitude flutuante diante do trabalho de Derrida é, por sua vez, espelhada por um idiossincrático engajamento com Marx, enquanto ela aplaude, por sua vez, a análise sistemática da práxis global e abre-se ao texto marxiano para revelar seus escorregões ocultos, suas ambivalências e sua resistência ao determinismo.

É difícil resolver os engajamentos ecléticos de Spivak com Marx e Derrida e, simultaneamente, extrair de seu trabalho um arco ou ao menos uma abordagem dominante junto ao pós-colonialismo. Tal provocação repousa em sua inusual escrita sensível e estratégias de leitura, ou ainda, em sua dificuldade. Seu ecletismo e sua ansiedade autoconsciente não oferecem um modelo único de crítica, mas precisamente alertam contra um tipo de discurso dogmático e determinista que oculta a subalternidade daquilo que pretende prestar atenção. A teoria pós-colonial deve evitar quer assimilar, quer excluir os outros que examina, e deve revelar sua situação em vez de reivindicar a transparência e neutralidade dos discursos ocidentais que Spivak denuncia. Como Michael Syrotinski aponta, o engajamento de Spivak com o materialismo em Derrida e Marx também busca enfraquecer oposições fáceis entre a prática empírica e o "textualismo", além de oferecer um exemplo atraente da necessidade de um "trabalho de leitura" cuidadoso aplicado a ambos (SYROTINSKI, 2007, p. 59). Certamente, a acuidade de Spivak é mais aparente em seus escritos sobre outros pensadores, escritores e críticos, e aquilo que seu trabalho recomenda é essa forma de leitura ética e atenta como um meio de entender todas as facetas da opressão pós-colonial, incluindo a política e a econômica. Spivak às vezes parece privilegiar o político sobre o ético, e em outras a ética aparece antes da política; no entanto, é em suas leituras que fica claro como a atenção ao funcionamento e à cegueira do discurso ideológico é relevante para compreender as instâncias particulares da opressão política. Sua escrita não clama pelo tipo de ação política imediata encontrada em Fanon, Sartre ou Gandhi, mas sugere, por sua vez, que a tentativa de ler pode oferecer um vislumbre para momentos específicos tanto da violação ética quanto da violação política.

V.Y. Mudimbe

O trabalho de Valentin Yves (Vumbi Yoka) Mudimbe evolui de um contexto muito diferente daquele de Spivak, uma vez que Mudimbe engaja-se especificamente com a disciplina de Estudos Africanos e, conquanto seja bem conhecido em seu domínio, ele é menos associado com o pós-colonialismo. Mudimbe nasceu no Congo Belga, atualmente a República Democrática do Congo (RDC), embora ele tenha ido viver no mosteiro beneditino em Ruanda aos nove anos de idade, antes de estudar linguística em Besançon (França) e Louvaina (Bélgica). Conquanto tenha ensinado na RDC entre 1973 e 1982, ele em seguida mudou-se para os Estados Unidos, em parte para escapar do regime de Mobutu; atualmente atua como professor na Duke University. De muitas formas, o trabalho filosófico de Mudimbe pode ser visto como relacionado ao *Orientalismo* de Said, naquilo em que seu pensamento está centrado na crítica dos conceitos paralelos de "africanismo" – a produção de conhecimento sobre a África – os perigos de permitir que esse conhecimento seja corrompido por formas de ideologia que apaguem o outro africano. Mudimbe é tratado aqui juntamente com Spivak, porém, porque seu trabalho similarmente gira em torno de questões de representação, e combina o engajamento crítico com marxismo juntamente com a denúncia ética da "história do mesmo" – sendo esta informada tanto por Foucault quanto por Sartre, Rousseau e Lévi-Strauss e, de modo mais oblíquo, por Derrida. Seus trabalhos filosóficos regularmente mudam da discussão dos sistemas coloniais para os métodos antropológicos, práticas religiosas e ideologia, além da filosofia; a crítica do africanismo, nesse sentido, incorpora tanto um chamado pela liberdade política quanto um desejo para descobrir formas éticas do conhecimento africano libertadas dos grilhões "do mesmo". Em seus momentos mais políticos, no entanto, Mudimbe é altamente cauteloso quanto às formas não mediadas do empirismo, uma vez que ele as concebe como potencialmente redutivas, enquanto, simultaneamente, seu chamado por uma consciência ética da dificuldade de conhecer e especificar a África recua de um textualismo excessivo e defende a necessidade de buscar formas reais da autenticidade africana. O ecletismo de seu trabalho e o caráter convoluto de sua trajetória intelectual são talvez mais bem resumidos em seu próprio comentário na abertura de *Parábolas e fábulas*: "Aqui eu estava, por assim dizer, na margem das margens: negro, católico, africano e ainda assim agnóstico; intelectualmente marxista, disposto à psicanálise, e ainda assim um especialista na filologia e filosofia indo-europeia" (1991, p. x).

Mudimbe escreve tanto em inglês quanto em francês, e publicou romances e trabalhos filosóficos; porém, seu texto mais famoso é *A invenção da África*, publicado em 1988. Como os trabalhos subsequentes de Mudimbe, *Parábolas e fábulas* e *A ideia da África*

(1994), *A invenção da África* busca avaliar e analisar a prática da filosofia africana ou "gnose", um termo proposto pelo autor para fazer referência a "um conhecimento estruturado, comum e convencional, mas algo estrito sob o controle de procedimentos específicos para seu uso, assim como para a sua transmissão" (1988, p. ix). Como Said, Spivak e o Coletivo de Estudos Subalternos, Mudimbe se baseia em Foucault para teorizar as formas nas quais as estruturas de poder são subentendidas, tal como ativamente propagadas, tal como a conceituação ou, de fato, a criação do outro pelo Ocidente; e ele também reforça, por meio de Foucault, que as estruturas escrutinadas são diversas e descontínuas. Novamente, tal como Spivak, Mudimbe pergunta sobre quem está produzindo o conhecimento sobre a África, e em que extensão os discursos que moldam esse conhecimento assimilam o outro em um enquadramento governado pelas premissas e expectativas ocidentais. Contudo, diferentemente de Spivak, para quem aquele "subalterno" permanece uma figura singular e intratável, Mudimbe sustenta a crença na possibilidade do conhecimento alternativo, mesmo quando, como nós veremos, não fica sempre claro que seu texto pode acessar tal autenticidade almejada. A visão frágil da autenticidade africana de Mudimbe fornecerá, no entanto, a base para uma nova política e filosofia ética, que reconhece e critica as correntes europeias sobre as quais ela foi fundada.

A invenção da África inicia com uma análise sistemática e claramente foucaultiana da violência inerentemente política e ética no projeto do colonialismo. Mudimbe argumenta que etimologicamente o termo "colonialismo" deriva do latim *colĕre*", que significa cultivar ou projetar, e que o conceito tem raízes na noção de organização ou arranjo. Esse processo de organização tem três facetas: "os procedimentos de adquirir, distribuir e explorar terras em colônias; as políticas de domesticação dos nativos; e a maneira de administrar organizações antigas e implementar novos modos de produção" (MUDIMBE, 1988, p. 2). Em outras palavras, essas três facetas incluem a dominação política do território, a direção (antiética) da identidade e mentalidade da população local e, por fim, o confisco do controle econômico. Mudimbe avança para comentar sobre a análise marxista das formas nas quais os territórios são reestruturados e sujeitos ao modelo econômico do colonizador, conquanto emerja que sua concepção da leitura marxista é excessivamente generalizada e à mercê das ondas das experiências específicas das comunidades africanas em termos individuais. No entanto, aqui Mudimbe mapeia esse conceito do controle econômico do colonizador para a criação ideológica de toda uma gama de oposições, tais como entre o tradicional e o moderno, ou entre o oral e o escrito, de modo que todas elas servem para enfraquecer a cultura local. Além disso, não é apenas o aparato colonial em si, mas um amplo conjunto de representações e hipóteses que separa e hipostatiza culturas conforme um conjunto dominante e ocidental de valores. A arte turística africana é apenas um exemplo para Mudimbe das formas nas quais, para usar distintivamente termos levinasianos, "a alteridade é uma categoria negativa do eu/mesmo" (MUDIMBE, 1988, p. 12). E, ainda pior, a prática da antropologia é similarmente criticada por um etnocentrismo ligado tanto a específica *epistēmē* definidora da disciplina quanto uma variada moral ou atitudes comportamentais exibidas por antropólogos.

A próxima seção de Mudimbe explora em mais detalhes a metodologia da crítica africanista. Aqui, ele desenvolve seu engajamento com Foucault, e percebe que, para este, após uma mudança epistemológica no final do século XVIII, três paradigmas vieram para estruturar a produção do conhecimento: "função e norma, conflito e governo, significação e sistema" (MUDIMBE, 1988, p. 26). O movimento em direção ao último termo em cada par carrega, ao mesmo tempo, tanto uma compreensão da pluralidade de códigos individuais quanto uma nova unidade sob e sobre elas dentro das ciências humanas. A análise conduzida com base na norma, governo e sistema privilegia o fechamento e a coerência interna do código analisado, e isso é usado para presumir uma grande generalidade. Tal mudança coincide com a invenção do conceito de "homem" como um sujeito que sabe, e a consequência é que as "histórias sobre os outros, assim como os comentários sobre as suas diferenças, são apenas elementos na história do eu/mesmo e de seu conhecimento" (MUDIMBE, 1988, p. 28). Ademais, Mudimbe mostra como, em vez de traçar a "arqueologia" do conhecimento ocidental, Lévi-Strauss explora os "primitivos" e "selvagens" que o Ocidente esforça-se para caricaturar, e a conclusão de seu trabalho é que "a utilidade de um discurso sobre os outros vai além do evangelho da alteridade: não há uma cultura humana normativa" (MUDIMBE, 1988, p. 33). Foucault rastreia "a história do eu/mesmo", enquanto Lévi-Strauss critica os gestos universalizantes; porém, ambos lamentam sua cegueira. Conforme Mudimbe, no entanto, tanto Foucault quanto Lévi-Strauss são incapazes de se removerem da história que denunciam. Mudimbe busca, em vez disso, uma metodologia fiel para a epistemologia africana: ele busca recuperar uma ordem africana do conhecimento que duvida dos valores dos esquemas tais como os de "norma, governo e sistema".

Contudo, enquanto critica Foucault, Mudimbe usa seu conceito de "arqueologia" para oferecer uma crítica no resto do trabalho de várias estruturas epistemológicas que posicionam a África como inferior ou como o outro. A primeira delas é o discurso missionário, que promove a transformação espiritual dos africanos. Mudimbe afirma que o discurso missionário serviu como um papel crucial no apoio à expropriação e à exploração das terras conquistadas com sua ideologia de civilização e conversão espiritual. Os africanos são descritos conforme uma variedade de modelos: eles são vistos como pobres e pagãos, ou ainda como selvagens; mas sua cultura é sempre inferior aos grandes ideais da Cristandade. Mesmo Placide F. Tempels, que viveu entre o povo luba katanga na África Central por mais de dez anos, levanta dúvidas dos mitos do atraso africano enquanto promove, no entanto, uma política cristã pelo aperfeiçoamento dos nativos africanos. Filósofos subsequentes, tais como Alexis Kagame, refinam o estudo de Tempel sobre a filosofia banto e reforçam que a última é "uma construção racional e organizada", e ambos concebem a cultura africana como "uma alteridade original" a ser acessada de modo independente (MUDIMBE, 1988, p. 151). No entanto, de modo paradoxal para Mudimbe, essa escola da filosofia africana emerge de uma rede epistemológica ocidental. Mudimbe também comenta sobre o movimento da negritude, e sugere que, conquanto ele busque estabelecer os tipos de autenticidade negra que apoia, ao fim e ao cabo, a negritude deve ser parte de uma dialética e ser ultrapassada para fazer sentido, conforme o argumento de Sartre. Similarmente, Mudimbe afirma que o uso provisório tanto das noções de tradição africana quanto de revolução marxista por Senghor pode ser defendido precisamente porque ele não a concebe nem como um sistema permanente capaz de ossificá-lo na história do mesmo/eu. Mudimbe é sensível diante das ambiguidades de certas formas de conhecimento africano, então, e o capítulo sobre o observador indiano ocidental e o comentarista E.W. Blyden notam a curiosa mescla de ideologia colonial com visões nativistas africanas. No entanto, a história do conhecimento sobre a África que Mudimbe rastreia em *A invenção da África* constantemente revela lacunas e vazios, vieses e afirmações rápidas. Ele termina imaginando se "os discursos da gnose africana não obscurecessem uma realidade fundamental, sua própria *chose du texte* [escolha do texto], o discurso primordial africano em toda sua variedade e multiplicidade" (MUDIMBE, 1988, p. 186). Essa obscura *"chose du texte"* batiza a autenticidade que perdura alusivamente por trás do artifício textual.

A crítica de Mudimbe da exploração política e da ética silenciadora do outro africano repousa em uma ansiedade profundamente arraigada sobre o conceito de sujeito, uma ansiedade que ele teoriza explicitamente em *Parábolas e fábulas*. Mudimbe lê a retomada de Descartes por Sartre, e mostra como o conceito de Sartre de autoconsciência separa o aparente domínio e a autopresença do ego cartesiano. Para Sartre, o ser é uma tensão entre o ser-em-si, a bruta materialidade da existência, e o para-si, ou consciência reflexiva. Alguém compreende a si mesmo apenas como um outro, ou sob o olhar do outro. Ademais, Mudimbe cita a declaração de Rousseau em suas *Confissões*, que "em verdade, Eu não sou 'eu', mas o mais fraco e humilde dos outros" (MUDIMBE, 1991, p. xiv). Lévi-Strauss, por sua vez, aceita o pensamento de Rousseau para informar seu conceito de etnologia como uma confrontação com o estranho, que coloca o próprio ser do etnólogo em questão. Mudimbe então percebe como em suas *Mythologiques*, Lévi-Strauss revela como "o significado-mestre é sempre discreto, invisível, para além da aparente racionalidade e do construto lógico da superfície visível" (MUDIMBE, 1991, p. xvi). A antropologia ou etnologia sempre estará circulando em torno do significado oculto, esquivo ou inconsciente que escapa do enquadramento seguro do conhecimento do antropólogo. Dessa maneira, conquanto Sartre apresente a consciência como o outro para si, Lévi-Strauss vai além, conforme Mudimbe, de modo que ele teoriza uma reivindicação inconsciente que descobre as "formas ocultas", tal como ao demonstrar como os mitos empreendem uma busca por "estruturas discretas, inconscientes e continentes" (MUDIMBE, 1991, p. xvii). Lévi-Strauss também lança em questão a posição do antropólogo em relação ao outro que ele analisa. Inquieto sobre as estruturas ocidentais de referência sobre as quais ele adere aqui, Mudimbe usa esses pensadores para argumentar, no entanto, que a contemplação das culturas africanas exige um repensar fundamental da forma na qual o sujeito concebe a si mesmo em relação ao outro.

Como em *A invenção da África*, *Parábolas e fábulas* esquadrinha um quantitativo de formas de conhecimento africano ou "gnoses", de modo a apontar as dificuldades associadas com certas abordagens filosóficas. No curso dessa análise, Mudimbe distingue três grupos metodológicos: a filosofia antropológica, que também inclui a filosofia linguística; a filosofia crítica e especulativa, que compreende também a metafilosofia; e, por fim, os projetos marxistas. Não haverá espaço aqui para explorar todos os pensadores analisados por Mudimbe, mas é digno de nota, no entanto, sua ambivalência para com o marxismo. Conquanto ele se identifique como um intelectual marxista em um extrato das *Parábolas e fábulas* citado acima, ele é também profundamente cético de suas tendências universalizantes e sugere que a generalização do modelo marxista é outro exemplo da "história do mesmo/eu". A política de Mudimbe pode ser marxista, mas ele também percebe na aplicação do marxismo para a África uma falta de atenção às específicas diferenças culturais africanas. Mudimbe examina o uso de Marx no trabalho de Deleuze e Guattari, por exemplo, e sugere que, apesar de no *Anti-Édipo* eles buscarem enfraquecer as formas imperialistas da história, "fazem um movimento em direção a uma possível historicização universal das individualidades ao distinguir tipos de interpretação de desarmonias socioeconômicas" (MUDIMBE, 1991, p. 71). Ademais, no capítulo sobre "Antropologia e o discurso marxista", Mudimbe oferece uma crítica à obra *Pastores persistentes* (1983) de Peter Rigby, e a conclusão dela é uma crítica adicional ao método marxista. Mudimbe lê em detalhes o estudo de Rigby do povo ilparakuyo na África Oriental, mas argumenta que Rigby concebe o futuro dos ilparakuyo precisamente conforme os sonhos de um racional cientista social marxista. De modo mais abrangente, figuras como Senghor e, de fato, o próprio Mudimbe, promovem a "dúbia aculturação do marxismo na África", mas o problema era que eles pensavam na década de 1960 que a "África era um terreno absolutamente virgem sobre o qual nós podemos experimentar e sermos bem-sucedidos ao organizar sociedades socialistas" (MUDIMBE, 1991, p. 184). Os marxistas tendem a negligenciar a questão das raízes epistemológicas específicas de seu próprio discurso.

A ideia da África de Mudimbe continua essa crítica da criação da África como um produto do Ocidente, e inclui comentários adicionais tanto sobre os sucessos políticos do marxismo quanto sobre sua ofuscação do outro africano. Esse volume também inclui um exame dos mitos da África, retornando até a história de Filostrato sobre Hércules entre os pigmeus da Líbia, e Mudimbe expõe aqui a associação entre pigmeus e atraso ou estupidez direta. De modo análogo, *A anatomia da melancolia* (1989) retrata o "selvagem" como uma vítima sem face, enquanto os dicionários do século XVI corajosamente utilizam o termo "etíope" para nomear qualquer pessoa negra. Mudimbe então percebe uma mudança em torno da década de 1950, após a qual o africano se torna um fato empírico a ser observado e estudado pelo antropólogo – conquanto novamente permaneça a tendência agora de impor modelos totalizantes variados (tais como o marxismo) sobre um outro não familiar. Além disso, coleções de museu de arte "primitiva" similarmente servem para apropriar as culturas africanas para caber na imaginação do Ocidente. Ironicamente, mesmo discursos locais sobre a África – um exemplo extremo disso pode ser o mobutismo – acendem "figuras e imagens, analogias e semelhanças nas construções figurativas que simulam a realidade em vez de significá-la ou representá-la" (MUDIMBE, 1994, p. 145). Quase todas as formas de conhecimento discutidas no texto de Mudimbe são, em última análise, ficções que servem apenas para subjugar o africano.

Um dos perigos da forma de crítica de Mudimbe, tal como a de Spivak, é que ela pode se voltar contra si própria e ser denunciada por sua própria falha em prestar atenção aos outros subjugados que ela busca resgatar. D.A. Masolo caracteriza o trabalho de Mudimbe como desconstrutivo em sua declarada resistência ao domínio filosófico ou totalização, mas ele avança ao objetar que "apesar de Mudimbe ofertar uma importante contribuição ao debate sobre a criação do conhecimento, ele lamentavelmente falha em emancipar-se do vicioso círculo inerente na estância desconstrucionista" (MASOLO, 1994, p. 179). Isso significa que Mudimbe pode oferecer de forma bem-sucedida múltiplos exemplos de representações africanistas inventadas ou ideológicas; ele não oferece uma construção alternativa. Suas leituras, desse ponto de vista, mascaram a inabilidade de redefinir a cultura africana autenticamente em seus próprios termos. Certamente é verdadeiro que Mudimbe perde muito mais tempo desemaranhando as brechas e identificando os pontos cegos dos discursos existentes do que construindo uma imagem concreta da identidade africana para substituir estas imagens enganadoras. Novamente, como Spivak, seu maior empreendimento é talvez seu engajamento perceptivo com o arquivo filosófico, e não com a criação de uma visão positiva da subjetividade africana.

Contudo, a crítica de Masolo também repousa sobre uma má leitura parcial do uso da desconstrução por Mudimbe, uma vez que o projeto desconstrutivo do último ainda desafia a crítica da autenticidade africana e, em sua busca por uma ordem de conhecimento africana e independente, ele certamente vai além das formas de questionamento propostas por Derrida, por exemplo. Essa autenticidade é provocativa, ademais, precisamente porque não é figurada no pensamento de Mudimbe ou em seus próprios romances como uma essência identificável, mas como um horizonte ao qual o escritor aspira, mesmo se ele permaneça inacessível ao alcance. De fato, a África dos romances de Mudimbe é um sítio de conflito, tal como de incerteza, e ele nunca recorreu a reassumir imagens nostálgicas de uma terra natal original ou da tradição. A *fenda*, por exemplo, é a história de um intelectual africano em Paris em uma busca pelo conhecimento africano, que luta para encontrar a si mesmo entre os discursos em competição da história africana, e cuja condição de desorientação beira à esquizofrenia. Tal como Spivak busca uma forma de agência subalterna enquanto sublinha a singularidade necessária do outro, ou a intratabilidade do outro, Mudimbe defende uma noção de conhecimento africano específico enquanto persiste em descrever tal conhecimento como fragmentário, conflitivo e enganador. Esse conhecimento esquivo, porém específico, é ao mesmo tempo aquilo que tanto o marxismo quanto a ética desconstrutiva ignoram.

Por fim, Mudimbe é outro pensador que questiona não apenas as condições políticas e econômicas associadas ao colonialismo e suas consequências, mas também a ética da escrita, leitura e teorização sobre o outro. Esse questionamento tem uma ressonância particular no contexto dos estudos africanos, uma vez que, como Mudimbe mostra, o africano é convencionalmente percebido como incapaz de filosofar e consignado ao *status* de um selvagem. É acima de tudo mais urgente, assim, que o filósofo deva localizar formas de conhecimento autenticamente africanas, conquanto o impacto do colonialismo sobre a África seja tal que o nativo nunca está livre de sua influência intelectual, mesmo após o fim de seu domínio político. O estudo de Christopher Miller intitulado *Teorias dos africanos* [*Theories of Africans*] (1990) explora como a própria prática de teorizar tem sido concebida como um domínio exclusivo do ocidental, que aplica suas próprias estruturas de conhecimento ao "vazio" africano. A recomendação de Mudimbe para a especificidade epistemológica africana responde diretamente, desse modo, aos conjuntos particularmente perniciosos de estereótipos africanos, mesmo quando ele permanece ansioso sobre como criar esse autêntico conhecimento. Ademais, é também relevante que Miller avance ao explicar que a ética, no sentido de uma abertura diante do outro intratável, é (erroneamente) notada como estando em desacordo com qualquer noção mais concreta de "etnos" ou de uma especificidade africana. O pensamento marxista ocidental promove uma ética da libertação enquanto comenta sobre a especificidade étnica, e o pensamento ético desconstrutivo promove a atenção para alteridade infinita enquanto exclui outros particulares. O trabalho de Mudimbe resgata o africano do mito da inaptidão filosófica e, assim, avança, em certa medida, ao promover o que Miller concebe como uma troca necessária entre ética e etnicidade nos estudos africanos. Tal combinação precária, como no trabalho de Spivak, é o resultado de uma profunda autoconsciência e da atenção vigilante às condições e preceitos da filosofia pós-colonial, e nem sempre fica claro que Mudimbe é capaz de seguir por meio de sua celebração do específico. Sua consciência dos múltiplos requisitos da filosofia africana pós-colonial, incluindo requisitos políticos e éticos, e a necessidade de conceber um *etnos* africano específico juntamente com uma compreensão de sua inefabilidade, porém, oferece um desafio ao pensamento pós-colonial e expõe os limites de seu habitual marxismo e de seus paradigmas desconstrutivos.

Achille Mbembe

O trabalho de Achille Mbembe claramente emerge de um desengajamento com Mudimbe e, novamente, pode ser visto ostensivamente como um projeto tanto político quanto ético. Mbembe nasceu em Camarões em 1957, estudou história na Sorbonne e, após ter trabalhado em várias instituições nos Estados Unidos, atualmente é um pesquisador-sênior no Instituto para a Pesquisa

Social e Econômica em Johanesburgo. Seu trabalho mais famoso, *Sobre a pós-colônia*, foi publicado em inglês em 2001, e distingue-se entre os estudos pós-coloniais discutidos aqui por seu foco específico nos regimes políticos na África após a independência, tal como sob o colonialismo. Esse texto teoriza as formas contemporâneas de opressão e exploração na África e oferece um vislumbre sobre a problemática e persistente força do neocolonialismo. Assim como o trabalho de Spivak e Mudimbe, o texto de Mbembe é diverso e eclético, um resultado decorrente de seus engajamentos tanto com o marxismo quanto com a desconstrução derridiana. Contudo, seu pensamento é altamente inovador, visto que ao mesmo tempo em que vai além dos demais por sua visão vibrante e quase demoníaca das injustiças da África pós-colonial. Recobrando Mudimbe, o estudo de Mbembe abre-se com uma crítica das imagens prevalentes do nativo da África como sub-humano e, em um estilo tipicamente colorido, o autor critica a "invenção" da África por visões imperialistas do Ocidente. De maneira a elucidar sua crítica, no entanto, Mbembe primeiro dispensa "uma tradição marxista ultrapassada", em favor de uma crítica psicanalítica da construção do africano como o outro, para somente então lamentar a ausência de um enquadramento com o qual poderia conceitualizar a exploração econômica na África pós-colonial (MBEMBE, 2001, p. 5). A abordagem de Mbembe promete flutuar, assim, entre a reflexão sobre os processos de representação e a exegese das estruturas de opressão econômica. Afastando-se do chamado de Mudimbe por uma ordem do conhecimento africana, porém, o estudo de Mbembe das forças emaranhadas da tirania na África pós-colonial oferece uma visão da resistência que opera apenas dentro da repetição ou simulação do discurso ritualístico do poder. Não há subjetividade africana autêntica na visão de Mbembe: apenas o riso suprimido gerado pelo mimetismo de um discurso cuja opressividade é persistente e incansável.

A primeira seção de *Sobre a pós-colônia* analisa estruturas de "comando" ou governo na África, e explora o desenvolvimento dessas estruturas em um movimento do período colonial ao regime pós-colonial. Mbembe argumenta que a soberania do Estado na colônia repousava na presunção do direito de conquista, juntamente com a diminuição do direito de debate e discussão. Igualmente, Mbembe usa a compreensão de Derrida da violência da lei para argumentar que a soberania colonial era autogerada e autoperpetuadora. Fundado sob uma ordem inicial da violência, o poder colonial assim executa uma segunda ordem, "para ofertar um significado para essa ordem, para justificar sua necessidade e universalizar sua missão – em suma, para ajudar a produzir uma capacidade de imaginário que convertesse a violência fundante em autoridade autorizada" (MBEMBE, 2001, p. 25). Uma terceira ordem segue o que assegura a manutenção, a difusão e a permanência do regime colonial. Mbembe usa Derrida aqui para encarar a lei como circular ou autogeradora, e sua própria estrutura autorratificadora constitui um ato de violência ética para com o outro. Mbembe então adota um exemplo específico, a noção de *indigénat*, que faz referência ao sistema administrativo aplicado aos nativos nas colônias francesas antes de 1945, que repousava sobre a criação de uma categoria generalizada e subordinada a restrições e punições particulares. As mecânicas práticas do regime colonial, por exemplo, na exclusão do africano da cidadania, foram assim compelidas por uma homogeneização antiética e pela subjugação dos outros nativos. Isso decorre novamente do vazio, do anseio autorrealizável para controlar, direcionar e explorar.

Essa forma de soberania do Estado foi apropriada, além disso, por africanos após a descolonização. Comerciantes africanos ocuparam as posições de intermediários entre firmas coloniais e consumidores e, juntamente com um extrato de abastados fazendeiros, terminaram por perpetuar as antigas hierarquias após a independência. Ademais, os novos estados foram formados de tal modo a negar direitos individuais aos cidadãos, e Mbembe argumenta que um problema estrutural foi criado porque "o ato de estabelecer a autoridade soberana colonial nunca foi um contrato, uma vez que, em termos estritos, ele não envolvia a reciprocidade das obrigações legalmente codificadas entre o Estado, os detentores do poder, a sociedade e os indivíduos" (MBEMBE, 2001, p. 42). Os assuntos públicos rapidamente se tornaram confusos com o uso da violência desenfreada, posto que as estruturas de autoridade foram concebidas como algo dado, conforme o modelo colonial descrito anteriormente. Mbembe avança ao explorar as estruturas econômicas caóticas dos novos regimes, e observa que em torno da década de 1990, "o grosso da riqueza nacional era, em todos os propósitos práticos, parte do 'domínio eminente' de um tirano agindo como um mercenário, com fundos do Estado e com o tesouro nacional" (MBEMBE, 2001, p. 50). Uma das consequências dos pontos estruturalmente econômicos explorados por Mbembe é que as nações africanas são incapazes de se enquadrarem na divisão internacional do capital. Um mercado de trabalho estratificado, e em alguns casos a dissolução do setor público, também conduz ao aprofundamento da pobreza. Essa estrutura de hierarquia econômica e desigualdade deriva mais uma vez da violência e da circularidade da soberania do Estado aprendida durante o período colonial.

A próxima seção de Mbembe examina aquilo que ele chamou de a estrutura do *emaranhamento*, que perpetua a violência dos regimes africanos pós-coloniais. Esse emaranhamento nomeia não apenas a coerção exercida sobre os indivíduos, mas também "um conjunto amplo de reordenações da sociedade, cultura e identidade, e uma série de mudanças recentes nas formas pelas quais o poder é exercido e racionalizado" (MBEMBE, 2001, p. 66). No centro desse aglomerado está a noção de "governo indireto privado" e o enfraquecimento das estruturas do Estado, isto é, de qualquer noção de "bem público". A sociedade é conduzida pela coerção, dificilmente qualquer setor é livre da venalidade e corrupção, e uma crise no sistema de taxação significa que não há mais uma relação necessária entre o governante e o governado. Se o princípio da taxação repousa sobre a nação que tanto o Estado quanto seus cidadãos mutuamente devem algo um aos outros, Mbembe observa que, em certos contextos africanos, limites pouquíssimo delimitados e o uso de taxas para financiar um aparato de coerção têm interrompido aquele princípio e têm levado à dissolução da noção fundadora crucial do bem comum.

Contudo, a parte mais famosa da análise de Mbembe deve ser sua visão da "vulgaridade", excesso e teatralidade do poder na pós-colônia. Mbembe toma Camarões como um exemplo de um Estado no qual o *commandement* (comando) é constantemente ratificado por seus próprios rituais e institucionalizado "como um fetiche ao qual o sujeito é ligado, e no desdobramento do sujeito de um talento a desempenhar, de um senso de diversão que faz dele um *homo ludens par excellence*" (MBEMBE, 2001, p. 104). O poder é manifesto e disseminado pela representação excessiva, mediante a pompa e fábulas, tal como por imagens de potência sexual. Esse também é um regime obcecado com as funções e orifícios corporais, e o corpo se torna o local no qual o poder é executado e inscrito. O *commandement* (comando) fantasia seu poder por meio de imagens de penetração; portanto, a obsessão com orifícios e os fantasmas da virilidade servem para imitar o estado de dominância sobre seus sujeitos. Porém, entrementes, essa *performance* excessiva é um simulacro vazio, cujo mimetismo permite mudanças sutis e pinceladas de subversão. Mbembe usa Bakhtin para pensar por meio da divisão da imagem do simulacro e sua abertura potencial à lógica da resistência – conquanto esta resistência será sempre em si mesma uma prática vazia, uma *per-*

formance em vez de uma afirmação de agência e de um chamado à mudança. Mbembe argumenta que

> As pessoas cujas identidades foram parcialmente confiscadas têm sido capazes, precisamente porque houve este simulacro, de unir novamente suas identidades fragmentadas. Ao tomar os signos e a linguagem do oficialismo, elas têm sido capazes de remitologizar seus universos conceituais enquanto, no processo, transformam o *commandement* (comando) em um tipo de zumbi (MBEMBE, 2001, p. 11).

Porém, se as pessoas podem promover a passagem de gestos de resistência de um modo consistente com a teoria de Bhabha do mimetismo como uma *performance* subversiva simultânea da igualdade e diferença, Mbembe reforça que o regime permanecerá governado por um vácuo teatralizado e por um carnaval. O Estado pode ser desautorizado por meio da repetição de seus próprios símbolos de ratificação, mas seu enfraquecimento não altera a prática da *performance* e o excesso sobre o qual o regime continua a se manter.

O estudo de Mbembe avança para desenvolver essa exploração da representação como uma máscara por meio de um exame das imagens caricaturadas do autocrata. O texto empurra a análise da tirania da representação na pós-colônia e até mesmo além no capítulo "Fora do mundo". Aqui Mbembe examina a função da aniquilação e esquecimento no discurso moderno e contemporâneo sobre a África, oferecendo uma visão de terrível vazio sob os simulacros discutidos anteriormente. De um modo que recobra a análise de Spivak sobre a má apreensão da cultura hindu por Hegel, Mbembe examina a imagem hegeliana da África como "um vasto mundo tumultuado de anseios e sensações, tão tumultuoso e opaco que chega a ser praticamente impossível de representá-lo, mas cujas palavras devem, no entanto, compreender e ancorar

262 Pensamento Moderno

uma certeza predeterminada" (MBEMBE, 2001, p. 176). Hegel explora uma economia verbal africana, na qual a linguagem é uma cacofonia discordante à deriva do referencial, um enxame de barulho e energia que cobre apenas o vazio. Mbembe percebe também como o negro de Hegel é indolente e indigno de confiança, e as palavras de Hegel tornam-se o exemplo do discurso colonial em sua redução do nativo africano, como se fosse um sujeito sem face que beira à inumanidade. Como Fanon, Mbembe também comenta sobre a dialética hegeliana entre o senhor e o escravo, tal como o reconhecimento mútuo da autoconsciência; e ele percebe que o negro em Hegel é de fato privado desta autoconsciência e consignado ao *status* de um animal. De modo ainda mais perturbador, Mbembe segue ao perguntar quais efeitos este discurso deixa para a pós-colônia: "de que tipo de morte alguém sofre 'após a colônia'?" (MBEMBE, 2001, p. 197). Se o negro foi aniquilado pelo discurso colonial, de que forma ele sobrevive, visto que está vivendo "quando o tempo de morrer já passou?" (MBEMBE, 2001, p. 201). A risada serve, conforme Mbembe, como uma resposta possível para esse esquecimento, mas a análise termina com a perturbadora reflexão sobre o deslocamento ou desmembramento de qualquer noção estável de existência no pós-colônia. O estudo de Mbembe conclui-se ao proclamar a afirmação da vontade livre, mas a imersão do livro na tirania da linguagem como *performance* oferta pouco sentido de como a liberdade pode ser empreendida.

Pode ser facilmente objetado que a análise de Mbembe em *Sobre a pós-colônia* é tanto hiperbólica quanto extraordinariamente generalizada. O próprio termo "pós-colônia" é, de certo modo, uma noção abstrata, e críticas têm sugerido que o estudo de Mbembe seria beneficiado com uma atenção extra à especificidade histórica de regimes particulares. Tal como Mudimbe, Mbembe também pode ser acusado de alimentar os mesmos discursos ocidentais que ele contesta em seu próprio uso de Derrida, Foucault e Bakhtin. Com efeito, Mbembe é aparentemente menos aberto à autoconsciência que Mudimbe, em sua união com teorias e filosofias criadas no Ocidente. Além disso, é talvez perturbador que Mbembe não questione que a capacidade de revolta do escravo em Hegel possa fornecer ao africano um modelo de autoafirmação, e muito do trabalho sugere que não há caminho livre para a libertação de um africano desumanizado. A desconstrução do Estado de poder por meio do mimetismo subversivo certamente não é apresentada como uma estratégia coerente pela mudança. Se Mbembe deliberadamente se propõe enfraquecer o convencional e as oposições fáceis entre a resistência e a passividade, as táticas libertadoras que ele recomenda não fornecem um caminho identificável para a libertação.

Enquanto é preciso admitir que Spivak, Mudimbe e Mbembe se abstêm de oferecer os tipos de visões emancipadoras que são encontradas em Fanon e Gandhi, porém, este é talvez um testemunho necessário da perpetuação de mais formas de opressão após a descolonização. Os filósofos mais militantes e politizados explorados neste livro escrevem de modo a conduzir à independência; e o trabalho mais ansioso, ambivalente e problemático de pensadores como Spivak, Mudimbe e Mbembe sugere que o fim da opressão colonial ou neocolonial não é nem iminente nem facilmente concebido. Com Spivak e Mudimbe, Mbembe implica que a crítica pós-colonial requer tanto a denúncia da desigualdade política e econômica, quer em termos claramente marxistas ou pós-marxistas, quanto uma consciência das formas tirânicas e estruturas de representação operantes nas sociedades pós-coloniais de diversos modos. Ademais, se a divisão internacional do trabalho ou novos regimes opressores aparentes em algumas partes da África pós-colonial instituem formas de desigualdade que todos esses pensadores vilificam, a sistemática e total derrubada de tais estruturas emergem de modo mais difícil do que se imaginava. A crítica ética da violência da representação é, assim, a estratégia mais significante pela qual esses pensadores constroem sua crítica pós-colonial, e se Mbembe vai além de qualquer reivindicação de agência subalterna ou autenticidade, ele talvez tenha chegado mais perto de comunicar os horrores de um discurso neocolonial que usa a representação ou a *performance* para apoiar este regime de tirania e violência. Ele pode apenas balançar sem fazer desmoronar o edifício do simulacro da autoridade; porém, ele também nos relembra, de modo muito lúcido, do poder da representação quando abusado ao extremo, em um mundo ainda assolado pela opressão pós-colonial.

Pontos-chave

• O trabalho de Spivak baseia-se tanto no marxismo quanto na ética pós-estruturalista. Suas leituras de Marx tendem a focar nos escorregões textuais e em momentos de ambivalência, como quando ela explora, por exemplo, a indeterminação em sua noção de valor. Essa forma de leitura é em si mesma desconstrutiva; e, ainda assim, Spivak também critica os pontos cegos no engajamento de Derrida com Marx.

• Um dos conceitos-chave para Spivak é o "subalterno" ou nativo informante. Seu trabalho denuncia as formas pelas quais as mulheres subalternas em particular têm sido silenciadas, e ela mostra como suas vozes ecoam entre as linhas da filosofia e literatura ocidentais. Seu trabalho é também digno de nota por sua autoconsciência, e ela constantemente lembra os leitores de sua própria cumplicidade com o imperialismo que ela busca enfraquecer.

• O trabalho de Mudimbe consiste numa crítica política e ética do "africanismo". Mudimbe vilifica tanto a mecânica do projeto colonial quanto as formas de conhecimento que a apoiam. Ele argumenta que o conhecimento sobre os africanos frequentemente incorpora-os na "história do eu/mesmo". Ele clama por uma forma mais autêntica de conhecimento africano, enquanto admite simultaneamente que essa autenticidade é difícil de atingir.

• Mbembe critica a forma na qual a lei colonial homogeneíza e subjuga o nativo; mas ele também denuncia a violência dos regimes africanos no período pós-colonial. Ele revela como estes regimes são caracterizados por excesso, vulgaridade e teatralidade, e como eles também desaprovam a resistência. Sua análise é o testemunho para a dificuldade de superar tanto a violência colonial quanto a violência pós-colonial.

8

Conclusão
Neocolonialismo e o futuro da disciplina

Este livro tentou demonstrar que o pós-colonialismo é um conjunto de estratégias às vezes sobrepostas, às vezes distintas, que pretendem enfraquecer o colonialismo, assim como amplas formas de subjugação imperialista. A filosofia pós-colonial é uma complexa mistura de pensamento político e ético, e teóricos como Spivak, Mudimbe e Mbembe mostram como compreender tanto as estruturas empíricas de opressão quanto as discursivas é uma medida necessária para o estabelecimento de uma crítica. Se Derrida aponta que a ética e a política requerem o desenvolvimento conjuntos distintos de conceitos (ele argumenta que o primeiro elemento insiste na abertura absoluta, enquanto o último requer a criação de normas e regras), a maioria dos pensadores avaliados neste estudo engajaram-se com ambos os níveis, ao menos em alguma extensão. Contudo, a divisão entre leituras do pensamento pós-colonial permanece palpável. "Materialistas", tais como Parry e Lazarus, afastaram-se do "textualismo" de Bhabha ou Spivak, enquanto pensadores mais "desconstrucionistas" como Syrotinski ou Philip Leonard implicam que as estratégias de leitura éticas recomendadas por Derrida e seus seguidores devem ser abraçadas antes que a libertação política possa ocorrer. Certamente, o trabalho de Glissant indica que deve haver um espaço distinto para a experimentação pós-colonial cultural e estética, e quando a ética da relacionalidade é explorada por meio da literatura e da arte, fica claro que isso deve ser feito sem se submeter a uma agenda política clara. Mas eu espero ter mostrado que, apesar da hostilidade que acompanha os debates entre os leitores pós-coloniais, a ética e política permanecem mais ou menos como uma dupla detectável de Fanon a Mbembe.

Porém, apesar dos esforços dos filósofos, críticos e intelectuais, a opressão neoimperialista permanece formidável, mesmo após várias colônias terem alcançado a independência. A necessidade de um questionamento pós-colonial não desapareceu com os movimentos de descolonização das décadas de 1950 e 1960; de fato, as estruturas de poder contemporâneas são talvez as mais penetrantes, visto que são insidiosas. O trabalho de Glissant sobre a Martinica, por exemplo, demonstra que apesar de a libertação nacional ter se tornado algo mais ou menos viável, as hierarquias e as características desiguais do regime colonial em seu auge estão longe da extinção nos atuais territórios ultramarinos e nas regiões francesas. A exegese horripilante de Mbembe da pós-colonialidade africana, apesar de abstrata, sugere que o desejo pelo poder originalmente exibido pelo colonizador é agora levado ao excesso por líderes locais e tiranos em países como Camarões. Além disso, Spivak nos lembra de que o capitalismo global e a divisão internacional do trabalho têm entrincheirado a subjugação e a exploração iniciada pelo colonialismo e, para além disso, essa opressão econômica neoimperial é apoiada por acadêmicos ocidentais, que estão cegos para as experiências dos outros subalternos a quem eles reivindicam dar atenção. Os pensadores ocidentais confiam nas tecnologias produzidas no Terceiro Mundo e ignoram a exploração sobre a qual repousa a produção dessas tecnologias, ao mesmo tempo em que arriscam agir como ventríloquos para com o outro em seu trabalho acadêmico. Por fim, comentaristas da América Latina pós-colonial como José Carlos Mariátegui servem para demonstrar aos críticos do neocolonialismo britânico e francês por quanto tempo depois da independência os efeitos do domínio imperialista persistem. *Os sete ensaios interpretativos da realidade peruana* de Mariátegui exploram as maneiras pelas quais o Peru ainda é corrompido, mesmo após sua independência em 1824, pelo pecado da conquista, porque a burguesia apoiada por investidores estrangeiros permanece no controle dos bancos e da indústria. Os conquistadores espanhóis destruíram uma sociedade inca abundante e progressista, e Mariátegui insiste, pelo menos na época da publicação em 1927, que a economia feudal que os colonialistas instituíram não foi derrubada ou substituída.

O neocolonialismo pode ser colocado como operador em três formas principais que podem ser brevemente esboçadas nessa conclusão. Primeiro, o primeiro presidente de Gana após a independência, Kwame Nkrumah, difama a persistência da dominação colonial no período imediato à descolonização. No neocolonianismo, Nkrumah explica que "a essência do neocolonialismo é que o Estado, ao qual ele é sujeito, é independente e possui todas as armadilhas externas da soberania internacional. Portanto, na realidade, seu sistema econômico e sua postura política são direcionados do exterior" (1965, p. ix). Estados africanos neocoloniais dependem do capital estrangeiro, mas esse capital não é utilizado para o desenvolvimento de iniciativas locais e, ao invés disso, entrincheira a exploração dos mais pobres. O capital internacional controla o mercado mundial à custa da regeneração local. Ademais, Nkrumah discute que o neocolonianismo é pernicioso, pois executa o poder sem assumir responsabilidades; é uma ideologia insidiosa que busca servir apenas aos interesses dos países desenvolvidos. O "auxílio", por exemplo, meramente aumenta o débito de países de Terceiro Mundo, e especificamente o auxílio militar também entorpece em vez de promover o desenvolvimento, pois mais cedo ou mais tarde as armas caem nas mãos dos oponentes do regime neocolonial e a guerra perpetua a miséria da ex-colônia. A única maneira pela qual as ex-colônias africanas podem tentar resistir a essa força poderosa e onipresente é afirmar a unidade africana. Nkrumah discute que:

> Apenas quando barreiras artificiais são quebradas para prover uma economia de unidades viável, e finalmente uma única unidade africana, é que a África será capaz de desenvolver a indústria pelo seu próprio bem e enfim em prol de uma economia mundial saudável (NKRUMAH, 1965, p. 25).

Entretanto, embora a visão de Nkrumah de uma união pan-africana influenciada pelo marxismo fosse politicamente ambiciosa, Young ressalta que seu pensamento carecia de uma compreensão da unidade econômica que poderia ter ajudado o desenvolvimento africano no pós-colonialismo. Ademais, Mudimbe observa que uma vez que ele estava no poder, a retórica de Nkrumah começou a soar vazia e ele se tornou algo semelhante a um ditador; ele certamente falhou em colocar seus ideais em prática. Não obstante, é significativo para meus propósitos atuais que, após a independência, o neocolonialismo foi concebido por Nkrumah como o domínio contínuo do poder econômico estrangeiro sobre a regeneração africana. Além do mais, o estudo de Mbembe sobre a economia na ex-colônia sugere que a influência estrangeira ainda retém o seu poder atualmente.

Em segundo lugar, vale ressaltar que a concepção de Nkrumah e, mais tarde, de Spivak, do poder do capital internacional foi vista por Michael Hardt e Antonio Negri como tendo sido transformada mais recentemente em uma nova forma magistral de "império". Esse "império", de acordo com Hardt e Negri, é bastante distinto do colonialismo como assentamento, bem como das antigas formas de imperialismo que ainda dependem de uma noção de soberania do Estado. Esse novo sistema de império surgiu com o declínio do poder do Estado-nação, e pode ser visto como uma forma alternativa de soberania "composta por uma série de organismos nacionais e supranacionais unidos sobre uma única regra lógica" (HARDT & NEGRI, 2000, p. xii). A partir desse ponto de vista, o império é descentralizado e desterritorializado: manifesta-se como uma rede de poder e não se origina em uma única fonte (este não é um nome para o difuso poder mantido pelos Estados Unidos no restante do mundo). A força do império transcende as bordas entre as nações, bem como as divisões entre o Primeiro, Segundo e Terceiro Mundo, e igualmente sinaliza o declínio do trabalho fabril em favor do "trabalho comunicativo, cooperativo e efetivo" (HARDT & NEGRI, 2000, p. xiii). Ademais, seu processo de globalização traz novas estruturas econômicas, mas também regula a vida social e a própria natureza humana por meio do seu regime de biopoder. Embora a palavra "império" nomeie uma nova ordem de dominação global, no entanto, não se trata de um monólito, e seus múltiplos ramos e processos também podem desencadear, de acordo com Hardt e Negri, a invenção de novas formas democráticas. O império apresenta a si mesmo como uma totalidade ampla fora da história, mas os autores desse estudo provocativo discutem ainda assim que os movimentos da "multidão", os pobres e os privados de direitos, contra esse aparente sistema transcendente do império pode trazer organizações mais alternativas e liberalmente estruturadas. Para Hardt e Negri, então, o tipo de crítica pós-colonial ofertada por pensadores como Bhabha se envolve com velhas formas de colonialismo e imperialismo. Bhabha critica as divisões binárias que colocam colonizador contra colonizado, mas Hardt e Negri mostram como os hibridismos que ele defende como alternativa são parte dessa nova estrutura de império. Essa estrutura já se afastou das divisões que Bhabha gasta seu tempo desafiando e exerce seu poder de uma forma pós-moderna, multifacetada, mas global, por meio de instituições como as de direito internacional, as Nações Unidas (ONU) e a Organização do Tratado do Atlântico Norte (Otan), ou por meio do Fundo Monetário Internacional (FMI), da Organização Mundial do Comércio (OMC) e do Banco Mundial. Enquanto antigas formas de colonialismo giram em torno de uma noção de diferença, Hardt e Negri acentuam que, inversamente, o império é cegado pela diferença: "todos são bem-vindos em suas fronteiras, independentemente da raça, credo, cor, gênero, orientação sexual e assim por diante" (HARDT & NEGRI, 2000, p. 198). Tendo cumprido esse gesto de assimilação, o império é capaz, em um segundo movimento, de reconhecer a diferença; mas ela deve ser cultural em vez de política. No entanto, essa forma de diferença é aceita porque pode ser controlada pelo império, em um terceiro movimento, em um abraço que abrange tudo: "o triplo imperativo do império é incorporar, diferenciar, administrar" (HARDT & NEGRI, 2000, p. 201). Ademais, nessa nova estrutura de império, a migração ocorre em uma escala massiva; porém, enquanto os movimentos populacionais podem ter o potencial de operar contra o aperto controlador do império, frequentemente eles levam, por fim, a uma adicional perda de direitos e pobreza. É nessa mobilidade que Hardt e Negri detectam a força de desmantelamento do império; no entanto, a maneira na qual a multidão pode organizar a si mesma de modo prático ao ponto de desafiar os sítios dominantes de poder permanece elusivas nessa nova e amaciada ordem do capital global.

O texto de Hardt e Negri é um empreendimento extraordinariamente corajoso por reescrever a teoria marxista para o século XXI, e tem sido muito influente. Contudo, ele também tem sido criticado por seu jargão abstrato e por privilegiar palavras sonoras, tais como "desterritorialização" e "hibridismo" em vez de análises econômicas concretas. Slavoj Žižek comenta que a noção de "cidadania global" que Hardt e Negri oferecem como uma força de resistência ao império é irremediavelmente impraticável, uma vez que isso implica literalmente a erradicação das fronteiras dos estados. Certamente, se Hardt e Negri pretendem atualizar a análise marxista para uma era pós-moderna e pós-imperialista, falta ao seu texto a elucidação dos tipos de estratégias revolucionárias operáveis encontradas em Marx ou Gramsci. Conquanto eles argumentem que o novo capitalismo do império é vulnerável ao ataque das forças da multidão, eles falham ao oferecer uma narrativa política apropriada de como aquele ataque pode tomar lugar. Além disso, em sua revisão de *Império* publicada na revista *New Left View* [*Nova visão da esquerda*] em 2000, Gopal Balakrishnan sugere que Hardt e Negri menosprezam o papel significante desempenhado pelos Estados Unidos no controle do capitalismo global em sua inflação do império pós-moderno e desterritorializado. De modo mais abrangente, Hardt e Negri diagnosticam, de uma maneira um tanto prematura, o fim das antigas estruturas de poder em seu argumento, pois o campo de força suave do império substitui os "estriados" do imperialismo, ou seja, sua confiança nas hierarquias da soberania. Como Paul Gilroy (2005) demonstrou, a recente retórica da "segurança" de fato tem fortalecido novamente o poder do Estado-nação. O texto de *Império* alcança como resultado uma aproximação da criatividade mais abstrata e pós-moderna de *Mil platôs* de Deleuze e Guattari do que do marxismo militante, e dispensa talvez prontamente os efeitos persistentes potenciais de antigas formas do neoimperialismo. No entanto, o trabalho merece menção aqui porque sinaliza ao menos o início de uma mudança no funcionamento do imperialismo para além do confinamento do Estado-nação.

A terceira aproximação ao neocolonialismo pertinente aqui se refere à própria disciplina dos estudos pós-coloniais. Esta é talvez mais enfática ao denunciar o pós-colonialismo necessariamente em função do neocolonialismo, mas marxistas radicais como Ahmad e Dirlik lamentam, no entanto, a cumplicidade dos acadêmicos pós-coloniais no Ocidente com o capitalismo, e vilificam a celebração pós-moderna de culturas pós-coloniais como uma comoditização da alteridade. Ahmad perceba a teoria pós-colonial como um "mercado de ideias" à deriva das reais questões políticas e econômicas de desigualdade e opressão (AHMAD, 1992, p. 70). Para Dirlik, o pós-colonialismo é "um discurso que busca constituir o mundo conforme a autoimagem de intelectuais que veem a si mesmos (ou passaram a ver a si mesmos) como intelectuais pós-coloniais" (1994, p. 339); e, como Ahmad, Dirlik avança ao argumentar que o foco sobre a cultura obscurece as condições materiais específicas. Ambos os comentaristas acreditam que a falta de uma maior atenção ao capitalismo global por parte dos intelectuais pós-coloniais significa que eles ocultam as estruturas opressivas que pretendem criticar. O estudo mais nuançado de Huggan intitulado *O exótico pós-colonial* [*The Postcolonial Exotic*] (2001) enfatiza que esse tipo de crítica pode ser aplicado a alguns, mas não todos os pensadores pós-coloniais e, com efeito, nós já vimos que Spivak está muito preocupada com a cumplicidade potencial do estudo acadêmico com a divisão internacional do trabalho. Para Huggan, o perigo repousa, em vez disso, em uma ampla e global comoditização da diferença cultural. O pós-colonialismo inclina-se para um tipo de exotismo neocolonial, portanto, não meramente quando seus proponentes pautam-se sobre uma cultura e teoria, mas quando seus consumidores falham em ler textos pós-coloniais apropriadamente. Nos termos de Huggan, isso ocorre

> Quando escritores criativos como Salman Rushdie são vistos, apesar de seu panorama cosmopolita, como representantes de países do Terceiro Mundo; quando trabalhos de literatura, como *Things Fall Apart* [As

coisas desmoronam] (1958) de Chinua Achebe são colhidos, apesar de seu *status* ficcional, pela informação antropológica que fornecem; quando conceitos acadêmicos como pós-colonialismo são transformados, apesar de suas pretensões historicistas, em palavras de ordem pelos estudos da moda da alteridade cultural (2001, p. vii).

Um exotismo cúmplice do neocolonialismo ocorre precisamente pelo tratamento mal-informado e descuidado dos textos literários.

Esses tipos de observações pintam uma visão um tanto pessimista da disciplina, e os problemas associados com o trabalho de Hardt e Negri, juntamente com a denúncia de Huggan do fenômeno da comoditização cultural, sugerem que permanece uma falha entre os intelectuais de engajarem-se às estruturas e mecanismos de desigualdade pós-colonial tal como elas se manifestam no presente. O processo de descolonização produziu militantes como Fanon e Gandhi, mas faltam aos chamados mais recentes pela libertação e igualdade aquela precisão de foco talvez porque as forças de opressão atualmente são mais insidiosas, difusas e difíceis de assinalar. As aporias do pensamento de Derrida em torno do colonialismo e do etnocentrismo testificam uma luta entre diferentes formas de crítica, e o ecletismo de Spivak ou Mudimbe igualmente revelam uma inquietação e uma ansiedade quanto às ferramentas necessárias para emancipação e mudança. O retorno para uma forma de humanismo em muitos pensadores é tocante, mas é também um sinal de confiança em antigas categorias em vez da invenção de um novo idioma. As ciências políticas também podem ser bem equipadas para apontar os mecanismos e efeitos da globalização; porém, a filosofia continua a lutar para inventar modelos conceituais mais amplos de resistência às dominações pós-colonial e neocolonial.

Por fim, no entanto, apesar das dificuldades que persistem no campo dos estudos pós-coloniais, o que muitos textos de pensadores após a descolonização compartilham é um compromisso com uma leitura e escrita cuidadosas. Diferentemente dos consumidores referenciados por Huggan, os filósofos explorados aqui são leitores rigorosos, atentos aos caminhos nos quais o poder colonial é lançado na produção, difusão e consumo de textos. Portanto talvez não seja o papel dos filósofos pós-coloniais proclamar novos regimes políticos; mas, em vez disso, devem usar suas estratégias de leitura para enfraquecer os modos de pensamento violentos, poderosos e etnocêntricos que se encontram nas fundações da ideologia imperialista e neoimperialista. Esses discursos da violência pós-colonial habilitam tanto a injustiça política quanto a injustiça ética, e apesar de a resistência a tal injustiça poder ser concebida em termos neomarxistas, desconstrutivos, levinasianos ou até mesmo humanistas, o núcleo filosófico e discursivo da injustiça deve ser denunciado. Said, Bhabha e Spivak, por exemplo, estão unidos em suas cuidadosas exegeses das cegueiras e dos erros dos discursos coloniais que eles leram e, conquanto suas abordagens sejam distintas entre si, suas críticas repousam na atenção às formas pelas quais o conhecimento colonial é criado na linguagem e disseminado em textos. Além disso, a filosofia oferece novas formas de escrever que são vigilantes diante das afirmativas potenciais e preconceitos da crítica. Em maior ou menor grau, todos os pensadores pós-coloniais explorados aqui aprenderam por conta própria estratégias sutis de leitura e engendram nessa base uma maneira alternativa de teorizar que resiste às tentações de domínio e assimilação. De Said ao Coletivo de Estudos Subalternos até Derrida e Spivak, filósofos pós-coloniais expressam em sua escrita a lucidez, e certas vezes uma aguda ansiedade em relação ao seu próprio projeto, que deriva de uma consciência sem precedentes da ética da teorização de si mesmo. Essa ansiedade pode justamente ser concebida de modo a impedir a ação política direta, e talvez deva ser ultrapassada no futuro por um modo de discurso mais afirmativo; no entanto, no momento da escrita, ela testifica uma nova abertura na linguagem filosófica apropriada às demandas do pós-colonialismo.

Conceitos-chave

• Nkrumah concebe o neocolonialismo como a dominação em curso pelo poder econômico estrangeiro sobre a regeneração africana.

• Para Hardt e Negri, o antigo imperialismo foi substituído pelo "império": uma difusa rede de poder operando além das fronteiras do Estado-nação. O "império" é ligado às forças econômicas e políticas da globalização e é propagado por meio de organizações como o Fundo Monetário Internacional, o Banco Mundial, a Organização do Tratado do Atlântico Norte e a Organização das Nações Unidas.

• Críticos como Dirlik sugerem que os estudos pós-coloniais em si mesmos são uma disciplina cúmplice do neocolonialismo. Huggan argumenta mais especificamente que os estudos pós-coloniais criaram um novo "exótico" que celebra literaturas das colônias e ex-colônias, mas que oculta suas especificidades históricas.

• O futuro dos estudos pós-coloniais permanece incerto, mas a ansiedade atual inerente à disciplina em si reflete uma útil vigilância a respeito dos processos de representação, aos desafios de ler e escrever sobre a diferença cultural em um contexto pós-colonial.

Questões para discussão e revisão

1 Introdução

1) Qual a diferença entre colonialismo e imperialismo?

2) Qual a diferença entre pós-colonialismo e pós-colonialidade?

3) De que maneira Marx foi ambivalente em sua atitude em relação ao colonialismo?

4) Como a teoria da ideologia de Marx comunica formas mais recentes do pensamento pós-colonial?

5) Como a noção de hegemonia de Gramsci distingue-se do conceito de ideologia de Marx?

6) Defina os conceitos levinasianos de totalidade e de infinito.

7) Quais aspectos do pensamento de Lévinas podem ser usados para oferecer uma crítica ao colonialismo?

8) Como Lévinas concebe a relação entre política e ética?

2 Fanon e Sartre – O maniqueísmo colonial e o chamado às armas

1) Como Fanon configura a relação entre negro e branco em *Pele negra, máscaras brancas*?

2) Como Fanon usa e critica modelos psicanalíticos em sua análise do colonialismo?

3) Analise o uso de Fanon do termo "negro".

4) Em que sentido o pensamento de Fanon é ético?

5) O que significa dizer que uma estrutura colonial é "maniqueísta"?

6) Qual a resposta de Fanon à política do nacionalismo?

7) Como Sartre concebe o papel da negritude?

8) Como Sartre posiciona o colonizador em relação ao colonizado?

3 Descolonização, comunidade e nacionalismo – Gandhi, Nandy e o Coletivo de Estudos Subalternos

1) Por que Gandhi vilifica a civilização moderna?

2) Como Gandhi define a civilização indiana?

3) O que você entende pelo termo *"satyagraha"*?

4) O que Gandhi pretendia dizer com *"swaraj"*?

5) Como Nandy entendia a psicologia do colonialismo?

6) Como Nandy usa o pensamento de Gandhi?

7) Quais são os principais objetivos do Coletivo de Estudos Subalternos?

8) Por que Chatterjee concebe a nação indiana como ambivalente?

4 Foucault e Said – Discurso colonial e orientalismo

1) Como Foucault teoriza a posição das minorias ou de sujeitos marginalizados tanto em *Loucura e civilização* quanto em *Vigiar e punir*?

2) Como Foucault concebe o efeito do poder na construção do sujeito individual?

3) Quais críticas foram levantadas contra a concepção de poder e subjetividade de Foucault?

4) Como Said define o orientalismo?

5) Como o orientalismo de Said é criticado?

6) Como a abordagem de Said em *Cultura e imperialismo* diferencia-se da empregada em *Orientalismo*?

7) O que Said quis dizer com o termo "contraponto"?

8) Quais são os princípios básicos do humanismo de Said?

5 Derrida e Bhabha – Eu, o outro e a ética pós-colonial

1) Quais exemplos Derrida oferece do etnocentrismo na filosofia ocidental?

2) Como Derrida concebe a relação entre linguagem e colonialismo?

3) Como Derrida concebe a relação entre o universal, o específico e o singular?

4) Qual a relação entre política e ética no pensamento de Derrida?

5) Como Bhabha concebe o papel da teoria?

6) O que Bhabha quis dizer com "terceiro espaço"?

7) Como Bhabha explora a noção de ambivalência no discurso colonial?

8) De que maneiras os textos recentes de Bhabha sobre os direitos das minorias são mais politizados do que seus trabalhos anteriores?

6 Khatibi e Glissant – Ética pós-colonial e o retorno ao lugar

1) Como Khatibi descreve seu *pensée autre* do Magreb?

2) De que maneira Khatibi baseia-se tanto no pós-estruturalismo quanto no marxismo?

3) O que Khatibi percebe como os efeitos do bilinguismo?

4) Como o pensamento de Khatibi é simultaneamente ético e político?

5) Qual é a diferença entre "história" e "História" no pensamento de Glissant?

6) Quais são os diversos padrões que produzem a noção de *antillanité*?

7) O que fez Glissant conceber o objetivo final em *Discurso caribenho*?

8) Descreva a forma da produção cultural recomendada em *A política da relação*.

7 Ética com política? – Spivak, Mudimbe, Mbembe

1) Como Spivak lê Marx?

2) Como Spivak critica as narrativas existentes da imolação hindu das viúvas?

3) De que maneiras Spivak baseia-se em Derrida?

4) Examine a importância de gênero na obra *Crítica da razão pós-colonial* de Spivak.

5) Que tipos de "gnoses" africanas Mudimbe vilifica?

6) Qual é, para Mudimbe, a melhor maneira de oferecer resistência aos discursos desiludidos do africanismo?

7) Como Mbembe teoriza a operação de poder na pós-colônia?

8) Quais são, para Mbembe, as formas disponíveis da resistência pós-colonial?

8 Conclusão – Neocolonialismo e o futuro da disciplina

1) Como o neocolonialismo é definido por Nkrumah, por Hardt, por Negri e por Huggan?

2) Como o pós-colonialismo pode se divorciar do neocolonialismo?

3) O que o pós-colonialismo nos informa sobre o poder da representação?

4) A ética e a política pós-coloniais podem ser reconciliadas?

Guia para leituras complementares

1 Introdução

Há muitas introduções ao pós-colonialismo que podem complementar o presente estudo. *Colonial Discourse e Postcolonial Theory* (1993), editado por Patrick Williams e Laura Chrisman, contém muitos ensaios-chave. *The Empire Writes Black* (1989) de Bill Ashcroft, Gareth Griffiths e Helen Tiffins é uma das primeiras introduções para a literatura pós-colonial, acompanhada por *Colonial and Postcolonial Literature* (1995). *The Cambridge Companion to postcolonial Literary Studies* (2004), editado por Neil Lazarus, atualiza alguns de seus trabalhos prévios. *Colonialism/Postcolonialism* (1998) de Ania Loomba é uma introdução para a cultura e pensamento pós-coloniais, e *Postcolonialism* (2000) de Ato Quayson oferece uma visão interessante sobre a prática endossada pela disciplina dos estudos pós-coloniais. A compreensiva obra *Postcolonialism* (2001) de Robert Young é uma exploração longa e altamente detalhada da história colonial e do pensamento pós-colonial. O livro de Young inclui a melhor introdução sobre as visões de Marx sobre o colonialismo, e o fino volume de Marx e Engels *On Colonialism* (1960) apresenta uma série de excertos nos quais os filósofos comentam sobre o colonialismo. Em geral, uma introdução lúcida para Lévinas é a obra *Levinas* (1996), de Colin

Davis. Além desta, *Levinas and the Political* (2002) de Howard Caygill fornece um sumário detalhado de seu engajamento junto ao nacional-socialismo e ao totalitarismo.

2 Fanon e Sartre – O maniqueísmo colonial e o chamado às armas

Os dois trabalhos importantes de Fanon são *Black Skin, White Masks* (1968) e *The Wretched of the Earth* (1967). O melhor guia para os trabalhos de Fanon é *Frantz Fanon* (2003) de Nigel Gibson. A biografia de David Macey intitulada *Frantz Fanon* (2000) ajuda a situar seu trabalho no contexto de sua carreira e ativismo político. O livro de Ato Sekyi-Oto *Fanon's Dialetic of Experience* (1996) oferece uma leitura detalhada das bases filosóficas de seus trabalhos, e a coleção editada por Lewis Gordon, D. Sharpley-Whiting e R.T. White intitulada *Fanon* (1996) incluem ensaios sobre uma variedade de aspectos de seu pensamento. O livro *Orphée noir* (1948b) de Sartre apresenta suas visões sobre a negritude, e o volume *Colonialism and Neocolonialism* (2001) oferece uma útil exploração da escrita de Sartre sobre o colonialismo. A obra *White Mythologies* (1990) de Young situa Sartre na relação com uma história mais ampla do colonialismo e pós-colonialismo no pensamento do século XX.

3 Descolonização, comunidade e nacionalismo – Gandhi, Nandy e o Coletivo de Estudos Subalternos

Uma seleção útil dos textos de Gandhi pode ser encontrada em *The essential Gandhi* (1962) e em seu *An autobiography or The story of my experiments with Truth* (1982), juntamente com *Hind Swaraj* (1997), que também clarifica seu desenvolvimento intelectual e suas ideias-chave. A obra de Dennis Dalton *Mahatma*

Gandhi (1993) explora a vida e trabalho de Gandhi, e *Gandhi's Political Philosophy* (1989) de Bhikhu Parekh concentra especificamente em seu pensamento. *The Intimate Enemy* (1983) de Ashis Nandy é o principal texto de estudo para ser usado aqui. Nandy tendia a ser menos estudado, mas a obra *Postolonialism* de Young contém alguns comentários sobre o seu trabalho. Para mais informações sobre o Grupo de Estudos Subalternos, o melhor ponto de partida é a revista *Subaltern Studies*. O volume de Ranajit Guha e Gayatri Spivak, *Selected Subaltern Studies* (1988), fornece uma visão geral útil, e *Dominance without Hegemony* (1997) de Guha e *Provincializing Europe* (2000) de Chakrabarty expandem a missão do periódico.

4 Foucault e Said – Discurso colonial e orientalismo

Trabalhos relevantes de Michel Foucault incluem *Madness and Civilisation* (2001a), *The Archaeology of Knowledge* (2001b), *Discipline and Punish* (1991) e *Power/Knowledge* (1980). A obra *Race and Education of Desire* (1995) de Laura Stoler é o único volume completo devotado às relações entre o pensamento de Foucault e questões sobre o colonialismo. Os livros *Orientalism* (1995) e *Culture and Imperialism* (1993) de Edward Said são suas intervenções mais citadas no tocante ao pós-colonialismo. A maioria das introduções sobre o pós-colonialismo contém detalhados comentários sobre Said, mas bons exemplos incluem as obras *White Mythologies* de Young e *Postcolonial Theory* (1997) de Bart Moore-Gilbert. Também há uma útil coleção editada por Michael Sprinker intitulada *Edward Said* (1992). O título *Orientalism, Postmodernism and Globalism* (1994) de Bryan Turner desenvolve o pensamento de Said no contexto da globalização.

5 Derrida e Bhabha – Eu, o outro e a ética pós-colonial

A obra *Of Grammatology* (1976) de Derrida delineia sua crítica do etnocentrismo, enquanto *The Monolingualism of the Other* (1998) contém comentários específicos sobre o colonialismo na Argélia. Young tem assinalado a importância do pós-colonialismo para a desconstrução derridiana em *White Mythologies* e no ensaio "Deconstruction and the Postcolonial" (2000). O título análogo *Deconstruction and the Postcolonial* (2007) de Michael Syrotinski contém uma exposição não apenas da relação de Derrida com o pós-colonialismo, mas também de uma desconstrução mais ampla, como fez Philip Leonard em *Nationality between Poststructuralism and Postcolonial Theory* (2005). O trabalho principal de Bhabha é a obra *The Location of Culture* (1994). Um exemplo de seus textos mais recentes sobre direitos é "On Writing Rights" (2003). As críticas de Bhabha são abundantes, mas bons exemplos são novamente os livros *White Mythologies* de Young e *Postcolonial Theory* de Moore-Gilbert. A obra *Colonial Desire* (1995) é um estudo intrigante da noção de hibridismo, usada por Bhabha. *Homi K. Bhabha* (2005) de David Huddart é um útil sumário do pensamento de Bhabha, que também contém uma discussão sobre seu recente trabalho acerca dos direitos das minorias.

6 Khatibi e Glissant – Ética pós-colonial e o retorno ao lugar

O trabalho de Khatibi não é amplamente traduzido para o inglês, mas *Maghreb pluriel* (1983) é o volume-chave para uma compreensão de seu pensamento sobre o pós-colonialismo. Há também poucas críticas de Khatibi em língua inglesa, mas a obra *Experimental Nations, or, The invention of the Maghreb* (2003) de Réda Bensmaïa contém um capítulo sobre Khatibi e multilinguismo.

Walter Mignolo desafia Khatibi em *Local Histories, Global Designs* (2000). Os trabalhos *Caribbean Discourse* (1989) e *The Poetics of Relation* (1997c) são textos teoréticos fundamentais escritos por Glissant e disponíveis em inglês. A obra *Édouard Glissant and Postcolonial Theory* (1999) de Celia Britton oferece uma leitura sofisticada de suas novelas, assim como de sua teoria, enquanto Michael Dash fornece uma visão geral em *Édouard Glissant* (1995). O trabalho *Islands and Exiles* (1998) de Chris Bongie situa-o em relação ao Caribe e à cultura crioula mais amplamente, e Petter Hallward oferece uma crítica provocativa a Glissant em *Absolutely Postcolonial* (2001).

7 Ética com política? – Spivak, Mudimbe, Mbembe

Spivak é uma prolífica escritora, mas muito de seu pensamento está condensado no volume *Critique of Postcolonial Reason* (1999). O famoso ensaio "Can the Subaltern Speak?" (1988) é também um bom ponto de partida, e *The Spivak Reader* (1996c) contém muitos de seus ensaios-chave. As obras *White Mythologies* de Young e *Postcolonial Theory* de Moore-Gilbert contêm leituras inteligentes de Spivak, e pontos de vista mais críticos podem ser encontrados em *Postcolonial Studies* (2004) de Benita Parry e *In Theory* (1992) de Aijaz Ahmad. *Gayatri Chakravorty Spivak* (2006) de Mark Sanders é uma introdução clara e sinótica.

Trabalhos-chave para Mudimbe incluem *The Invention of Africa* (1988) e *Parables and Fables* (1991). A melhor leitura de Mudimbe pode ser encontrada em *Singular Performances* (2002) de Syrotinski. Um texto importante de Mbembe é *On the Postcolony* (2001), e há um capítulo sobre Mbembe na obra *Deconstruction and the Postcolonial* de Syrotinski.

Pós-colonialismo **289**

8 Conclusão – Neocolonialismo e o futuro da disciplina

O trabalho-chave de Kwame Nrkumah sobre o neocolonialismo é *Neo-colonialism* (1965). A obra *Postcolonialism* de Young também contém uma síntese da carreira de Nkrumah. O volume provocativo de Hardt e Negri é *Empire* (*Império*, 2000), seguido por *Multitude* (*Multidão*, 2004). Ambos os livros são explorações longas e detalhadas da controversa teoria dos autores. A obra *The Postcolonial Aura* (1997) de Arif Dirlik oferece uma crítica do neocolonialismo por parte dos estudos pós-coloniais, e *The Postcolonial Exotic* (2001) de Graham Huggan explora o *marketing* da literatura pós-colonial. Outro artigo provocativo sobre a comercialização dos estudos pós-coloniais é "Exiles on Maim Stream" (2003) de Chris Bongie. Por fim, a obra *Refashioning Futures* (1999) de David Scott é uma exploração mais geral do futuro do pensamento pós-colonial.

Referências

ACHEBE, C. (2006). *Things Fall Apart*. Harmondsworth: Penguin.

AHMAD, A. (1992). *Theory*: Classes, Nations, Literatures. Londres: Verso.

ALLOULA, M. (1987). *The Colonial Harem*. Manchester: Manchester University Press.

ALTHUSSER, L. (1984). *Essays on Ideology*. Londres: Verso.

APPIAH, K. (1992). *In My Father's House*: Africa in the Philosophy of Culture. Londres: Methuen.

ASHCROF, B.; GRIGHTS, G. & TIFN, H. (1989). *The Empire Writes Back*: Theory and Practice in Post-colonial Literatures. Londres: Routledge.

AUSTEN, J. (2003). *Mansfeld Park*. Harmondsworth: Penguin.

BALAKRISHNAN, G. (2000). "Virgilian Visions". In: *New Left Review*, 5, p. 142-148.

BARTHES, R. (1983). *Empire of Signs*. Londres: Cape.

BENNINGTON, G. (2000). *Interrupting Derrida*. Londres: Routledge.

BENNINGTON, G. & DERRIDA, J. (1993). *Jacques Derrida*. Chicago: University of Chicago Press.

BENSMAÏA, R. (2003). *Experimental Nations, or, The Invention of the Maghreb*. Princeton: Princeton University Press.

BHABHA, H. (2005). "Adagio". In: *Critical Inquiry*, 31, p. 371-380.

_____ (2000). "On Minorities: Cultural Rights". In: *Radical Philosophy*, 100 (3), mar./abr.

_____ (1999). "On Writing Rights". In: GIBNEY, M.J. (org.). *Globalizing Rights*: Oxford Amnesty Lectures. Oxford: Oxford University Press, p. 162-183.

_____ (1996). "Day by Day". In: READ, A. (org.). *The Fact of Blackness*: Frantz Fanon and Visual Representation. Seattle: ICA/ Bay Press, p. 186-203.

_____ (1994). *The Location of Culture*. Londres: Routledge [*O local da cultura*. Belo Horizonte: EdUFMG, 2013].

BHABHA, H. (org.) (1990). *Nation and Narration*. Londres: Routledge.

BOEHMER, E. (1995). *Colonial and Postcolonial Literature*: Migrant Metaphors. Oxford: Oxford University Press.

BONGIE, C. (2009). "Édouard Glissant: Dealing in Globality". In: FORSDICK, C. & MURPHY, D. (orgs.). *Postcolonial Thought in the Francophone World*. Liverpool: Liverpool University Press.

_____ (2003). "Exiles on Mainstream: Valuing the Popularity of Postcolonial Literature". In: *Postmodern Culture*, 14 (1) [Disponível em www.iath.virginia.edu/pmc/issue.903/14.1bongie.html].

_____ (1998). *Islands and Exiles*: The Creole Identities of Post/colonial Literature. Palo Alto: Stanford University Press.

BRITTON, C. (2002). *Race and the Unconscious*: Freudianism in French Caribbean Thought. Oxford: Legenda.

_____ (1999). *Édouard Glissant and Postcolonial Theory*: Strategies of Language and Resistance. Charlottesville: University Press of Virginia.

BRONTË, C. (2007). *Jane Eyre*. Harmondsworth: Penguin.

BURTON, R. (1989). *The Anatomy of Melancholy*. Oxford: Clarendon.

CABRAL, A. (1974). *Revolution in Guinea*: An African People's Struggle. Londres: Stage 1.

CAPÉCIA, M. (1948). *Je suis Martiniquaise*. Paris: Corrêa.

CARPENTIER, A. (1995). "The Baroque and the Marvellous Real". In: ZAMORA, L.P. & FARIS, W.B. (orgs.). *Magical Realism*: Theory, History, Community. Durham: Duke University Press, p. 89-108.

CAYGILL, H. (2002). *Levinas and the Political*. Londres: Routledge.

CÉSAIRE, A. (2000). *Discourse on Colonialism*. Nova York: Monthly Review.

_____ (1995). *Notebook of a Return to My Native Land*. Newcastle upon Tyne: Bloodaxe.

_____ (1969). *Une Tempête*. Paris: Seuil.

CHAKRABARTY, D. (2000). *Provincializing Europe*: Postcolonial Thought and Historical Difference. Princeton: Princeton University Press.

_____ (1992). "Postcoloniality and the Artifice of History: Who Speaks for Indian Pasts?" In: *Representations*, 37, p. 1-26.

CHATEAUBRIAND, F.R. (1979). *Itinéraire de Paris à Jérusalem*. Paris: Flammarion.

_____ (1978). *Atala – René – Le Dernier Abencerage*. Paris: Flammarion.

CHATTERJEE, P. (1999). *The Partha Chatterjee Omnibus*: Nationalist Thought in the Postcolonial World, The Nation and its Fragments, A Possible India. Oxford: Oxford University Press.

CHOW, R. (2002). *The Protestant Ethnic and the Spirit of Capitalism*. Nova York: Columbia University Press.

COETZEE, J.M. (2001). *Foe*. Harmondsworth: Penguin.

CONRAD, J. (2007). *Heart of Darkness*. Harmondsworth: Penguin.

CRITCHLEY, S. (1992). *The Ethics of Deconstruction*: Derrida and Levinas. Oxford: Blackwell.

DALTON, D. (1993). *Mahatma Gandhi*: Non-violent Power in Action. Nova York: Columbia University Press.

DASH, J.M. (1995). *Édouard Glissant*. Cambridge: Cambridge University Press.

DAVIS, C. (1996). *Levinas*: An Introduction. Cambridge: Polity.

DELEUZE, G. & GUATTARI, F. (1988). *A Thousand Plateaus*: Capitalism and Schizophrenia. Londres: Athlone.

DERRIDA, J. (2003). "Abraham, l'autre". In: COHEN, J. & ZAGURY-ORLY, R. (orgs.). *Judéités*: Questions pour Jacques Derrida. Paris: Galilée, p. 11-42.

_____ (2000). *On Hospitality* (Anne Dufourmentelle invites Jacques Derrida to respond). Palo Alto: Stanford University Press.

_____ (1999). *Adieu to Emmanuel Levinas*. Palo Alto: Stanford University Press.

_____ (1998). *The Monolingualism of the Other, or the Prosthesis of Origin*. Palo Alto: Stanford University Press.

_____ (1997). *The Politics of Friendship*. Londres: Verso.

_____ (1994). *Spectres of Marx*: The State of the Debt, the Work of Mourning and the New International. Londres: Routledge.

_____ (1992). *The Other Heading*: Reflections on Today's Europe. Bloomington: Indiana University Press.

_____ (1982). *Margins of Philosophy*. Brighton: Harvester [*Margens da filosofia*. Campinas: Papirus, 1991].

_____ (1981). *Dissemination*. Londres: Athlone.

_____ (1978). *Writing and Difference*. Londres: Routledge & Kegan Paul [*A escritura e a diferença*. São Paulo: Perspectiva, 1971].

_____ (1976). *Of Grammatology*. Baltimore: Johns Hopkins University Press [*Gramatologia*. São Paulo: Perspectiva, 1973].

DERRIDA, J. & LABARRIÈRE, P.-J. (1986). *Altérités*. Paris: Osiris.

DIRLIK, A. (1997). *The Postcolonial Aura*: Third World Criticism in the Age of Global Capitalism. Boulder: Westview.

_____ (1994). "The Postcolonial Aura: Third World Criticism in the Age of Global Capitalism". In: *Critical Inquiry*, 20 (2), p. 328-356.

EAGLETON, T. (1999). "In the Gaudy Supermarket". In: *Londres Review of Books*, 21 (10), p. 3-6.

_____ (1991). *Ideology*. Londres: Verso.

EASTHORPE, A. (1998). "Bhabha, Hybridity, Identity". In: *Textual Practice*, 12 (2), p. 341-348.

FANON, F. (1980). *A Dying Colonialism*. Londres: Writers & Readers Cooperative.

_____ (1968). *Black Skin, White Masks*. Londres: Paladin [*Pele negra, máscaras brancas*. Salvador: EdUFBA, 2008].

_____ (1967). *The Wretched of the Earth*. Harmondsworth: Penguin [*Os condenados da terra*. São Paulo: Civilização Brasileira, 1968].

FLAUBERT, G. (2005a). *L'Éducation sentimentale*. Paris: Gallimard.

_____ (2005b). *Salammbô*. Paris: Gallimard.

_____ (2001). *Madame Bovary*. Paris: Gallimard.

_____ (1999). *Bouvard et Pécuchet*. Paris: Gallimard.

FORSDICK, C. & MURPHY, D. (orgs.) (2009). *Postcolonial Thought in the Francophone World*. Liverpool: Liverpool University Press.

FORSTER, E.M. (2005). *A Passage to India*. Harmondsworth: Penguin.

FOUCAULT, M. (2001a). *Madness and Civilisation*: A History of Insanity in the Age of Reason. Londres: Routledge [*História da loucura na Idade Clássica*. São Paulo: Perspectiva, 1978].

_____ (2001b). *The Archaeology of Knowledge*. Londres: Routledge [*A arqueologia do saber*. Rio de Janeiro: Forense Universitária, 2008].

_____ (1991). *Discipline and Punish*: The Birth of the Prison. Harmondsworth: Penguin [*Vigiar e punir*: nascimento da prisão. Petrópolis: Vozes, 2009].

_____ (1980). *Power/Knowledge*: Selected Interviews and Other Writings. Harlow: Pearson [edição de C. Gordon].

_____ (1978). *The History of Sexuality*. Londres: Allen Lane [*História da sexualidade*. 3. vols. Rio de Janeiro: Graal, 1988].

GANDHI, L. (1998). *Postcolonial Theory*: A Critical Introduction. Edimburgo: Edinburgh University Press.

_____ (1997). "Concerning Violence: The Limits and Circulations of Gandhian Ahimsa or Passive Resistance". In: *Cultural Critique*, 35, p. 105-147.

GANDHI, M. (1997). *Hind Swaraj and Other Writings*. Cambridge: Cambridge University Press.

_____ (1982). *An Autobiography or The Story of My Experiments with Truth*. Harmondsworth: Penguin [*Autobiografia Gandhi – Minha vida e minhas experiências com a verdade*. São Paulo: Palas Athena, 1999].

_____ (1962). *The Essential Gandhi*: An Anthology of His Writings, on His Life, Work and Ideas. Nova York: Vintage [edição de L. Fischer].

GIBSON, N. (2003). *Frantz Fanon*: The Postcolonial Imagination. Cambridge: Polity.

GILROY, P. (2005). *Postcolonial Melancholia*. Nova York: Columbia University Press.

GLISSANT, E. (2006). *Une nouvelle région du monde* – Esthetique I. Paris: Gallimard.

_____ (2005). *La Cohée du Lamentin* – Poétique V. Paris: Gallimard.

_____ (1997a). *Soleil de la Conscience* – Poétique I. Paris: Gallimard.

_____ (1997b). *L'Intention poétique* – Poétique II. Paris: Gallimard.

_____ (1997c). *The Poetics of Relation*. Ann Arbor: University of Michigan Press [orig. em francês como *Poétique III* (Paris: Gallimard, 1990)].

_____ (1997d). *Traité du tout-monde* – Poétique IV. Paris: Gallimard.

_____ (1997e). *Le Discours antillais*. Paris: Gallimard.

_____ (1996). *Introduction à une poétique du divers*. Paris: Gallimard.

_____ (1989). *Caribbean Discourse*: Selected Essays. Charlottesville: University of Virginia Press [cf. GLISSANT, 1997e para a versão em francês; traduções do francês e excertos não incluídos no volume publicado em inglês são de minha autoria].

GORDON, T.L.; SHARPLEY-WHITING, D. & WHITE, R.T. (orgs.) (1996). *Fanon*: A Critical Reader. Oxford: Blackwell.

GRAMSCI, A. (1971). *Selections from Prison Notebooks*. Londres: Lawrence & Wishart.

GUHA, R. (1997). *Dominance without Hegemony*: History and Power in Colonial India. Cambridge: Harvard University Press.

_____ (1982). "On Some Aspects of the Historiography of Colonial India". In: GUHA, R. (org.). *Subaltern Studies I*: Writings on South Asian History and Society. Delhi: Oxford University Press, p. 1-8.

GUHA, R. & SPIVAK, G. (orgs.) (1988). *Selected Subaltern Studies*. Oxford: Oxford University Press.

HADDOUR, A. (2000). *Colonial Myths*: History and Narrative. Manchester: Manchester University Press.

HALLWARD, P. (2001). *Absolutely Postcolonial*: Writing between the Singular and the Specific. Manchester: Manchester University Press.

HARDT, M. & NEGRI, A. (2004). *Multitude*: War and Democracy in the Age of Empire. Nova York: Penguin [*Multidão*: Guerra e democracia na era do império. São Paulo: Record, 2005].

_____ (2000). *Empire*. Cambridge: Harvard University Press [*Império*. Rio de Janeiro: Record, 2001].

HOLT, P.M.; LAMBSTON, A.K.S. & LEWIS, B. (orgs.) (1970). *The Cambridge History of Islam*. Cambridge: Cambridge University Press.

HUDDART, D. (2005). *Homi K. Bhabha*. Londres: Routledge.

HUGGAN, G. (2001). *The Postcolonial Exotic*: Marketing the Margins. Londres: Routledge.

JAMES, C.L.R. (1938). *The Black Jacobins*: Toussaint Louverture and the San Domingo Revolution. Harmondsworth: Penguin.

KHATIBI, A. (2002). *Le Corps oriental*. Paris: Hazan.

_____ (1994). "Le Point de non-retour". In: MALLET, M.L. (org.). *Le Passage des frontières*: autour du travail de Jacques Derrida. Paris: Galilée, p. 445-449.

_____ (1990). *Love in Two Languages*. Mineápolis: Minnesota University Press [orig. francês: *Amour bilingue* (Paris: Fata Morgana, 1983].

_____ (1987). *Figures de l'étranger dans la littérature française*. Paris: Denoël.

_____ (1983). *Maghreb pluriel*. Paris: Denoël.

_____ (1974). *La Blessure du nom propre*. Paris: Denoël.

_____ (1971). *La Mémoire tatouée*. Paris: Denoël.

KIPLING, R. (2000). *Kim*. Harmondsworth: Penguin.

LAROUI, A. (1967). *Idéologie arabe contemporaine*. Paris: Maspero.

LAZARUS, N. (1999). *Nationalism and Cultural Practice in the Postcolonial World*. Cambridge: Cambridge University Press.

LAZARUS, N. (org.) (2004). *The Cambridge Companion to Postcolonial Literary Studies*. Cambridge: Cambridge University Press.

LEONARD, P. (2005). *Nationality between Poststructuralism and Postcolonial Theory*: A New Cosmopolitanism. Basingstoke: Palgrave Macmillan.

LÉVINAS, E. (1990a). *Difficult Freedom*: Essays on Judaism. Londres: Athlone Press.

_____ (1990b). "Reflections on the Philosophy of Hitlerism". In: *Critical Inquiry*, 17, p. 63-71.

_____ (1989). "Ethics and Politics". In: ROMNEY, J. *The Levinas Reader*. Oxford: Blackwell, p. 289-297.

_____ (1981). *Otherwise than Being or Beyond Essence*. Haia: Martinus Nijhoff.

_____ (1969). *Totality and Infinity*: An Essay on Exteriority. Pittsburgh: Duquesne University Press [*Totalidade e infinito*. Lisboa: Edições 70, 2008].

LÉVI-STRAUSS, C. (1976). *Tristes tropiques*. Harmondsworth: Penguin [*Tristes trópicos*. São Paulo: Companhia das Letras, 1996].

LOOMBA, A. (1998). *Colonialism/Postcolonialism*. Londres: Routledge.

MACEY, D. (2000). *Frantz Fanon*: A Life. Londres: Granta.

MANNONI, O. (1956). *Prospero and Caliban*: The Psychology of Colonization. Londres: Methuen.

MARAN, R. (1947). *Un Homme pareil aux autres*. Paris: Albin Michel.

MARIÁTEGUI, J.C. (1971). *Seven Interpretive Essays on Peruvian Reality*. Austin: University of Texas Press.

MARX, K. (1973). *Grundrisse*: Foundations of the Critique of Political Economy. Harmondsworth: Penguin.

_____ (1954). *The Eighteenth Brumaire of Louis Bonaparte*. Londres: Lawrence & Wishart.

MARX, K. & ENGELS, F. (1967). *The Communist Manifesto*. Harmondsworth: Penguin.

_____ (1964). *The German Ideology*. Moscou: Progress.

_____ (1960). *On Colonialism*. Londres: Lawrence & Wishart.

MASOLO, D.A. (1994). *African Philosophy in Search of an Identity*. Bloomington: Indiana University Press.

MBEMBE, A. (2001). *On the Postcolony*. Berkeley: University of California Press.

McLEOD, J. (2000). *Beginning Postcolonialism*. Manchester: Manchester University Press.

MEDDEB, A. (1999). *Talismano*. Paris: Sindbad.

MEMMI, A. (1965). *The Colonizer and the Colonized*. Nova York: Orion.

MIGNOLO, W. (2000). *Local Histories, Global Designs*: Coloniality, Subaltern Knowledges, and Border Thinking. Princeton: Princeton University Press.

MILLER, C. (1990). *Theories of Africans*: Francophone Literature and Anthropology in Africa. Chicago: University of Chicago Press.

MOORE-GILBERT, B. (1997). *Postcolonial Theory*: Contexts, Practices, Politics. Londres: Verso.

MUDIMBE, V.Y. (1994). *The Idea of Africa*. Bloomington: Indiana University Press.

_____ (1993). *The Rift*. Mineápolis: University of Minnesota Press.

_____ (1991). *Parables and Fables*: Exegesis, Textuality, and Politics in Central Africa. Madison: University of Wisconsin Press.

_____ (1988). *The Invention of Africa*: Gnosis, Philosophy and the Order of Knowledge. Oxford: James Currey [*A invenção da África*. Petrópolis: Vozes, 2019].

NANDY, A. (1983). *The Intimate Enemy*: Loss and Recovery of Self under Colonialism. Oxford: Oxford University Press.

NKRUMAH, K. (1965). *Neo-colonialism*: The Last Stage of Imperialism. Londres: Thomas Nelson [*Neocolonialismo*: último estágio do imperialismo. São Paulo: Civilização Brasileira, 1967].

ORTIZ, F. (1995). *Cuban Counterpoint*: Tobacco and Sugar. Durham: Duke University Press.

PAREKH, B. (1989). *Gandhi's Political Philosophy*: A Critical Examination. Basingstoke: Macmillan.

PARRY, B. (2004). *Postcolonial Studies*: A Materialist Critique. Londres: Routledge.

PATRICK, M. (1997). *Derrida, Responsibility, Politics*. Aldershot: Ashgate.

PAZ, O. (1967). *Labyrinth of Solitude*. Londres: Allen Lane.

QUAYSON, A. (2000). *Postcolonialism*: Theory, Practice, or Process? Cambridge: Polity.

RHYS, J. (2000). *Wide Sargasso Sea*. Harmondsworth: Penguin.

RIGBY, P. (1983). *Persistent Pastoralists*: Nomadic Societies in Transition. Londres: Zed Books.

ROSELLO, M. (2001). *Postcolonial Hospitality*: The Immigrant as Guest. Palo Alto: Stanford University Press.

SAID, E. (2004). *Humanism and Democratic Criticism*. Basingstoke: Palgrave Macmillan [*Humanismo e crítica democrática*. São Paulo: Companhia das Letras, 2007].

_____ (1995). *Orientalism*: Western Conceptions of the Orient. Harmondsworth: Penguin [*Orientalismo* – O Oriente como invenção do Ocidente. São Paulo: Companhia das Letras, 2007].

_____ (1993). *Culture and Imperialism*. Londres: Vintage [*Cultura e imperialismo*. São Paulo: Companhia das Letras, 2011].

_____ (1984). *The World, the Text, the Critic*. Londres: Faber.

_____ (1981). *Covering Islam:* How the Media and the Experts Determine How We See the Rest of the World. Londres: Routledge [*Cobrindo o Islã*: o Oriente Médio sob os olhos da mídia ocidental. Rio de Janeiro: Ediouro, 2007].

_____ (1979). *The Question of Palestine*. Londres: Routledge & Kegan Paul [*A questão da Palestina*. São Paulo: EdUnesp, 2012].

SALIH, T. (2003). *Season of Migration to the North*. Harmondsworth: Penguin.

SAN JUAN JR., E. (1998). *Beyond Postcolonial Theory*. Basingstoke: Macmillan.

SANDERS, M. (2006). *Gayatri Chakravorty Spivak*: Live Theory. Londres: Continuum.

SARTRE, J.-P. (2004). *Critique of Dialectical Reason*. Londres: Verso [*Crítica da razão dialética*. Rio de Janeiro: DP&A, 2002].

_____ (2001). *Colonialism and Neocolonialism*. Londres: Routledge [*Colonialismo e neocolonialismo*. Rio de Janeiro: Tempo Brasileiro, 1968].

_____ (1989). *Being and Nothingness*: An Essay on Phenomenological Ontology. Londres: Methuen [*O ser e o nada*: ensaio de ontologia fenomenológica. Petrópolis: Vozes, 1997].

_____ (1948a). *Anti-Semite and Jew*. Nova York: Schocken Books.

_____ (1948b). "Orphée noir". In: SENGHOR, L.S. *Anthologie de la nouvelle poésie nègre et malgache de langue française*. Paris: PUF, p. ix-xliv.

SCOTT, D. (1999). *Refashioning Futures*: Criticism after Postcoloniality. Princeton: Princeton University Press.

SEKYI-OTO, A. (1996). *Fanon's Dialectic of Experience*. Cambridge: Harvard University Press.

SENGHOR, L.S. (1954). *Liberté I*: Négritude et humanisme. Paris: Seuil.

SHELLEY, M. (2007). *Frankenstein; or, the Modern Prometheus*. Harmondsworth: Penguin.

SPIVAK, G.C. (1999). *A Critique of Postcolonial Reason*: Toward a History of the Vanishing Present. Cambridge: Harvard University Press [*Uma crítica da razão pós-colonial*. São Paulo: Politeia, 2019].

_____ (1996a). "Subaltern Studies: Deconstructing Historiography". In: LANDRY, D. & MACLEAN, G. (orgs.). *The Spivak Reader*. Londres: Routledge, p. 203-235.

_____ (1996b). "Scattered Speculations on the Question of Value". In: LANDRY, D. & MACLEAN, G. (orgs.). *The Spivak Reader*. Londres: Routledge, p. 107-140.

_____ (1995). "Ghostwriting". In: *Diacritics*, 25 (2), p. 65-84.

_____ (1993). "Limits and Openings of Marx in Derrida". In: SPIVAK, G.C. *Outside in the Teaching Machine*. Londres: Routledge, p. 97-119.

_____ (1988). "Can the Subaltern Speak?" In: NELSON, C. & GROSSBERG, L. (orgs.). *Marxism and the Interpretation of Culture*. Urbana: University of Illinois Press, p. 271-313 [*Pode o subalterno falar?* Belo Horizonte: EdUFMG, 2010].

SPRINKER, M. (org.) (1992). *Edward Said*: A Critical Reader. Oxford: Blackwell.

STOLER, A.L. (1995). *Race and the Education of Desire*: Foucault's History of Sexuality and the Colonial Order of Things. Durham: Duke University Press.

SYROTINSKI, M. (2007). *Deconstruction and the Postcolonial*: At the Limits of Theory. Liverpool: Liverpool University Press.

_____ (2002). *Singular Performances*: Reinscribing the Subject in Francophone African Writing. Charlottesville: University Press of Virginia.

TIONG'O, N.W. (1986). *Decolonising the Mind*: The Politics of Language in African Literature. Portsmouth: Heinemann.

TURNER, B. (1994). *Orientalism, Postmodernism and Globalism*. Londres: Routledge.

WILLIAMS, P. & CHRISMAN, L. (orgs.) (1993). *Colonial Discourse and Postcolonial Theory*: A Reader. Hemel Hempstead: Harvester Wheatsheaf.

YOUNG, R. (2001). *Postcolonialism*: An Historical Introduction. Oxford: Blackwell.

_____ (2000). "Deconstruction and the Postcolonial". In: ROYLE, N. (org.). *Deconstruction*: A User's Guide. Basingstoke: Palgrave Macmillan, p. 187-210.

_____ (1995). *Colonial Desire*: Hybridity in Theory, Culture, Race. Londres: Routledge.

_____ (1990). *White Mythologies*: Writing History and the West. Londres: Routledge.

Índice

África
  colonialismo na 86, 228
  do Norte 144, 147, 196
  do Sul 45, 91
  e escravidão 208
  e sexualidade 180
  neocolonialismo na
    269-270, 277
  pós-colonialismo 257-266,
    268
  representações de 141,
    247-266
Africanismo 247, 265, 282
Agência
  e as massas/os subalternos
    64, 109, 110-111, 208,
    209, 222, 256, 265
  e o sujeito 126, 145, 159
  feminina 102, 235, 236
  nativa 187
  política 26, 65, 178, 186,
    227, 237

Ahimsa 98, 114
Ahmad, A. 17, 29, 135, 139,
  274, 289
Alcorão 194, 196, 199, 203
Alienação
  e a linguagem 81, 160, 195,
    201, 205
  e o colonizador 72, 80
  e o homem negro 47-52
  e o judeu 161, 164, 191
  e o orientalismo 133-135
  política 74
  psicanalítica 46-47, 84, 179
Alloula, M. 147-148
Althusser, L. 26-29, 125
América Latina 11, 182, 219,
  269
Anderson, B. 113, 177
Androcentrismo 147
Antillanité 210, 212, 226, 282
Antropologia 130, 156, 158,
  238, 249, 252

Aparato ideológico do Estado 27

Árabes 133, 137, 144, 195-205, 226

Argélia 11, 13, 45, 48, 60, 64, 67, 69, 71, 75, 80-81, 84-86, 88, 144, 151, 153-154, 158-164, 172, 191, 199, 218, 227, 288

Arqueologia 118-125, 250, 287

Arte barroca 219

Austen, J. 143-144, 147

Barthes, R. 201, 204-205, 242

Baudelaire, C. 218

Bennington, G. 171

Berbere 196

Berque, J. 199, 226

Bhabha, H. 28, 41, 47, 54, 59, 90, 107, 109, 138, 151-153, 158, 173-191, 193, 225, 227, 229, 262, 267, 271-272, 276, 281, 288

Bhagavad Gita 90, 95, 97, 240

Bilinguismo 41, 193, 194-195, 196, 198-202, 205, 206, 214, 226, 282

Bongie, C. 13, 223-224, 289-290

Britton, C. 47, 225, 289

Brontë, C. 241

Burguesia 17, 20-22, 29, 63, 66, 78, 84, 88, 96, 112

Cabral, A. 66

Caligrafia 194, 200, 202-203

Campesinato 25, 29, 65, 78, 109, 115

Camus, A. 71, 144, 149

Capécia, M. 54

Capitalismo
civilização global 230, 233, 268, 273, 274
conflito contra 24, 47, 95
e civilização moderna 88, 93, 95
e colonialismo 11, 12, 14, 19-20, 21, 22, 28, 29, 43, 87, 110
e pós-modernismo 242, 273, 274
Europeu 72

Caribenhos 47, 51, 53, 56, 141, 193, 194, 206-226, 282, 289

Caygill, H. 34, 39-40, 286

Césaire, A. 30, 56, 207-211

Chakrabarty, D. 108-109, 111, 287

Chateaubriand 134-135

Chatterjee, P. 86, 87, 90, 108-109, 113-115, 145, 280

Chow, R. 159

Coetzee, J.M. 242

Coletivo de Estudos Subalternos
86, 90, 108-117, 118, 119,
139, 151, 229, 234, 276,
280, 286

Companhia das Índias
Orientais 18, 19, 112,
235, 242

Conrad, J. 141-143, 145, 149

Créolité 212-214

Critchley, S. 166, 171

Dash, J.M. 223

Deleuze, G. 126, 216, 234,
253, 273

Departamentalização 210

Derrida, J. 151-173, 267, 275,
276, 281, 282, 288
e Bhabha 174-175, 176,
183, 184, 187, 189-191
e Foucault 127-128
e Glissant 205-207, 216,
223, 224, 225
e Khatibi 192-195, 197-198,
202
e Lévinas 37-42
e Mbembe 263-266
e Sartre 81-82
e Spivak 227-234, 235,
238, 241-248, 255

Descartes, R. 128, 252

Desconstrução 41, 83-84,
154, 158, 165, 172, 176,
184, 193, 197-198, 226,
227, 242, 255-258, 264,
267, 288

Devi, M. 241

Dialética 48, 49, 55, 57, 72,
75, 76, 79, 82-83, 84, 101,
220, 231, 251

Diáspora 40, 162

Direitos humanos 188-189,
213

Direitos iguais 188

Dirlik, A. 29, 274, 277, 290

Discurso colonial 28, 41,
118-150, 165, 173-191, 205,
237, 242, 263, 276, 280

Djebar, A. 148

Eagleton, T. 23, 244

Egito 132-133

Estética 213, 216, 223, 225,
240

Etnicidade 125, 257

Etnocentrismo 41, 125, 151,
153-158, 160, 165, 168,
173, 176, 191, 197, 237,
249, 275, 281, 288

Exotismo 15, 135-136, 138,
207, 274-275

Exploração 12, 13-14, 17-19,
22-23, 25-30, 43, 72, 78,
79, 81, 95, 100, 108, 117,

151-152, 208, 229, 231, 250, 258, 268

Expropriação 81-82, 161, 163-164, 209, 223

Fanon, F. 29, 42, 44-60, 119, 171-172, 227, 246, 275, 279, 286
  e Bhabha 178-179, 180, 185, 188, 189
  e Gandhi 86-91, 96, 100, 101, 107, 117
  e Glissant 210, 217
  e Khatibi 196
  e Mbembe 262, 264, 267
  e Nandy 103-104
  e Said 130, 145, 147, 149, 151
  e Sartre 58-85

Feminilidade 106, 136

Flaubert, G. 131, 134-136

Forster, E.M. 144, 181

Foucault, M. 29, 112, 118-128, 130-132, 138, 141, 145, 149, 151, 177, 189, 192, 195, 198, 229, 234, 247-250, 263, 280, 287

Frente de Libertação Nacional 45

Fuss, D. 47

Gandhi, L. 101

Gandhi, M. 86-87, 101, 151, 171, 246, 264, 275, 280, 286
  e o Coletivo de Estudos Subalternos 109-114, 116
  e Nandy 103-105

Gênero 54, 147, 186, 193, 229, 272, 282

Gilroy, P. 273

Glissant, E. 192-194, 205-226, 227, 268, 281, 282, 288-289

Gramsci, A. 24-27, 29, 131, 273, 279

Guattari, F. 216, 234, 253, 273

Guerra da Independência da Argélia 45, 144, 154, 158

Guerra dos Bôeres 91

Guha, R. 26, 108-112, 124, 145, 187, 287

Haddour, A. 159

Hall, S. 23, 26

Hallward, P. 222-223, 244, 289

Hardt, M. 270-273

Hassoun, J. 205

Hegel, G.W.F. 54-55, 76, 79, 84, 155, 198, 240, 262-264

Heidegger, M. 32, 36, 167

Hibridismo 107, 182, 186, 191, 273, 288

Hinduísmo 87-88, 90, 96-97, 99, 101, 234, 262, 282

Huggan, G. 15, 274-277

Humanismo 48, 58, 78, 86, 100-101, 130, 146, 148, 172, 179, 189, 199, 275, 281

Identidade e herança africanas 67, 71-77, 143, 207, 246-266

Ideologia 11, 15, 18, 20, 22-29, 119-120, 124-125, 143, 210, 242, 247, 250, 269, 279

Ideologia colonial 10, 12, 44-46, 60, 62, 65, 103-104, 154, 155

Índia 11, 18-19, 29, 43, 86-117, 118, 135, 141, 143, 182, 235, 239, 241, 280

Industrialização 12, 20, 95

Islã 40, 92, 129, 133, 136, 146, 195, 197, 202, 203, 204, 226, 227

Israel 39, 40, 137

James, C.L.R. 207-208

Judaísmo 40, 161-164

Judeus 39, 40, 51, 161-164

Khatibi, A. 41, 158, 192-205, 206, 214, 218, 226, 281-282, 288-289

Kipling, R. 105, 143-144, 149, 181, 242

Lacan, J. 28, 47, 174, 179, 181, 201

Lamartine, A. de 134-135

Lazarus, N. 17, 29, 47, 267, 285

Lévinas, E. 17, 30-41, 43, 48, 58, 213, 276, 279, 285
e a resistência passiva 97-98, 101-102
e Derrida 152, 155, 165-172, 191, 192, 237
e Glissant 213
e Khatibi 200, 202, 205
e Mudimbe 249
e Said 119

Lévi-Strauss, C. 41, 71, 155, 156, 191, 247, 250, 252

Logocentrismo 155, 159, 173, 176, 197

Louverture, T. 208

Macey, D. 46, 286

Magreb 193-198, 202, 205, 281

Mais-valia 19, 20, 29, 232

Mannoni, O. 52-53

Mariátegui, J.C. 269

Marrocos 67, 194-195, 199, 202, 204-205

Martinica 44, 48, 206-207, 209-210, 212, 215, 218, 222-223, 225-226, 268

Pós-colonialismo **307**

Marx, K. 16-30, 89, 94, 104, 109-111, 135, 198, 229-234, 239-240, 245, 265, 279, 282, 285

Marxismo 18-30, 41, 42, 228, 265, 270, 273
  e Fanon 63-64, 84
  e Khatibi 198
  e Mbembe 258
  e o Coletivo de Estudos Subalternos 117
  e Spivak 237

Masculinidade 104, 106

Masolo, D.A. 255

Mbembe, A. 227, 228, 257-268, 270, 282, 289

Meddeb, A. 200-201, 203

Memmi, A. 79, 100

Mestiçagem 212, 219, 222

Metafísica 32, 37, 41, 83, 151, 52, 158, 160, 165, 168, 191, 197, 198, 199, 202, 205, 225

Migração 217-218, 222, 272

Miller, C. 256-257

Mimetismo 140, 181, 182, 236, 258, 261-262, 264

Mission civilisatrice 21, 86, 135

Moore-Gilbert, B. 186, 287, 288-289

Movimento afro-americano American Power 45

Mudimbe, V.Y. 42, 227, 228, 246-258, 263, 264-265, 267, 270, 275, 282, 289

Mundo caótico 220-222, 226

Nacional-socialismo 17, 30, 31, 171, 286

Naipaul, V.S. 181

Nandy, A. 86, 90, 102-108, 109, 116, 137, 147, 280, 286-287

Não violência 88, 89-90, 92, 98

Negri, A. 270-273, 275

Negritude 49-50, 55-56, 57-58, 101, 207, 251, 280, 286
  Sartre sobre 71-84

Nehru, J. 115

Nerval, G. de 135-136

Ontologia 32, 33, 37, 49, 58, 70, 146, 167, 199

Opacidade 219, 222, 225

Ortiz, F. 212

Orwell, G. 105, 181

Palestina 40, 129, 146

Parry, B. 17, 42, 58, 159, 185, 244, 267

Patrick, M. 171

Paz, O. 182

Perse, S.J. 218

Poder biológico 123, 125

Poética da relação 208, 212, 213, 215, 217-225

Pós-estruturalismo 42, 145, 158, 173, 281, 288

Proletariado 17, 20-22, 24, 29, 63

Quayson, A. 14, 285

Raça 26, 31, 55, 72-73, 76, 82, 100, 104, 126, 180, 272

Realismo mágico 219

Resistência passiva 88-89, 97, 98, 117

Rhys, J. 241

Rich, A. 188

Rimbaud, A. 218

Ritmo africano 74

Rosello, M. 38

Rousseau, J.-J. 41, 155, 247, 252

Rowlatt Bills 92

Said, E. 29, 118, 119, 125, 127, 128-150, 151, 227, 276, 280, 281, 287
 e Bhabha 174-175, 180-181, 189, 191
 e Mudimbe 246, 247

Salih, T. 144

San Juan Jr., E. 28-29

Sartre, J.-P. 29, 44, 48-49, 70-85, 86-87, 100, 103, 105, 119, 130, 149, 151, 161, 171, 189, 227, 247, 279, 286
 e Fanon 51, 64
 e Mudimbe 251-252

Sati 234-240

Satyagraha 92, 97, 98, 102, 117, 280

Scott, D. 152

Segalen, V. 195, 201, 218

Senghor, L.S. 56, 251, 253

Sexualidade 105, 120, 124-126, 147, 149

Shelley, M. 241-243

Soberania 31-34, 37, 41, 160, 161, 171, 188, 191, 236, 259, 260, 269, 271, 273

Spivak, G. 17, 26, 42, 227-248, 255, 257, 258, 264-270, 274-276, 282, 287, 289
 e Derrida 158, 159
 e Foucault 126-128
 e o Coletivo de Estudos Subalternos 115-117

Stoler, A.L. 126

Subalterno 26, 108-109, 126, 145, 206, 208, 222, 227, 228, 233, 248, 256, 265, 268
 e Spivak 235-246

Pós-colonialismo **309**

Swadeshi 99, 111
Swaraj 88, 89, 93, 96, 99, 102, 114, 280, 286
Syrotinski, M. 245, 267, 288

Taylor, C. 188
Tiong'o, N.W. 103
Todorov, T. 205
Totalitarismo 30, 31-32, 41, 43, 49, 105, 152, 169, 172, 213, 286
Transculturação 11, 212

Valor de uso 231
Vichy 153, 161
Virilidade 57, 104, 261

Young, R. 17, 19, 21, 101, 127, 139, 158, 185, 244, 270, 285, 287, 288, 290

Žižek, S. 273

SÉRIE PENSAMENTO MODERNO

Esta série provê introduções curtas, acessíveis e interessantes às principais escolas, movimentos e tradições da filosofia e da história das ideias, desde o início do Iluminismo. Todos os livros da série são escritos para que alunos de graduação tenham contato com o assunto pela primeira vez.

Títulos

Hermenêutica
Lawrence Schmidt

Fenomenologia
David Cerbone

Utilitarismo
Tim Mulgan

Existencialismo
Jack Reynolds

Naturalismo
Jack Ritchie

Pós-estruturalismo
James Williams

Racionalismo
Charlie Huenemann

Idealismo alemão
Will Dudley

Ética da virtude
Stan van Hooft

Marxismo
Geoff Boucher

Nietzscheanismo
Ashley Woodward

Empirismo
Robert G. Meyers

Hegelianismo
Robert Sinnerbrink

Feminismo
Peta Bowden e Jane Mummery

Pós-colonialismo
Jane Hiddleston

CULTURAL

Administração
Antropologia
Biografias
Comunicação
Dinâmicas e Jogos
Ecologia e Meio Ambiente
Educação e Pedagogia
Filosofia
História
Letras e Literatura
Obras de referência
Política
Psicologia
Saúde e Nutrição
Serviço Social e Trabalho
Sociologia

CATEQUÉTICO PASTORAL

Catequese
  Geral
  Crisma
  Primeira Eucaristia

Pastoral
  Geral
  Sacramental
  Familiar
  Social
  Ensino Religioso Escolar

TEOLÓGICO ESPIRITUAL

Biografias
Devocionários
Espiritualidade e Mística
Espiritualidade Mariana
Franciscanismo
Autoconhecimento
Liturgia
Obras de referência
Sagrada Escritura e Livros Apócrifos

Teologia
  Bíblica
  Histórica
  Prática
  Sistemática

REVISTAS

Concilium
Estudos Bíblicos
Grande Sinal
REB (Revista Eclesiástica Brasileira)

VOZES NOBILIS

Uma linha editorial especial, com importantes autores, alto valor agregado e qualidade superior.

VOZES DE BOLSO

Obras clássicas de Ciências Humanas em formato de bolso.

PRODUTOS SAZONAIS

Folhinha do Sagrado Coração de Jesus
Calendário de mesa do Sagrado Coração de Jesus
Agenda do Sagrado Coração de Jesus
Almanaque Santo Antônio
Agendinha
Diário Vozes
Meditações para o dia a dia
Encontro diário com Deus
Guia Litúrgico

CADASTRE-SE
www.vozes.com.br

EDITORA VOZES LTDA.
Rua Frei Luís, 100 – Centro – Cep 25689-900 – Petrópolis, RJ
Tel.: (24) 2233-9000 – Fax: (24) 2231-4676 – E-mail: vendas@vozes.com.br

UNIDADES NO BRASIL: Belo Horizonte, MG – Brasília, DF – Campinas, SP – Cuiabá, MT
Curitiba, PR – Fortaleza, CE – Goiânia, GO – Juiz de Fora, MG
Manaus, AM – Petrópolis, RJ – Porto Alegre, RS – Recife, PE – Rio de Janeiro, RJ
Salvador, BA – São Paulo, SP